NAGOYA Archi Fes 2018
中部卒業設計展

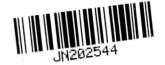

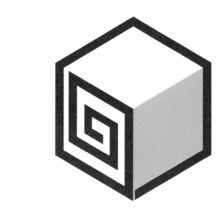

はじめに

本設計展は、中部地域の建築界を盛り上げ、次代の建築をつくり出す意欲を社会へ発信することを目的とし、学生・建築家・教育者を巻き込み、互いに批評を繰り広げる場を作り上げるべく、中部地域の建築学生が集い開催しました。
卒業設計展は学部活動の集大成であると同時に、 さまざまな価値観によってつくられるものです。それらの中から単に優劣をつけるだけでなく、さまざまな評価軸のもとで作品を見直す場をつくることにより、建築という広い分野において、参加者が自己を見つめ直す機会になると考えます。

本設計展は多くの方々の多大なるご協力のおかげで、無事成功することができました。
独自の視点で熱い思いをもってクリティークを繰り広げてくださいました審査員の方々、本設計展に関してさまざまなご指導をしてくださいました先生方、学部４年間の集大成として魂のこもった作品をご出展くださいました出展者の方々、 多くのご協力をしてくださいました総合資格学院様、ご協賛企業の方々、本作品集の出版にあたり私たちをサポートしてくださいました出版局の方々、NAF2018を共につくりあげてきた実行委員の皆。 そして、本誌を手に取ってくださっている方々、本設計展に関わった全ての方々に、この場をお借りして厚く御礼申し上げます。

それでは「見る、美せる、魅せられる」の全記録をご覧ください。

NAGOYA Archi Fes 2018 実行委員長
名古屋工業大学 **森本 創一朗**

中部卒業設計展への
共催および作品集発行にあたって

建築士をはじめとする、有資格者の育成を通して、建築・建設業界に貢献する ―― 、それを企業理念として、私たち総合資格学院は名古屋の地で創業しました。それ以来、約39年間、建築関係を中心とした資格スクールとして、安心・安全な社会づくりに寄与していくことを会社の使命とし、事業を展開してきました。

その一環として、建築に関係する仕事を目指している学生の方々が、夢をあきらめることなく、建築の世界に進むことができるよう、さまざまな支援を全国で行っております。卒業設計展への協賛やその作品集の発行、就職セミナーなどは代表的な例です。

中部地区の学生の方々と当社の共催という形で、2014年３月にスタートした「NAGOYA Archi Fes（中部卒業設計展）」は、今年で５回目を迎えました。第５回大会は、２日間同じ審査員の方が審査を担当し、例年行われるポスターセッションやプレゼンテーションだけでなく、「卒業設計において一番大切にしたこと」をテーマとしたディスカッションで卒業設計のコンセプトを深く掘り下げるなど、新たな試みにも挑戦いたしました。実行委員の学生の方々の努力により、年を経るごとに設計展が発展していくことを、共に運営している者として喜ばしく思います。

その第５回大会の記録をまとめたものが本作品集です。本作品集では「より多くの学生の方の作品を、より詳しく紹介する」という編集方針のもと、最優秀・優秀賞の作品を６ページで、ファイナリストを４ページで紹介。その他の応募作品についても全作品において１作品１／2ページのスペースを割いて掲載しております。

また、２日間の審査の模様を豊富な写真と長文のレポートで記録しているため、学生の方の設計意図や審査員の先生方の設計理念、審査のポイントなどを読み取ることができるでしょう。

本設計展および本作品集が、中部地区に留まらず、全国の学生へ刺激を与えていく。設計展の立ち上げの時から、継続して実行委員と共に会を運営してきた、当社の「NAGOYA Archi Fes」への願いであります。

近年、人口減少時代に入った影響が顕著に表れ始め、人の生き方や社会の在り方が大きな転換期を迎えていると実感します。建築業界においても、建築家をはじめとした技術者の役割が見直される時期を迎えています。そのような中、本設計展に参加された学生の方々、また本作品集をご覧になった若い方々が、時代の変化を捉えて新しい建築の在り方を構築し、高い倫理観と実務能力を持った建築家そして技術者となって、将来、家づくり、都市づくり、国づくりに貢献されることを期待しております。

総合資格学院
学院長　岸 隆司

見る、美せる、

魅せられる

「中部建築界の活性化」、「評価軸の多様化」という2つのコンセプトを軸として、
卒業設計展の運営とともに、さまざまな活動を行っているNAGOYA Archi Fes(NAF)。
本年度は「見る、美せる、魅せられる」をテーマにしました。
学部生活の集大成である卒業設計展におけるパネルや模型は、出展者の考えや想いを伝えるものです。
これは伝える側の出展者と受け取る側の来場者や審査員によって、設計展が成り立つことを意味します。
そのような想いのこもった提案が集まりました。

0444

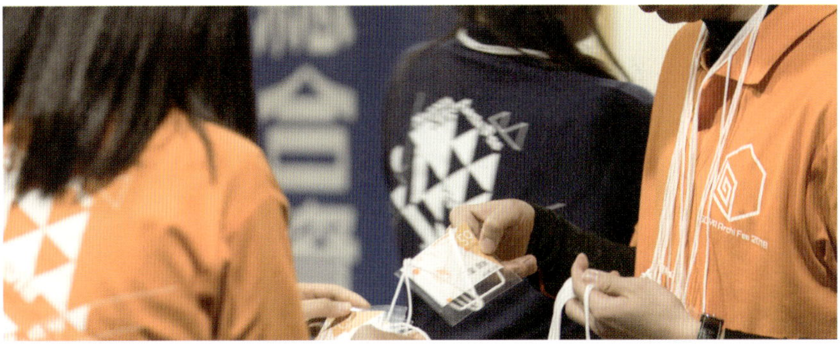

総合司会を終えて

卒業設計とは何のために行うのだろうか。もちろん提出しなくては卒業できないのかもしれないが、わざわざ大変な労力と時間を(お金だって)かけてそれをやろうとするのは、やはり大学で学んだことを「設計」というかたちでぶつけてみたいと思ったからではないか。場所を決めて、どんな人がどのように使うのか、どれくらいの期間をイメージするのか、どんなかたちで実現するのか、そして何故それをつくるのか。大いに悩み、多くを語り合い、ひたすら地道に積み上げて、時には思いきりジャンプして、延々と建築と自分と向き合いながら設計する。そういった主体的に建築を考える機会は、大変貴重で素晴らしいものだ。では、NAFのような大学を超えた卒業設計のコンクールに出展する意義はなんだろうか。それは思うに、これまで対話してきた周りの人たちとは全く違う言葉を話す他の大学の学生や、これまでは気付かなかった新しい可能性を見出してくれる審査員に出会うことにある。

NAFの多様な評価軸を浮かび上がらせるための2日間に渡る怒涛のスケジュールは、審査員にとっては大変な作業だ。だがそれゆえに、多くの気づきのチャンスを生んでいたように思う。ファイナリストには選ぶことができなかった学生に対して多くの個人賞が出されたことや、最終的な審査が割れに割れた展開となったことなどは、建築を見る多様な視点を浮かび上がらせていた証だ。しかし、そんな中でも一定の論理が組み立てられきちんと勝ち負けがつくこと、そしてそれ自体からも学ぶことができるのが、こういったイベントの醍醐味だろう。

一方で、ある程度うまくいった人にもあまりうまくいかなかった人にも、何か気にかかる人たちがいた。説明が下手すぎる人(かつて私自身がこう言われた)や、なにかズレてしまっている人。全然考えが足りないとか、十分に検討されていないというわけではないのにも関わらず、それを人にうまく伝えることができない人。こういった人は、設計するということを、問題をうまく解決するとか、何らかの社会貢献のかたちにするといった変換をせずに、ただ愚直に建築に向かっているように見えた。そういった人ほど、破滅的にどこかおかしな方向に行ってしまうというのが、卒業設計というものなのかもしれない。

しかし、建築というのは人に伝えられなければ、つくることができないものなのだ。どんな言葉を使えばいいのか、図面に含まれている範囲はどこまでか、パースに写っているものは何でどこから見ているのか、模型の縮尺や抽象度はどうすべきか、声のトーンや身振り手振り、ちょっとしたふるまいまで含めてすべてがプレゼンテーションで、それはコンセプトや(狭義の)デザインと切り離すことができない「設計」の一部なのだ。そういった力をすべて駆使して、建築で世の中に問おうとして欲しい。そうやって人を動かし、社会を動かし、ときには歴史すら動かすかもしれない可能性を、建築は持っている。その最初の一歩を踏み出すのが、卒業設計なのだから。

建築家　**橋本 健史**

目次
contents

大会概要

開催日程

2018年3月13日(火)

9:00〜	展示開始
9:30〜 9:50	開会式
9:50〜12:20	一次プレゼンテーション
12:20〜13:20	昼休憩
13:20〜17:40	企画
17:40〜18:00	休憩
18:00〜19:30	対談

2018年3月14日(水)

9:00〜	展示開始
10:00〜10:20	開始式
10:20〜12:00	ポスターセッション
12:00〜13:45	休憩・ファイナリスト選考
14:20〜14:50	開会式
14:50〜16:20	公開審査(第一部)
16:20〜16:50	休憩
16:50〜18:50	公開審査(第二部)
18:50〜19:20	表彰式・閉会式
19:35〜20:50	懇親会

※作品展示は3月13日(火)〜3月15日(木)

会　場

吹上ホール(名古屋市中小企業振興会館)　名古屋市千種区吹上2-6-3

作品展示、1日目審査、企画	3階 第二ファッション展示場
公開審査	7階 メインホール

賞

【2日目】

審査員による	最優秀賞(1点)、優秀賞(2点)、ファイナリスト(5点)
審査員と総合司会による	個人賞(6点)
一般投票による	シート賞(1点)、模型賞(1点)
総合資格学院による	総合資格学院賞(1点)

審査方式1日目

事前審査

6名の審査員が、事前に全ての作品に目を通します。

一次プレゼンテーション

巡回する審査員に対して、全ての出展者が60秒間のプレゼンテーションを行います。プレゼンテーション終了後、審査員の先生には30秒程度の講評をしていただきます。

企画審査

「卒業設計において一番大切にしたこと」というテーマを元にグループディスカッションを行います。出展者には、テーマについて60秒間のプレゼンテーションをしていただきます。

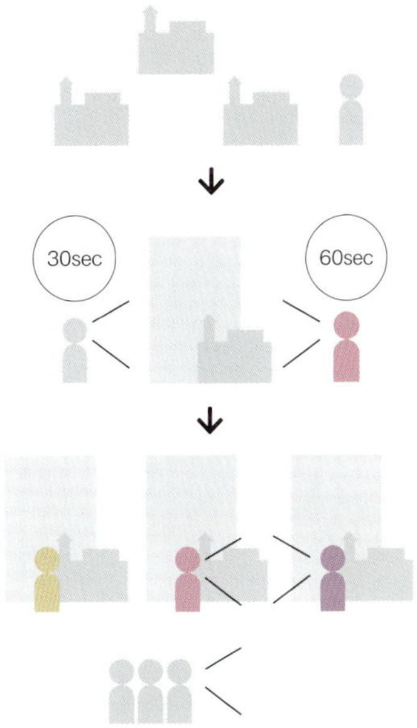

審査方式2日目

ポスターセッション

1日目の審査で選ばれた出展者には、プレゼンテーションと質疑応答を合わせて4分の持ち時間が与えられます。

公開審査

はじめに、プレゼンテーション5分、質疑応答6分でこれまでの審査で選出された8名のファイナリストがアピールを行います。その後、審査員を交えたディスカッションが行われます。

表彰

5名の審査員（総合司会を除く）により、これまでの審査を踏まえ、最優秀賞1作品と優秀賞2作品が選出されます。

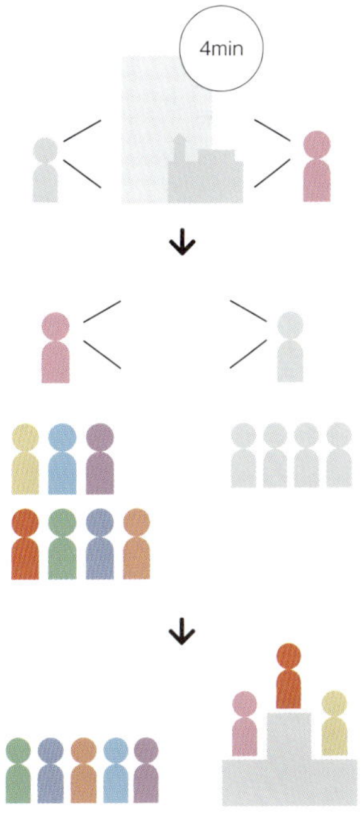

審査員紹介

審査員長

工藤 和美

Kazumi Kudo

建築家・シーラカンスK&H代表取締役・東洋大学教授

1960年　鹿児島県生まれ
1985年　横浜国立大学建築学科卒業
1986年　シーラカンスを共同で設立
1991年　東京大学大学院博士課程修了
1998年　シーラカンスK&Hに改組
2002年　東洋大学教授を務める

日本建築学会賞、日本建築学会作品選奨、JIA日本建築大賞、
文部科学大臣奨励賞など、多数受賞。
利用者が新しい視点に気づけるような建築を目指しており、
公共施設や店舗、住宅などさまざまな分野の設計を行っている。

前田 圭介

Keisuke Maeda

建築家・UID

1974年　広島県生まれ
1998年　国士舘大学工学部建築学科卒業
　　　　工務店で現場に携わりながら設計活動を開始
2003年　UID一級建築士事務所を設立
2018年　広島工業大学教授を務める

ARCASIA建築賞ゴールドメダル、第24回JIA新人賞、
日本建築学会作品選奨、2017年度グッドデザイン金賞など多数受賞。
故郷「広島県福山市」を拠点にインターローカルな設計活動を行う。

早川 克美

Katsumi Hayakawa

情報環境デザイナー・京都造形芸術大学教授・F.PLUS代表

1964年　東京都生まれ
1987年　武蔵野美術大学造形学部卒業
2003年　GKインダストリアルデザイン研究所を経てF.PLUS代表
2013年　京都造形芸術大学芸術教養学科教授
2014年　東京大学大学院学際情報学府修了（学際情報学）

主な受賞としてFUSION MUSEUM KNIT × TOY（2007・SDA賞サインデザイン賞）、
SHINJUKU PICCADILLY INFORMATION PROJECT（2009・SDA賞サインデザイン優秀賞）、
グッドデザイン賞、JCDデザインアワード審査委員特別賞など多数。
サインデザインを中心に多様なデザイン手法で情報を伝え、
受け取る人々に先の未来の豊かさを作り出す。

佐々木 勝敏
Katsutoshi Sasaki

建築家・佐々木勝敏建築設計事務所

1976年　愛知県生まれ
1999年　近畿大学工学部建築学科卒業
2008年　佐々木勝敏建築設計事務所を設立
2015年　愛知工業大学、近畿大学工学部の非常勤講師を務める

日本建築仕上学会学会賞作品賞住宅部門、
JIA東海住宅建築賞2016優秀賞など多数受賞。
自然との関係を元に数多くの建築を手がけている。

大室 佑介
Yusuke Omuro

建築家・大室佑介アトリエ／atelier Íchiku・私立大室美術館館長

1981年　東京都生まれ
2005年　多摩美術大学環境デザイン学科卒業
2007年　多摩美術大学大学院美術研究科修了
2009年　磯崎新アトリエ勤務を経て、大室佑介アトリエ／atelier Íchikuを設立
2014年　三重県津市白山町に移住
2015年　私立大室美術館を開館
　　　　三重と東京の二拠点生活を送る

古典的建築美を意識しながら、住宅・店舗を中心に多岐にわたり設計活動をする。

総合司会
橋本 健史
Takeshi Hashimoto

建築家・403architecture［dajiba］

1984年　兵庫県生まれ
2005年　国立明石工業高等専門学校建築学科卒業
2008年　横浜国立大学卒業
2010年　横浜国立大学大学院建築都市スクールY-GSA修了
2011年　403architecture［dajiba］を設立
2014年　名城大学非常勤講師を務める
2015年　筑波大学非常勤講師を務める
2017年　橋本健史建築設計事務所を設立

著作として『建築で思考し、都市でつくる』LIXIL出版（2017年）。受賞歴として第30回吉岡賞、第15回ヴェネチア・ビエンナーレ国際建築展日本館にて審査員特別表彰。浜松を中心としたプロジェクト群によって、建築と都市の関係を更新し、新たな建築的価値を生み出している。

The 1st day

2018年3月13日(火)
企画・対談ダイジェスト

5年目という区切りを迎えたNAGOYA Arci Fes 2018。今年も吹上ホールに多くの学生の作品が集まった。前日の深夜まで準備に追われた実行委員だが、本番ということで気合が入る。午前9時ごろから出展者が来場、9時半から開会式を経て一次プレゼンが行われた。これまでは1日目と2日目で審査員が入れ替わるスタイルであったが、今年は両日を通して6名の審査員が参加。名立たる審査員の登場で会場の空気が引き締まった。出展者は60秒間の持ち時間でプレゼンを行うが、中には緊張してうまく時間を使えない人も。その後の講評に熱心に耳を傾ける姿も印象的だった。午後からは「卒業設計において大切にしたいこと」というテーマでグループディスカッションを実施。さらに審査員による対談も行われ、充実した初日となった。

BEN DAVIS

企画　ダイジェスト

グループディスカッション

Aグループ／ID001～ID012

ディスカッション

工藤和美・早川克美・橋本健史×ID001 ～ ID012

工藤　票を入れた人に対する意見がある人はいませんか。2番に対してどうですか。

井戸田(ID05)　街単位で考えるにしても、街の人など結構大きい集団で考えていると感じました。一人ひとりを見て考えた建築という視点で、非常に人により寄り添った、あたたかさを感じましたし、そういう面では自分との違いを感じました。

工藤　これから社会全体として、おそらくお子さんが増えていく。医療が発達すると、失われる命が助けられてその分ハンディキャップを背負う確率が増す時代になっていく。その中で、自分たちや周りにもある話として受け止めるという点で、テーマとしてあり得る。商店街を使ったという部分も、1つのポイントだと感じました。

橋本　いろいろな人がいるという前提でそれぞれにグッと寄り添って設計する。それがいくつも集まって環境をつくるというのは、僕はすごくいいと思いました。ただ、長期的な視点は聞きたいですね。

中村(ID002)　ここで育った子どもたちは、いつか大人になっていく。大人になってこの集合住宅を離れる時に、医療ケアを受けていた子たちの中には治って社会に戻っていく、一般の方と同様に働いていく人もいます。でも治らず、外に働きに出たくても受け入れが難しいという子がいる。そういう子たちがまたこの商店街に戻ってきて、今度はここで働く人としてこの場所を選ぶ。新しい医療ケアの子が住む時に、その働いている姿を見て、自分の将来に対して不安が減っていくかもしれないと感じています。

工藤　そこと建築との関係だよね。

中村(ID002)　そうですね。

工藤　他に意見ありますか。

早川　一人ひとりの子どもの表情などをヒアリング調査して、プランに落とし込んでいるというそのプロセスがとても素晴らしいなと思いました。卒業設計では、誰が使うかということに対するリアリティのある設計をやっていない人たち

が多い中で、すごくリアルに迫っている点でいいと思いました。

工藤　反論はないですか？ では1番のディスカッションです。

渡邉（ID001）　私の中で1個あったのが、自分の地元にどういう物があって、どういう物が誇れるのか。それが思い浮かばなかった。それに対して有松という場所は、地域で誇れる建築をつくる上で、自分の中ですっと腑に落ちたので選びました。

工藤　そういう発言はすごく重要ですね。地域性を掘り起こすということは昨今、比較的多い。例えば田舎だったら、地域おこしなんとか隊と名付けて派遣され、地域のよい所を探ろうというような活動も全国に広がっている。そういうのも、少し影響があるのかなと思いました。

橋本　そうですね。ただそういう枠組みを扱うためには、その背景にある具体的なお金の流れ方や、どういう人が使うかとか、どういう人が働くかとか、そういう仕組みも含めて提案しないといけなくなってくる。丁寧にやっていかなくてはいけないテーマだと思いますね。

早川　単に部屋をつくるとか、設計するとかではなくて、どんな活動プログラムがあるとか、どういう活動をどんなプログラムで動かしていくのか。そういう部分まで提案することが大切だと思います。

工藤　最近、建築をつくって終わりではなく、つくった先にどういう活用があるかとかまで考えるようになってきている。例えば、学校をつくっただけで終わるのはもったいなくて、世界的に有名な演奏家の友人がいたら、そこで演奏して欲しいと声を掛ける。するとその学校の人たちは、そんな人を連れてくるなんて考えもしないけど、ご縁が繋がって世界的な人の演奏が聴ける。子どもにとってはすごくチャンスにもなる。私自身、自分が携わった建物にいろいろな活動を重ねることを最近していますが、こういう提案も、あなたがそこに行って活動した先に、何を巻き込むかというのが、これからの建築にとっては重要だよね。ではもう一人。3番。廃墟を推した人はご説明をお願いできますか？

イア（ID008）　昔からある、ずっと使われていない場所を選んでいます。その場所で新しい提案を出して、新しい建築をつくることによって、その不要だと思われている場所をよい場所にできそうかなと考えて投票しました。

工藤　建築ってそういう行為でもあるよね。スポットが当たっていないところに手を加えて光を当てるというような行為。

橋本　少し気になったのは、これ猿島ですよね。猿島ってわりとメジャーな所になっているので、なぜそこなのかな。

工藤　やらなくても十分有名？

橋本　夏場は海水浴だけじゃなく廃虚も見られるということで、人気はあると思います。

早川　廃墟ツアーですよね。今、ありますからね。

伊藤（ID003）　ここにつくった理由としては、岸の方に海軍の資料館みたいなのがあるのですが、その一方で戦争についての資料館がない。そこに対する疑問から、この場所にはこういう物が必要かなと思いました。

工藤、橋本、早川　なるほどね。

橋本　戦争に対する資料館という説明があればもう少しわかるかな。プログラムとしては瞑想をするみたいなことを言っていたから、それでいいのかと思いました。

工藤　そうだね。その部分をしっかり推した方がいいね。

Bグループ／ID013～ID024

ディスカッション

工藤和美・早川克美・橋本健史×ID013～ID024

工藤　まず、票が多い人から。3票入った13番にインタビューしましょうか。彼のコンセプトに入れた人、コメントをお願いします。

木村（ID024）　僕は同じような漁村というテーマに取り組んでいるのですが、13番の作品はすごくコンテクストを読み解いていて、出した要素という物を分類してきちんと建築しているイメージを抱きました。1つ聞きたいことがあるのですが、ここは災害復興のための施設という感じですか。

筒井（ID013）　そうです。

木村（ID024）　僕も経験が似ていて、貧しい村に行った時の方が豊かさを感じていました。実際名古屋に出てきていますが、出身地である長野の田舎の方で暮らしていた頃の方が楽しかった。

工藤　今みんなが言っている自分の経験値が、ここでどのように反映したか、苦労話を含めて話をしてください。

筒井（ID013）　苦労話は、まずはデング熱にかかったこと。デング熱にかかって、実測できない日が4日ぐらい続いたのですが、それが終わったら、まずは林業に連れて行ってくれた。ここにも竹林があり、対岸にも結構径の大きい材が生えている山がある。ボートでその対岸まで行って木を切り、ボートに乗せて帰ってくるという経験をさせてもらった。それをどうやって生かしているかというと、店舗付き住宅を提案する際、この水上ピロティーと呼ばれる物は施工の関係性上、干潮ラインまでしか施工することができない。そこで、一歩先は常に満潮なので、当時の経験を生かし、プロットを参照して新しい海に転用することで、新しい付加価値として、経験からつくったプログラムを提案しています。

工藤　では、次の22番。幼少の頃の記憶があるからこそ、それは変えたくないという思いがありつつ、今周辺が変わりつつあるのに、ずっとそのままはよくないと思っていたのですか？

髙橋（ID022）　ここは祖母の家で、私が母子家庭の身だったので、しばらくここに預けられていた経験があります。一週間の半分以上はここで過ごしていました。どんどん人も少なくなっています。実際ここの土地は鴨川沿いで市場通りが近く、非常に立地がよいのでお金持ちの人とかは家をどんどん買っていく。でも、大半は外国人でゲストハウス化しているので、人はよく通るようになった。でもここの街の人はそれを望んでいないし、逆に鍵がかかる家になっていく。街としての活気を優先するのか、この街を守っていくのかという部分での葛藤もありました。

工藤　難しいですよね、建築は。新しい物をつくる時は、元の物を壊さないといけない。そういう時はすごく葛藤があり、できれば残したいと思うのだけど、でも時代の流れとか、いろいろな中で壊さなくてはいけない時、どうやって丁寧に壊すかとか、どのようにそれを継承するかとか。あるいはそれが周りとどう連動するかとか、もう少し視野を広げてつくる。大草原にぽつんと家を建てたと

しても、大草原の風景を崩すわけだから、どこに建てようが建築をやる以上はその葛藤が、ずっと付きまとってくるのね。23番に入れた方いますか?

出展者　住宅をどう長く使っていくかとか、どのように次の人に継承していくかというアプローチの仕方が、僕と僕のこの住宅の設計とは全然違った部分からアプローチしているので気になり、入れました。

工藤　では、24番に入れた方お願いします。

出展者　私は、生産から消費までという点では、自分の設計と少し通じるところがあるなと感じました。そういう視点で見た時に、漁業も畑も農業も全部包括していて、模型としても楽しそうだからいいなと思い、入れました。

木村(ID024)　住宅地の空き家になっている一部を堆肥場的な物にして、そこで消費された物をコンポストで堆肥化する。あと生産面では、実際にもう可視化する状態ですね。漁業など船が動いている、魚を持ってくるという場面が開かれて見える状態。ここに来た人たちが意識的に見るので、その点で開かれているという両方の意味があります。

工藤　ここだけより、背後にあるタワーマンション辺りを入れると、もっとすごく危機感が漂いますね。

前田圭介・佐々木勝敏・大室佑介×ID013～ID024

出展者　私は、24番の作品にしたのですが、食育のことに加えて、地域性とか、地域の住宅を生かしていくということを取り入れていて、その辺りをもう少し詳しく聞きたいなと思って選びました。

出展者　僕が選んだのは22番。1回目聞いた時はよくわからなかったのですが、2回目聞いてやっと理解することができた。彼女は自分の大好きな敷地をあまり変えたくないという思いから、ノスタルジーな方向に行かずに、ちゃんと建築として境界をつくるという形に落とし込んでいる点がいいなと感じました。

大室　13番のスラムの作品、ああいう形になった理由を教えてください。

筒井(ID013)　基礎から天井まで、純粋に、自分の見つけたものをひたすらかき集めて、とりあえずこういう物がありますよと収集した物をつくった。例えば再構築というか、価値が変わるようにつくっていて、バタフライ屋根というのは、陸上だと採光するための屋根なのですが、水の上にいくと貯水をするための屋根にしています。ここに桶みたいな物を付けて。今はスラムの中でああいう構法がなく、同じ構法でも少しずつ違った形が使われています。スラム住民の中で再解釈の繰り返しが行われているので、外部から違う価値観を持った自分がまた再解釈をして設計をして、スラムの人に見てもらうことで、スラム自体の強度が上がっていくと思っています。

前田　23番の作品が評価されていましたが、中心にある階段の隣は?

藤井(ID023)　模型の部分よりもっと広く外構、住棟配置という部分まで考えていて、車道と歩道、住宅がどこに建つと日当たりが確保でき、ある程度の数が確保され、平面的にも高さが揃うかということを他の所で行った。その中であの4軒に関しては、こういうふうにしてきたので、残りの最後の部分と模型の部分では、日当たりと動線計画という部分をまずは考えました。

前田　完成度が高いですね。

大室　廃船を使って川床をつくるというような展開力がすごい。今まで水辺の案をいくつか見てきましたけど、船ごと巻き込む、海からの目線を意識した案というのは初めて見ました。その辺りをうまく整理すると、もっと展開していくのではないかなと、期待が持てる案だと感じました。

佐々木　22番は、変えたくない物を変えるという使命感を持っているということはすごく感じるのですが、変えたくないなら、それほど変えずに幼い子どもに同じような体験をさせるような、うまく誘導するきっかけみたいな物で改善できないのでしょうか。

髙橋(ID022)　実はそれほど変わった改修はしていなくて、子どもが入り込むために少し比重が上がった柱が付いているなど、そういった支えを加えている。いまだにその中でどこまで変えるか、どこまで変えなければいいのかという点は、答えが見つかっていません。それは卒業設計で見つけた一生のテーマなのだろうと思います。

Cグループ／ID025～ID036

ディスカッション

工藤和美・早川克美・橋本健史×ID025～ID036

工藤　36番を挙げた人の意見からお願いします。

井上(ID032)　最初は、生き物を捕獲して食べてしまうという話なのかなと思ったのですが、その問題に対して、何気なく食べているという問題提起やストーリーがあったことにグッときて、36番がいいと思いました。

出展者　自分ごとではない問題を、どのように他の人にも自分ごととして考えてもらえるのか、というところから始まっていると思うのですが、物語調でストーリーの中で建築をつくっていく手法が、とてもいい発想だと思いました。この作品を知ることができて、純粋によかったという気持ちで入れました。

出展者　まず、自分の伝えたいことを、そのように建築に落とし込む力がすごいなと感じました。デザインコートの抽出みたいなものを使って緻密に組み立てたいというアイデアもすごいと思いました。

工藤　柵をつくって入れないようにするというだけではなく、捕獲するという発想。社会問題に踏み込んでいるあたりは深いし、ただ殺処分するだけではなく、最後に変えていくというメッセージがある。この作品には、一貫しているコンセプトやストーリー、物語がありますよね。お見送りもしている。

橋本　繊細なテーマの割には、少しその…。

工藤　明るい感じがしますね。

早川　少しシュールかなとも思いました。

工藤　その点は確かに引っかかります。ただ、社会問題を解決することにつながるアプローチはすごく面白いと感じました。

橋本　あとは28と33で。28に入れた人はいますか? 先程の28の人の発表で「疑う」という言葉が出てきました。卒業制作を進める中で、世の中で当然のごとく受け入れられているものに対して、疑問を抱いて取り組んだ方がいいと思っているので、そういう点でもいいなと思いました。

出展者　僕は、リサーチの部分で、生活の中にある些細なところから話が始まっている点が面白いと思いました。

橋本　重要なのは、実際に身近で経験している問題があって、その解決というか対応によって建築が独自の形になっていくことだと思います。彼女の場合はそれが比較的うまくいっていると感じました。

工藤　お母さんのさまざまな症状に対して、室例のパターンを細かく考えていて、それを組み合わせたことで家が成り立っている。あの一連の流れは私もすごく面白いと思いました。ただ、組み合わせただけの印象も拭えず、その点が引っかかりました。

高木(ID028)　午前中に作品を見ていただいて、独自性のあるアイデアも出てきました。ただ、この敷地に当てはめても、うまくなじみません。この島の場合、新しい家族が入ってくるだけでも大きな変化です。もし、家そのものが、独自性のある建物になってしまったら、それはもう完全に異物に見えてしまうと思うのです。分棟になっている平屋や屋根の葺き方は、島に元々あるようなデザインになっていることが重要ではないかと考え、総合的にあのような設計になりました。

工藤　家というのは、やはり難しいテーマです。例えば、子どもにとっては安全で心地いい場所ですが、年齢が違えばその定義は変わります。家というのは、住む人にとって、ものすごく価値の変わる建築。1つの家が、どんなケースにもオールマイティーな建築にはなりません。特にパーキンソン病は、進行と共にものすごく変わっていく病気です。それに対応するには、フレキシビリティーな視点をどんどん足す必要が出てきます。また、人が努力して介入することで解決するのかもしれない。家を扱う時には、どんなテーマであっても深く難しいものになると感じました。では次へ。

司会　32にいれた2人、お願いします。

出展者　まず、工場という場所に僕も魅力を感じていて、親近感が湧きました。しかも、僕が工場を分析した時よりもしっかりと分析された内容で、興味深く拝見しました。

出展者　私は、「楽しかったことを思い出しながら、楽しく設計しました」という言葉が印象的でした。自分の卒業制作は、苦しみながら取り組んだという気持ちが強く、楽しくできたということが羨ましい、すごいと思いました。

工藤　みんなすごくリアルな話になってきたね(笑)。

一同　(笑)。

工藤　自分が育った地元にある建築を発掘してくるという物もありましたね。26番の人、お願いします。

加藤(ID026)　僕も大事にしているのが、敷地のポテンシャルをどう生かすかということです。その島のポテンシャルを生かしていることに共感して票を入れました。

工藤　敷地をどう生かすかという発想は、とても大事ですね。では、29番に入れた人、お願いします

出展者　高架下というと、街を分断するイメージで、ちょっと近寄り難い雰囲気を感じます。人が集まっているイメージがないので、それをどう建築で解決したのかなという点が興味深く、票を入れました。

工藤　高架下は注目されていますからね。東京は、すごいことになっていますよ。レストランなどの店舗が、ずらっと軒を連ねています。だから、29番の作品はとても現実的なテーマだと思います。しかも、彼には、自らの体験を基にやっている面に強みがあると思います。では33番に入れた人、お願いします。

出展者　まず、アルバイトをしている場所を選んだという話に共感しました。実際に身を置いた実体験から、ここに居合わせたいという単純な思いやフラッシュアイデアが生まれて、ここまで大きな建築になったというところに、すごく魅力を感じました。僕が通っていた高校が桑名だったことも建物のイメージがしやすく、これだけの複合施設があれば賑わいそうだと思いました。

工藤　さきほどの説明で印象に残ったのは、駅でアルバイトをしてみると、人が出たり入ったりして、まるで生き物みたいに感じるという部分。乗客は、自分自身が動いているから、生き物のような駅の様子には気付くことができませんよね。人が来たりいなくなったり、その満ち引きを捉えることができたのは、まさに実体験ならではのものですね。

Dグループ／ID037～ID048

ディスカッション

工藤和美・早川克美・橋本健史×ID037 ～ ID048

工藤　票が多い順からで、45に挙げた人からお願いします。

出展者　先程のディスカッションで47番から変えました。分析の方法自体、過去に対する思いから、建築を生成していくというアプローチが、自分の発想にはなく新鮮に感じたからです。

出展者　調査を基にして設計されていることや、その調査の量がすごく多いことに圧倒されました。調査から形をつくることで恣意的ではなく、論理的により正しい物ができているのではないかと思い、選びました。

出展者　家をリノベーションする時にも使える手法だと思います。第三者が同じ手法で同じ結果になる方法にできたら、なおいいなと思いました。

沓名(ID044)　その調査量から空間への愛着を感じます。そこでどんな現象が起きて、どんな人がどのように使うのかなど、空間に対するイメージも明確で、理想的なつくり方だと思いました。

橋本　大量の動画を分析するような手法は現代性も感じます。

横山(ID045)　動画を撮っていて、インタビューや普段の会話でも、言葉だけではなくて身振り手振りでその熱量というのが伝わります。本当に思い入れが強い話なのかを知るために動画を撮って、それを基に設計をしました。

出展者　昔のことを知ると、その精度や解像度がどんどん深まってくる。それが象徴的だと思いました。掘り出し方も、文献を当たり写真を撮るという結論的な物だけではなく、住んでいる人間の手振りというのは面白いなと思いました。

工藤　それだけの歴史のある家というのは、なかなかない。住んでいるという特色を生かして調べてみようと思ったのは、いいタイミングで卒業制作にはまりましたね。

早川　そうですね。情緒的な事柄をデータ化する。質的な調査に置き換えたという所も、とても面白かったです。

橋本　次行きますか。48番、お願いします。

出展者　選んだ敷地に対しての提案が、その街に対して新しさを生み出しているのは、今までにもないものだなと思うし、形としてもすごく面白いと言えます。

横山(ID045)　歴史が深い物を可視化して残していくのは、これからも可能性のある話だと思います。市民を巻き込みながら、その行動を取り入れていくことで、市民が絶対に利用する場所になる。生活の中にその建築が溶け込んでいく。建物は建物、人は人ではないというのが、すごく面白いと思い

ました。

工藤　田舎でも、みんな虫食い状にどんどん土地化して建物が建っていますよね。それがすごく悲しい風景だということを、もう一回思い出そうというメッセージ性が合っていますね。

橋本　では、46番が気になる人?

出展者　自分も同じように水に関わる提案をしたかったので、羨ましいと思う気持ちがありました。同時に、文化の継承という点には引っかかる部分もありました。どうしても時代の進化と共に、面倒なことはハイテクになっていく。建築的には、解決しきれない免れられない物なのではないかと思いました。

出展者　水道がない建築ということに、すごく惹かれました。建物と他の部分の関わりや敷地内を通っている水の使い方など、いろいろと想像や期待が膨らみました。

橋本　44番の人、お願いします。

出展者　建築に余地があることが、生活自体をよくするのだと感じました。複雑に設計した物は、機能が限定されて、東京のように息苦しいものになる。単純なつくりで、空き地もあれば、その余地が内部空間をよくしてくれる。人の営みを建築でデザインするのではなく、人が主体となって設計されていた点が、すごくいいなと思いました。

沓名(ID044)　建築を、その人の営みを包むものと定義して、社会の現状に目を向けてみると、自分の建築の定義とはそぐわない部分があることを感じました。人の生活の営みの変化やヒューマンスケールとの乖離、技術的な問題などに着目して、このような設計をしました。

前田圭介・佐々木勝敏・大室佑介×ID037 ～ ID048

司会　47番に票が集まりました。

出展者　調査、収集が個人的にすごく好きで、あの量まで膨大につき詰めていることが本当にすごいと感じました。

出展者　卒業設計は自由であるけど、だからこそ、あえて論理的に考えたというのはすごくいいと思います。

前田　対して、選ばれた側はどのように思っているのでしょうか?

奈木(ID047)　反骨精神みたいなもので、あえて方法論を徹底してやっていけないかなと思いました。皆さんにそう言ってもらえるのはありがたいです。僕が入れた最後の物に関しては、土地に残っている人を呼び込んで、なじませていくやり方の裏返しのような、象徴としてやるという新しさを感じることができたと個人的に思っています。

前田　他の人の場合は、敷地を決めて物をつくるパターンでした。そういう意味では手法的に自由な部分がいいですね。

出展者　僕は、その敷地で何ができるのかと考えました。木材をもっと多くの人に知ってもらいたいという気持ちが強くありました。木材は転用できる材料。他に建築材料がいらず、消費しないで設計ができる。そういう視点で、山から切られて家が完成するまでの間の建築を提案しました。

沓名(ID044)　僕は敷地を設定したタイプですが、その敷地のコンテクストを読み取っていくにあたって意識したのが、そこで起こる現象をリアルに読み解くことです。敷地によって、住む人の振る舞いや起こる出来事、文化歴史、気候風土は全部違います。だからこそ、自分が選んだ土地の中でコンテクストをしっかり読み取って、建築を考えました。土地を設定してやってよかったと思っています。

大室　1つの方法論としては、きちんとした敷地があり、コンテクストがある中に建築をつくっていく。これはやはり建築は敷地に影響を受けるものだと思います。とくに現実に即した提案の場合は顕著だと思います。

前田　人間とか考えないで、大きいオブジェクトをつくってくれたらよかった。集合住宅みたいになった所に違和感がありました。必要なのはもっと攻撃的な物。人間的な部分や街に対する思いは捨て去って、一気に突き抜けてほしかった。

司会　他の作品についてもお願いします。

前田　横山さんの案が新鮮でした。住宅だけで考えているのではないという方法論で、いくつかのやり方があって面白かったです。リサーチの部分をもう少し聞きたいですね。

横山(ID045)　現在の写真と過去の写真と、生活の記録と会話の記録のほかに、あとアンケート調査をしたり、動画を撮ったり、実測調査をしたり、過去の図面からどこが残っているのかということを導き出したりと、9つの方法で調査しました。いろいろな方向から情報を集め、それが他の部分にも転用されることで、結果がより密になってくると思いました。人に聞くだけではなく、自分がその場へ行って知ることで、使う人の思いが反映されて生かされていくのではないかと考えて設計しました。

Eグループ／ID050～ID062

ディスカッション

工藤和美・早川克美・橋本健史×ID050 ～ ID062

出展者　私が50番に入れた理由は、日本の少子高齢化や核家族化がこれからさらに進み、共存して生きていくことが重要になるだろうと思ったからです。あの建物に、どのような人の関係性が成り立つのかを、もう少し聞いてみたいと思いました。

奥村(ID050)　200戸400人を想定して設計したのですが、400人の人が集まるとなると、あらゆるキャラクターを想定できると思います。決まった形のユニット設定をして、そこに入る人すらも設定する。1つの村全体として社会機能が成り立っていく未来まで設計することにより、団地の問題も含め、各地で起きている集合住宅での問題も解決できると考えました。

出展者　僕は、民泊の51番に入れました。枠組みをつくることで、その地域一帯がどんどん変わっていく、そういう設計の仕方も1つの形としていいかもしれないと思いました。

竹中(ID051)　大規模開発されかねないし、守るような田園農園や古民家でもない物を、どうやって残しつつ、暮らしを守るかという方法を考えた時、その土地と民泊がうまくリンクしたのかなと思っています。

出展者　52番に入れました。茶道というと、1つひとつの所作が決まっていて、それに対して必要な空間ができあがっていますよね。そういう完成された物に対して、再解釈していこうとする考えが面白いと思いました。

出展者　茶室という小さな空間が、どのような発想であの丸い空間になったかをもう少し聞きたいと思い、52番に入れました。

石川(ID052)　あの丸い形は、茶畑をイメージしました。実は、あの丸い空間がたくさん並んでいて、その景色を茶畑と見立て、地元西尾市の原風景を創出しようと考えました。

工藤　茶畑がもっと全面的に見えてきた方がいい。高い所から見ないと、茶畑に見えない。ただ、茶道を極めた10年からは、勢いよくぶっ飛んでいるところが魅力。触りをいきなり茶道にしないで、カフェにするなど、間口を広げている所が面白い。

出展者　55番の、メガソーラーを建築として、あるいは滞在空間として利用しようという挑戦的な部分に惹かれました。ここでしかできない空間を見てみたいと興味が湧きました。

高岡(ID055)　メガソーラーがある敷地は、かつて工場が空襲を受けて焼失した、負の記憶がある場所です。東日本大震災後には、ソーラーパネルが爆発的に普及し、この地も景色が一変した。そのことを否定して新しい物をつくるのではなく、この敷地が辿ってきた記憶を頼りにして、再解釈することによって、メガソーラーを生かした空間をつくりたいと思いました。

工藤　私も自治体と企業と協同して、大学の学生たちにメガソーラープロジェクトという課題を出したことがある。調査には危険が伴うため、あまり深く踏み込めないが、君たちは、メガソーラーの畑が出てきた時代を生きる世代。だから、何かしなきゃいけないという姿勢はよくわかる。

奥村(ID050)　僕は57番に入れました。自分の過去を振り返って設計したということでしたが、他者に対してはどのように考えてつくったのでしょうか？

出展者　57番の独自の世界観というか、自由に表現できているところが、卒業設計ならではのよさだと思いました。建物の具体的なイメージをもっと聞いてみたいです。

藤城(ID057)　まず、他者に対してということですが、卒業設計ということが前提であって、その中で何ができるのかを考えていました。無宗教にした時のイメージは、場所に依存することが普通形式であって、教会や神社のような形式がないというのも無宗教の宗教施設の1つの特徴であると考えています。

出展者　58番を選んだ理由は、アートを残したいという思いや、本気で卒業設計に取り組んでいる意気込みを感じたからです。

出展者　61番の作品の、かなり細かく寸法の操作がされていた点が興味深かった。僕も水が好きで、水と建築はよく課題で取り組みました。水位が変化する環境で、浮く島の方に空間を与えるのではなく、固定された空間に水面下の変化を与えているのが面白いと思った。

出展者　62番の、実際の経験に基づいているところに共感しました。私も同じリノベーション系ですが、重要伝統的建造物群保存地区以外はやったことがなく、残せない空き家を考えるというアプローチが面白いと思いました。

前田圭介・佐々木勝敏・大室佑介×ID050 ～ ID062

出展者　僕は57番がいいと思いました。自分の建築感を最後まで貫いて、一見奇抜だけど好きな空間を描いた。最後の絵にも惹かれました。

出展者　僕は58番に票を入れました。確かに絵で惹かれましたが、アートと生活が結びつくという言葉を聞いて、もっと聞きたいなと思いました。

出展者　僕は55番に入れたのですが、メガソーラーという元々建築として使われない素材を生かして建築をつくる発想が面白いと思って選びました。

出展者　私は51番に入れました。民泊というのが私の中で流行りでもあり、いろいろなパターンがあるので、プレゼンを聞いてどのような案があって、どのような人々との関わりができてくるか聞きたいです。

出展者　できあがった姿を想像して、一番行ってみたいと思った58番を選びました。

出展者　自分は54番を選びました。建築の1つの可能性として、周辺の活性化も促していくというプレゼンに、これからの日本の建築の象徴のようなものを感じました。

出展者　僕も57番に入れました。自分が描きたい世界観や空間を、ドローイングで自由に表現しているところに惹かれました。宗教というあまり体験し

たことのない空間だったので、もう少し詳しく聞きたいという思いもあり、入れました。

前田　57番の藤城君。建築というのは機能が全てではないけれど、この場所では何をするの?

藤城(ID057)　歩いたり、止まったり、上がったり、座ったり、立ったり、置いたりする行動の緩急と、見たり、ぼんやりしたり、眺めたり、注視したり、匂いを嗅いだりする行為の緩急をその場所でするという事を想定しながら設計しました。

前田　今の説明を聞いていると、もうすでに宗教ができているような感じがしました。目を閉じて空間を感じて緩急ができて。この施設は宗教がある人は入れない設定ですか。

藤城(ID057)　そうですね。ただ、無宗教の建築だということは一見ではわからないようにつくっているつもりです。例えば、無宗教の僕が、東京カテドラル大聖堂に行って感動をする。それは、建築教とも言えてしまうのかもしれないのですが、その建築で時間を過ごすこと自体が、無宗教の人にとって、宗教者がお祈りをしている時間と同じように過ごせる場所をつくりたくて、この設計をしました。

前田　それであれば、空間がすごく重要。その点ではわかりにくいね。少しポエジーな世界観があって、模型もすごく小さい。空間を具体的に捉えているのかなと疑問に感じてしまう。もう少し具体的な竹中さんの民泊は、リノベーションされた場所がほとんどピロティーになっていて、街の構成そのものが変わっていく。新しい物をつくるのではなく、もともとあった壁を取り払う。そのアイデアによって可能性がすごく広がっていると思いました。

佐々木　実は、僕も民泊が気になっています。あの模型に、57番や58番の作品が入り込んだ物もうまく完成するような気がする。現実的な模型がしっかりあるので、別の表現が介入しても受け入れる強度があるのではないかと感じました。

Fグループ／ID063~ID075

ディスカッション

工藤和美・早川克美・橋本健史×ID063 ～ ID075

橋本　では、64番に入れた人?

出展者　家庭環境や自分の身近なストーリーから設計していながらも、その建築が形態として魅力的なところに賛同しました。

出展者　自分のやりたいことを貫いていて、コンセプトや心情、体験から形が生まれていること。そこに細かい空間分析も設計に生かされて、魅力的な建築になっていると思いました。

出展者　家庭環境や背景にも共感しましたが、それ以上に障がい者に対する施設の必要性や社会に対して意見を訴える姿勢に惹かれました。

橋本　では、68番に入れた人?

出展者　常滑や瀬戸の街は、やり尽くした感があるエリア。その中でまた新しいことに挑戦している点に共感しました。

出展者　住民が自ら建築を増やしたり、空き家を解体したり、地域の人が建築に関わるためのプロセスとして、上手にできていると思いました。

有田(ID64)　僕の卒業設計は、先輩や同級生、先生方のアイデアもどんどん付け足しながら完成していて、みんなと一緒にゴールしたというイメージです。建築はみんなでつくる物が一番いいという、僕なりの捉え方で取り組みました。

工藤　周りを巻き込んだという事ですね?

橋本　では、67番に入れた人、お願いします。

出展者　ネガティブな場所ですが、住戸の間を縫うように新しい小学校をつくっているところが、建築の空間性として面白い。僕が小学生なら行ってみたいと思いました。

出展者　事件に建築からアプローチするという背景はもちろん、それを表現している平面図や模型がよかったです。

工藤　この事件が起きた時、君たちも小学生だった。私は、その問題に直接関わって、現場でお父さんやお母さんから話を聞きました。皆さん将来に対してはすごく前向きで、この作品がポジティブな表現をしているのはとても好感が持てました。

橋本　69番に入れた人、お願いします。

出展者　学校の再定義というコンセプトで、教会を地域に開いて新しい学校をつくるという計画に共感を持ちました。

橋本　それでは、72番に入れた人、お願いします。

出展者　他の課題と違って、卒業制作は敷地を自由に選んで設計ができます。リサーチに力を入れて、人が目につかないようなポテンシャルを見つけられれば、完成した空間での活動がよりリアルに見える。72番は、その卒業制作のよさを生かしきっていると感じました。
橋本　では、73番に入れた人?
出展者　僕は、ストーリーよりも建築のテーマが重要だと思って、73番に入れました。

前田圭介・佐々木勝敏・大室佑介×ID063～ID075
司会　67番に票が集まりました。
出展者　事件は17年前のことで、多分みんなほとんど忘れて生きている。東日本大震災はわずか7年で忘れ去られようとしている。禁忌に対して建築でポジティブに解決するという発想に、一理あると感じました。
佐原(ID069)　問題意識が自分と同じで、希薄になっている学校と地域の関係を、何とか繋いでいきたいという気持ちに強く共感が持てました。プログラムそのものも面白かったです。
前田　池田小学校の事件は、小学校の設計教育で必ず出てくるテーマ。非常に悲しい歴史です。
佐々木　大事なのは、ストーリーに流されないことだと思います。悲しいから票を入れたのではなく、建築として価値があるのかどうか。
出展者　僕は、ストーリーや思いではなく、設計に魅力を感じて69番に入れました。外から引きこむアクセスと、内から開こうとする設計の手法で、両サイドから考える程に密度が濃くなっていく。かなり時間をかけて設計してあると思いました。
出展者　僕は、やりたいことが一番形に表れている68番に入れました。リサーチも綿密で図面もきれい。模型の作り込み方も他の案とは違うと感じました。
出展者　67番の人に聞きたいのですが、現実的には事件や事故を防ぐために学校を開くことができないという実情があると思います。その点はどう考えていますか。
伊藤(ID067)　ただ単に開くだけでは、不審者が入ってくるような危険も起こり得ると思います。だからこそ、地域と学校との関係性を築くことで、境界上に学校を守る味方を増やすことが重要だと考えます。
出展者　僕は自分の設計の中で、敷地の何を価値として捉え、残していくべきなのかを考えました。68番の作品は、地域のアイデンティティーをうまく表現していて自分に繋がるものを感じました。
出展者　僕は69番に入れました。学校を開くことには、プロポーザルとか設計課題が付きまとうものだと思いますが、真摯に答えている点に共感しました。ただ、学校を地域に開く、それだけでは足りない気がします。
佐原(ID069)　小学校というコミュニティーは、例えば緊急時の避難場所など、地域活動のための場所でもあって、避難訓練も地域活動の中で経験していかなければいけない。そういう意味でも、活動を共にすることが生む意義は大きいと思います。
出展者　僕は64番に入れました。兄弟に障がいを持っている方がいるという実体験を通した視点が、すごくリアルだと思いました。造形が閉鎖的になっているのは、ある種の優しさのようで、その点もよかったです。
出展者　私は72番に入れました。私も学校で空き家問題に取り組んでいるので、どういったことに配慮してやってきたのか、そのプログラムについてもう少し詳しく聞きたいです。
前田　69番の壁のセキュリティー的な問題で、地域が育たないという意見もあるけれど、果たしてそうでしょうか。建築的にどう考えていますか?
佐原(ID069)　自分の卒業設計の面白さは、学校と外部の境界部分にあると思います。周辺の高齢化が進むと、荒廃する外部環境が増えますが、学校がそこに接続することで子どもの遊び場として活用できるかもしれない。境界を共有したその後の展開を考えています。

前田　その辺りはもっと深く考えた方がよい。64番もよかったです。障がいを持っている人の特性や身体感覚を理解して、しっかり建築的に考えられていた。
大室　境界や壁については、非常に重要。その中でも、常滑の土壁をつくる計画は、とても興味深い。もっと意味合いを強くすれば、街全体を決定付ける物になって、さらに面白くなるのではないかと思います。
佐々木　リアリティや、卒業制作においては強度が大切になりますが、その枠に収まっていてはつまらない。その辺りのバランスも重要かなと思います。

企画　ダイジェスト

対談

橋本　今日明日と総合司会をやるということで、結構戸惑っているのですが、ともかく話を進めていけるように頑張っていきたいと思います。今日のテーマが「卒業設計」ということで、我々の卒業設計について聞きたいということを学生の方から言われました。やはり今、現在皆さんがやられていることと、時代感や雰囲気が違うと思うので、先生方がどういう事をやられたのかをなるべく具体的に話してもらい、それぞれの違いや皆さんの関心とのズレを知ることができればいいのではないかと考えています。まずはお一人ずつ話してもらい、内容と当時の雰囲気、最近との傾向の違いなども合わせてお話しいただければと思います。
大室　僕の卒業設計は2004年度、2005年です。もう10数年経っていますが、大学は多摩美術大学という美術系の大学でした。僕自身が手がけたのはスペインのゲルニカという街に、ピカソの描いた『ゲルニカ』を誘致するための美術館と博物館、それと記念碑という複合施設の設計でした。僕を指導してくれた先生が飯島洋一さんという建築批評家だったのですが、彼は卒業設計というのはとにかく射程を取れというか、まず遠くに投げてそこから自分の体験に落とし込めというような指導をする方でした。スペイン内戦当時に、社会問題にもなっていたゲルニカでの無差別爆撃が起きてからちょうど70年を迎える数年前でした。ある本の中では、人間の記憶というのは70年が限界と言われていたので、それを機にゲルニカに目を向け、記念碑とそれに関連した複合施設を設計しました。調査のために現地に渡り、1週間ほどゲルニカに滞在して街の地図を借りながら進めました。その頃、学内の卒業設計とは別に卒業設計の日本一決定戦が始まって3回目にあたる年

だったので、卒業設計が卒業だけの目標ではなく、コンペ的な役割も出てきた時期です。自分で問題提起をして、提案をし、それが善かれ悪しかれ人生の後に続いていくというようなことを言われていました。

佐々木　僕は1999年に学部を卒業していまして、時代背景で言うと、ようやく卒業設計にCGとかCADが入って2年目、3年目という時代。学内でもCGをつくれる人が2人とか3人ぐらいしかいなく、大半は手描きや模型でした。僕の大学の先生は小川晋一さんという、すごくカッコいい建築をつくる方で、半分くらいの学生は、その方に憧れてカッコいい建築をつくる。僕はみんながそっちへ行くなら、みんなとは違う方向に走っていきたいと、ローカルに、地域に密着した物をつくっていました。みんな知らないかもしれないですけどバーナード・チュミとか磯崎新さんといった方の本を読みながら、空間としてはOMAとかピーター・ズントーもヘルツォーク&ド・ムーロンも出始めた頃だったので、空間言語を勉強し、そういうものを織り交ぜながら、みんなそれぞれ卒業設計をしていました。僕は当時、学内で4位までの表彰にすら入れず、コンペも出したのですが通ることができず、大学院も行っていないです。要は全然評価されなかった学生。でも今は建築家として独立し、こういう所にも呼んでいただいている。評価されるか否かと、建築をつくりたいということはまた違う話。そのことを僕はいつも僕の立場から皆さんに伝えたいと思っています。今回の評価がどうであれ、建築が好きなら、建築をつくりたいなら、建築を職業にすればいい。僕はこのNAFでの評価よりも、皆さんが将来活躍されて、またどこかで会えることの方が、夢があることだと思います。

工藤　私が卒業設計の話をしたら化石のような話になってしまいますね。君たちが生まれる前の時代の話になるのですが、君たちが今日使っているようなツールは一切ない時代。横浜国立大学では、当時卒業設計でB0という紙を使っていました。A0の1.5倍くらいの大きな紙に、私は14 ～ 16枚くらい卒業設計の手描きをしました。ほぼお祭り状態で、全部手で描くしかなく、インキングして色を付けるという卒業設計でした。卒業設計着手の時に担当教授に呼び出されて「元々、女性は少ないのだが、数年前に女性で卒業設計を取った人があまりにもボロボロになってしまった。それ以降、女性が卒業設計を取らなくなったから、そうならないように頑張ってください」と励ましのお言葉をいただいて取り組みました。私は、卒業設計着手の時点で東京大学大学院へ進むことが決まっていたから学校中で「えー、誰?誰?」のような雰囲気で、後輩たちもみんな一目置いてくれるわけです。さらに私は1年生の時は学校に行っていなかったから、卒業設計で私が何をするのか注目されて、みんな少しでも手伝いたいと言ってくるから、お祭り状態だったわけです。卒

業設計として何に取り組んだかというと、当時は80年代半ば。建築といっても日本では伊東豊雄さんが新人として出てきたくらいですかね。そういう時代でまだポストモダンが始まり出したくらい。モダニズム全盛期の中で、形態をつくることが非常に難しかった。今、卒業設計で学生がやったら叱るのですが、すごく逃げまして、地下空間の設計をしました。地下に美術館をつくったので、建築形態を全くつくらず、インテリアだけつくった。お見せできるような物ではないけれども、卒業設計をお祭りみたいな感覚でみんなが楽しんでいましたし、女性としてボロボロにならないでくれという先生のお願いも全うし、次の代の後輩たちも卒業設計を取ってくれた。そういう状況で卒業設計に取り組めたので、それはよかったかなと思います。ただ1つだけ言っておくと、当時は手描きだからパソコン上で絵を描くことができない。そうするとだんだん仕上がっていくのが見える、達成感が見えるというよさがあって、みんなが少しでも関わりたいという気持ちで、学校中がかなり盛り上がった。自分の達成感があれば卒業設計で賞を取るか取らないかは、あまり関係ない。運とかその時代の流れとか相手がいる上での話だから、やはり自分が信じてとことんやれればいい。卒業設計は、自分に対しての一番という物でいいのではないかと思います。

前田　僕は佐々木さんとほぼ近い。98年に卒業して、当時第2次ベビーブーム世代で人が多くて就職難。そんな時代背景で、卒業設計と卒業論文があった。国士舘大学の伊藤哲夫先生の研究室で基本放任でした。でも今となれば、手取り足取りというわけではない分、自分で一生懸命考えるしかないから、ある意味よかったかなと思います。論文では、アントニン・レーモンドの研究を4人くらいでやり、卒業設計は1人でまとめました。そこで社会性に合うようなテーマをやりたいと思い、当時、新宿中央公園の付近に着目したんです。その頃から公園とか植物とかがわりと好きだったので、新宿オフィス街の1日何十万と人が来る所と、新宿公園を挟んで青梅街道があり、そこの中に住宅エリアが広がっている所に着目して、都市と住宅エリアの狭間として、そこに公園の設計をしました。工藤さんが言われていたように、僕も形ではなくて地下を選択。あえて表面的な形態というよりは、オフィス街でビジネスをやっている方と普通の住宅に住んでいる人たちが公園を通じて外で交わることができるような場所をつくりたいと思い、卒業設計をやっていました。当時はこういう場がなくて、現役の建築家の人に批評してもらうことなんてすごく少なかった。今のように、いろいろな地域で祭り事のように審査員の方の生きた言葉から、いろいろな気付きがもらえて、すごくいい時代だなと思います。評価とは別にして、自分が本当に疑問に思う社会、今の問題など、そういったことを一生ずっと深く考え続け、自分の気付いたことを大切に掘り下げていってほしいなと思います。

早川　私は審査員の皆さんとは違って建築出身ではなく、建築家でもないので、今日何故呼ばれたかというと私自身も疑問なのですが、建築空間のサイン・デザインをやってきました。建築家の方の横に寄り添いながらずっと建築を見てきたという経緯があります。大学は、武蔵野美術大学の工芸・工業デザイン学科という所でインテリアを専攻していたので、卒業設計ではなく卒業制作ですね。インテリアなのですが、就職先がGKインダストリアルデザイン研究所というプロダクトの事務所に決まっていたので、卒業制作くらいはプロダクトにしたいなと思って椅子を選びました。当時、社会との関わりというよりは、造形に対していかに造形美を極めるかということをみんな意識していた。一本の線を1つとっても機能で説明できる線か、すごく自分に問うことをしたような時代だったと思います。だから私は未だに曲線を使うのは怖くて、線には理由が必要だと思っている古い人間なので、自分の卒業設計でも、やはり1本1本の線に理由というか機能の理由を付けていくような形で、1枚の板をこう折り畳む、こう組み立てることで椅子になり、解体するとまた1枚の板に戻るというような椅子をつくりました。今は社会との関りがすごく重視されて、卒業設計にも求められているような気がするのですが、もう一度造形についてもシビアに考える時間というのを是非皆さん持っていただけたらなと見ていて感じた次第です。

橋本　僕は2008年に卒業設計をしまして、当時の横浜国立大学は、北山恒・西沢立衛研究室という形でした。大学院からはY-GSAという仕組みで、先生が増えるという過渡期でした。学部での研究室としての活動はほとんどなく、多分先生には卒業設計までに2回会う程度の感じでした。多分、皆さんは今先生方からすごく丁寧に指導されて卒業設計をやっていると思うのですが、僕たちの時代はそうではなく、あまり指導は受けていませんでした。今僕は403architectureというチームで設計活動をしているのですが、その403というのは4階の3号室が由来です。4年生が4階だったので、まさに403号室で卒業設計をやっていたのです。だいたい部屋は、何となく仲のいいメンバーで固まる仕組みになっていたのですが、401号室は結構マイペースというか、協調性が若干ないけれど、きちんとやっていくタイプ。402号室はすごくコミュニケーション能力が高くて明るく、元気な感じの子たち。そんな中、僕がいた403号室というのは、手は動かさないけれど口は動かすというような、ずっと議論をしているような人たちが集まってしまった。当時2008年頃というのは、大学のカラーもあると思うのですが、SANAAの影響や、伊東豊雄さんのせんだい以後のアイデア、藤本壮介さんが出てきた時代だったので、やはりそういった図式をつくるということに多くの建築学生が熱中していた。そんな中、僕たちは斜に構えて自分たちとしては断然面白いことをやっていると思っていたので、卒業設計なども余裕で取れるだろうと思っていたのですが、蓋を開けてみれば、3等ぐらいまでが全て401号室と402号室から選ばれ、403号室は惨敗した。だから今でも403と名乗っているのは、ある種の呪いを引き受けている感じですね。ねちねちと議論するということと、プレゼンテーションによって人に伝えるというのは、結構違うというのが理解できていなかった。そのように卒業設計は全然ダメだったのですが、それを機に、これでは伝わらないのだと痛感し、その後の2年間ぐらい、大学院ではプレゼンテーションをどのように行えばよいのか、話すとはどういうことか、言葉を選ぶとはどういうことなのかという点を非常に意識して取り組みました。ですから、基本的に卒業設計の審査は水物だし、ここで勝った人が別の場所では負けるとか、逆もまた然りで、優劣はそれ程ないかもしれないけれど、勝ち負けはある。それを冷静に見極めて、何で勝てたのか、何で負けたのか、図面が悪かったのか模型の大きさが間違っていたのか。プレゼンテーションで言葉が悪かったのか、あるいは審査員がくだらない奴だったのか。そういうことがわかるようになるために、やはりこういうコンテストに出るということは非常に意味があることなのではないかと感じています。

The 2nd day

2018年3月14日(水)

ポスターセッション・公開審査ダイジェスト

初日の審査で選ばれた出展者による、ポスターセッションからスタートした。プレゼンと質疑応答をあわせて4分の持ち時間のなかで、出展者は審査員とのセッションを通して、自らの作品の課題を認識したり、自分自身が気付いていなかった魅力を再発見したりと、有意義な時間を過ごした。午後からは会場を7階のメインホールに移し、開会式を経て公開審査を実施。8名のファイナリストが壇上に上がり、プレゼン、質疑応答、審査委員のディスカッションが進められた。いよいよ受賞作を決めるべく投票が行われるも、同票で並ぶこととなり難航するが、最後は全員が納得する形で最優秀賞、優秀賞、さらに個人賞が決まった。ここでは、ポスターセッションと公開審査の様子をダイジェストで紹介するので、出展者の熱い想いにふれていただきたい。

個別審査

ポスターセッション

前田賞

ID004

北川 遼馬 Ryoma Kitagawa

Project

0 レ trick -1000年の智- P.092→

大同大学

工藤和美・前田圭介×ID004北川遼馬

工藤　1000年というけれど、少し飛び過ぎではないですか?

前田　花瓶を収集して種子の保存。でも昨日は、元々アパートの問題をやっていたよね。

北川(ID004)　最初は趣味だったのですが、先生に反対されていたんです。団地の再生のイメージを考えていたのですが、建築を素直にやりたくて少し強引に形にしてきました。

前田　では、アパートはほぼ関係ないのね。昨日聞いていて、その辺りがいまいちわからなかった。団地を削っていき、一気にやるのだと勘違いしました。

北川(ID004)　豊田市生まれで豊田市出身なのですが、トヨタ自動車ができて人が集まり、最近は人口が減少してきた。その時代の象徴として団地があると思うのですが、これからどのように使うか。リノベーションなどいろいろな方法があると思うのですが、僕はそういう形が適しているとは思わなくて、新しい形として、団地を切り崩して団地を変えていきたかった。

工藤　卒業設計の葛藤があったのですね。

前田　豊田には、団地がすごくたくさんあるのですか? 写真とかないですか?

北川(ID004)　この周りが全部団地です。400×900なので、すごい数です。マンモス団地。近年は年齢層がすごく高くて、徐々に空室が目立ってきている。豊田という地は、元々コミュニティーの発祥地的な場所だったのですが、今行ってみると、年齢層の高い人が少し集まっているだけ。少しずつコミュニティーがなくなってきている。トヨタ関係の日本人は、周辺の新興住宅地に住んでいる状況で、ここで暮らしていくことは少しずつ辛くなってきている。

前田　昨日、削るという話が出ていたけど、それは減築ということ?

北川(ID004)　そうです、減築を目標としています。その中で、温暖と寒気の差があり、50年に1回ミニ氷河期のような時期が訪れる。寒かったり暑かったりする中で、全体的な減築をしていくにあたって、温室のような物をどうやってつくっていくかという部分です。

前田　でも最終的には団地はなしというイメージ?

北川(ID004)　そうですね。最終的には1000年後は残らないかなと思っています。無理に全てを切り崩すわけではないのですが。

前田　先程工藤さんが言っていたように、もう少し、小刻みな時間で考えられないのだろうか? 例えば、これは種子を保存することでしょ? 団地が空いてきて、そこをどのように扱っていくかという両方の興味があるということですよね? この種子を保存するというのは、建築空間というより、5層に分かれて完全に保存スペースという感じなのですよね?

北川(ID004)　5層目が保存。種子には光が当たるといけないので、どんどん暗くなっていく。研究者たちがここで、データを保存し、小さな実験みたいなものはこのヴォイド空間で行う。

前田　研究施設のような空間? こういうテクスチャーはどういう意味なの?

土があるの?

北川(ID004)　最初は2mくらいあるのですが、そういう物がどんどん土で埋まってきて、少しずつ団地が窪み、ここに土が集まってきて1000年後はどんどん低くなっていきます。土を持ってくるというよりは流れてきて溜まるのです。

前田　そういう地形なの?

北川(ID004)　元々急勾配の傾斜があるのですが、その中でも凹んでいる地形なのです。地下は天高5mくらいの部屋になっている。

前田　それはそれでなくなって、廃墟になるということ? 廃墟になった後、種子はどうなるの? 穴が空いていて、どこかで日を浴びると出てくるということ?

北川(ID004)　保存する物だけは、この光が当たる部分の周りで生き返ってくるイメージです。一番下の部分だけは光が当たらないようになっていて、ずっと眠っているので、人が掘り起こしていく。我々がいつか遺跡を巡るような形です。

前田　話を聞いていると、現在ではここに研究施設があり、多分団地もあってというような状態から、徐々に変わっていき、最終的には誰もいない状態になって廃墟化し、崩れてくる。その時に雨や光が射してきて、種子が日を浴びて芽を出してくるっていう感じなのかと思う。その時に、あなたは建築に何を託しているの? やろうとしていることは少しわかるけど、1000年とか飛ぶのではなくて、今の時間の変遷を見ていくと、多分これは最終でもないと思う。ある意味、ここから森のようなオアシスが作られていくような中でこの建築をつくっていますよね?

北川(ID004)　最初は希望があるような、森になる状態をやろうと思ったのですが、建築の1つの力として社会に何かを訴えかける時に、我々が普段使っている資源が有限ではないということをディストピア風に描き、疑問を提示したかった。この建築が最初は2mなのですが、少しずつ削れていって、今つくっている物は1000年という時間を後ろからデザインしている。前からだけではなく、なくなっていくこともデザインの1つとして設計しています。

前田　なくなっていくイコール新しい命が芽生えていくということなのでしょ?

北川(ID004)　最終的には、僕の中では一筋の光として芽生えてくれればいいなという思いはあります。

前田　少しわかりました。でも、なぜここを一旦終わる終焉のように表現したかったの? 今の話を聞くと、1つのプロセスですよね?

北川(ID004)　一プロセスなのですが、ただ森が生い茂っているだけだと、なかなかみんなの興味を惹かないということと、理解してもらえないと思いました。時代の中でここを切り抜くことで、警告として一番パワーがある瞬間を切り取った形になります。

前田　その研究所みたいな物はちゃんと設計しているの? フロアでいろいろあるの?

北川(ID004)　そうですね。フロアごとにクリーンルームやバイオレベルみたいなスペースなどに分かれています。

前田　研究所は3層まで?

北川(ID004)　そうですね、3層までですね。2階と3階はほとんど4つがコアなので、どんどん暗くなっていきます。

前田　これは何を伝えているの?

北川(ID004)　ここは森のプログラムです。420種くらいある東海地方の木々の内、代表例として100個載せ、団地の湿地や盆地など、さまざまな地形に対してどの木が適しているのかを配置しています。

佐々木賞

ID009

山本 帆南 Honami Yamamoto

Project

町に咲く産業の塔 P.100→

名城大学

工藤和美・前田圭介・早川克美・佐々木勝敏・大室佑介×ID009山本帆南

工藤　既存の歴史的な構築物の迫力がすごくあることはわかるのですが、実際に地上部分にある建築のデザインと、地下の醸造所の関係性について、もう少しフォローして説明してください。

山本(ID009)　地下の平面から説明させていただきますと、地上の道に上がる部分を作業動線としています。作業動線に付属する形で各部屋を設け、作業交点に必要な火を使うための所や、さばくための所を通るという形で地上に表しています。

工藤　地上部分の設計は棟だけ?

山本(ID009)　棟だけではなく、空き家部分をトップライトと寝室にしています。

大室　地下の遺構があまり見えないのかと思っていたのですが、中央に大きな穴が空いているのですか?

山本(ID009)　建物の内側の部分がこの部分です。

佐々木　それは実際に見えている?

山本(ID009)　今は、まったく見えない状況です。

佐々木　計画として開けているの?

山本(ID009)　はい。

前田　ここは何mぐらいですか?

山本(ID009)　ここは15m以内に空洞があるといわれているのですが、今5mとして設定しています。

前田　このエリアから、どれぐらいアクセスができるのですか?

山本(ID009)　図面を見ていただくとわかりやすいのですが今、拡築しているのは、この部分とこの部分と、この外に付属している階段の3つです。

前田　どれくらいの距離ですか?

工藤　50mか60mぐらい?

山本(ID009)　そうです、60mぐらいです。

前田　15mというと結構長い距離。その途中はどうなっているの?

佐々木　15mのエレベーター?

山本(ID009)　今は5mを想定していて、5m下まではそのまま階段かエレベーターで行けます。

工藤　実際は15mあるのですよね?

山本(ID009)　実際は15m以内です。

工藤　15m以内にあるということ？ はっきりしていないということですね。
早川　遺構の中の空間デザインは、どのように考えたのですか？
山本(ID009)　この中央に開けている大きな穴を中心として、光が当たる部分である穴の周囲には休憩室、食事をするスペース、人が滞在するスペースを設けています。暗闇が適している作業する場所は奥の方に配置しています。
前田　最初に工藤さんが質問されたように、全然デザインの雰囲気が違うのですが、こういうデザインに根拠はあるの？
山本(ID009)　木を細長くした形状という条件を設けてデザインしたのですが、個性を持たせたかったということです。

優秀賞

ID011
西本 光 Hikaru Nishimoto

Project
治具の家 P.066→

金沢工業大学

工藤和美・早川克美・橋本健史×ID011西本 光
橋本　空間の特徴というか、「どういうものを根拠にしたからこそ、こういう物になったのか」など特徴的な部分を教えてください。
西本(ID011)　こちらの模型で説明します。敷地は東京。僕が東京で発見したことというのは、東京に関しては、形式が見つけられなかったというのが正直なところです。その代わりに付属品としてのアタッチメントという部分がたくさん付いて家が構成されている。その中でも、こちらの塀の部分や外階段のようなカーポートなどが多く見受けられた。塀でいうと、本来は家を閉ざすものとして存在しているのですが、これを敷地から少しセットバックして配置することによって、既存の塀と設計した部屋の間に中間領域みたいな物ができ、閉ざすために存在している物が、実は何かを開くためのような構成になっています。
橋本　そういう物は、あなたの記憶に特に残っていた物ですか？ そのブロック塀に対して思い入れがあるのか、単に風景からサンプリングしたのか。
西本(ID011)　どちらもあるのですが、塀に関しては、僕が東京に初めて行った時に感じた閉鎖感が、塀によってそういう感情が生まれているのだという気持ちが1つ。もう1つには、札幌にはそれ程塀みたいな物がなくて敷地が広いので、閉ざされた印象みたいなものがなかった。そういう面でも、すごく記憶に残っています。
早川　記憶をスケッチした？
西本(ID011)　そうです。お見せできるレベルではないようなラフなスケッチです。
早川　すごく曖昧な、ぼやっとした物なのですね。
西本(ID011)　この辺りの、最初の物でしょうか？
工藤　ここどか、こういう物とか？
西本(ID011)　これが最初のイメージスケッチになっていますね。ここでいうアタッチメントみたいな物を集合させることによって、人が住む環境をつくるということこそ、僕がやりたかったことです。
工藤　地域性というのを3つに分けたのは？
西本(ID011)　3つに分けたのは、僕が個人的にその場所に住んでいたという実感を、卒業設計を通して獲得したかったというのが本音です。
工藤　それは重要だよね。何となく「そことここが違うよ」と感覚的に思っていたことを設計で形にしたかった。それは一番主張するべきとこだと思います。どうもありがとう。

早川賞

ID017
山下 陽輝 Haruki Yamashita

Project
FREE ADDRESS CITY 単身者空間分散型居住モデル P.096→

大同大学

早川克美×ID017山下陽輝
早川　もう一回コンセプトを聞きたいです。
山下(ID017)　最初に考えたことは今、住宅の間取りの大半がnLDKになっている。社会の中でも、持ち家やマンションの建て売りなどが主流の中で、2015年から問題になってきているのが、単身者の増加傾向。単身者が増えてきた時に、51Cを基盤にした住まいは合致していないと考えています。なぜかというと、現代の人たちは一人暮らしで住む時に、必ずしも内部だけで完結するような生活を送っていない。住宅の間取り、一般的な間取りという物を分解して、リビングならリビング、トイレならトイレ、キッチンならキッチンという空間を全部ばらして離散してしまった方が、より都市の近くに存在できるのではないかという発想です。
早川　離散した後のプランの組み方は？
山下(ID017)　さまざまな単身者がいて、単身者だからこそさまざまなライフスタイルが持てると考えています。そこで大まかに、単身者を例えば8人に分けて、今多いタイプの人や今後増えそうなタイプの人々を一人ひとりリサーチしていきました。その中でも代表的だったのが、インドアと名付けた少し引きこもっている人たち。また、これから増えていくような働き世代の人、単身者の中でも一番多いといわれている高齢者など。そういう人たちの一日の活動を全員リサーチすると、最終的には3つのタイプに分かれていきました。
早川　3つのタイプとは？
山下(ID017)　1つは、フラフラした動線を描くような人々。例えばノマドのような人々は、その街に対していろいろな機能を与え、使いながら生活する。そういう人々がフラフラする動線になるのではないかと考えています。それから、まっすぐな動線といって、例えば働き世代の人々は、会社などで仕事をする中で、帰りの時刻が夜中になるなど、生活のほとんどが睡眠しかないという状況があり得る。そこでこのように、寝室だけしかないような、まっすぐシンプルな動線が1つ考えられます。あともう1つは、居住的な動線。先程お話したインドア派や高齢者などは、そんなに遠くには行かない。身の回りの近くの機能

を使うのではないかというので、こういった停滞的な動線を描くような形態をとっています。

早川　なるほど、面白い。

山下（ID017）　この3つのタイプが、時間が空いた時や年に1日など、日常生活の隙間でフリーアドレスによって変えることができればいいと考えています。例えば停滞的な所に住んでいるクラスターの人々が、たまの1日だけ、休日だけ別の所で住むことができるとか、逆に普段は睡眠しか取らないような人々が長期休暇の時には……。

早川　あっちに行く?

山下（ID017）　そうです。そういうことが可能になれば、これからの世界ではこういう住み方の方がよいのではないかなと考えました。

早川　なるほど。わかりました。

橋本賞

ID022
髙橋 仙実 Hitomi Takahashi

Project
ウチウラ再紡 P.108→

金沢工業大学

早川克美×ID022髙橋仙実

早川　この中で起きることを説明してもらえますか?

髙橋（ID022）　最初に、私は設計をしたと言ったのですが、ほぼ設計はしていません。何をしたかというと、子どもが通れるような境界を全てに持たせました。実際は、全部が子どもだけを対象としているわけではなくて、例えば模型でいうこの部分では、ここまでは地域住民が拠り所となる広場空間を設けているのですが、その奥には子どもしか入れない場所がある。この部分は、家の庭の倉庫があったのですが、ほぼ使われていなかったので、新しい玄関口として庭に対するアプローチの玄関をつくりました。この家の知り合いの大人たちは、ここを通れるけれど、知らない人は通れないという心理効果を引き出すような、そういう境界をどんどん残していきました。ここを開放し、その奥には子どもだけに開放されている2階の空間があるので、秘密基地として使える。そこを子どもたちだけは通れるイメージです。街全体に奥行きがあり、ここは元々商店街通りだったことを生かしている。実はここにお風呂場があるのですが、このお風呂場にも本当は子どもの寝床がある。ここの下が通り土間空間になっていて、地域住民はその通り土間を潜ってきてお風呂へ。子どもたちやこの家の人と一緒に入ることができます。そして子どもは裏を通って、また他の所へ行く。

早川　このお風呂はよその家の人も使うの?

髙橋（ID022）　地域住民という疑似家族です。

早川　地域住民みんなが使う感じなの? 疑似家族関係?

髙橋（ID022）　そうですね。元々ここは商店街で、舞妓さんなどが多かった。舞妓さんたちは自分の家でお風呂に入っていなかったので銭湯があり、ここも元々銭湯の場所だった。奥にあった所をもう一度お風呂場として地域の人たちが使えるように生まれ変わらせるというイメージです。

早川　それは提案?

髙橋（ID022）　提案です。あとは、元布団屋さんの所を生かし、奥の離れを子どもの昼寝所に。そのままここの人は倉庫のように使ってもいいだろうし、子どもが入れば昼寝所にもなる。

早川　この整備の時間軸はどんな風に考えているのかな。

髙橋（ID022）　時間軸ですか? 全部でどのくらいの工期かということでしょうか?

早川　そうそう。どのように増殖していくというイメージを持っているのかな。

髙橋（ID022）　私はリアリティを持ってやっているつもりなのですが、デザインもすごく格好よくはない。例えばこれは、足を付けているだけなのですが、そのようにしている理由は、地域住民たちがその気になれば、1日2日3日など、簡単にできるものを極力選んでいる。こういう柱を建てて、屋根を建てるだけなのですが、どこか1つが動き出したら、何かが動くのではないかと思っています。これが多分全部できあがるのには、しばらくかかるのですが、個人としては「ここの3軒だけでもやってみない?」という形で始めて、その気になればすぐできるような物に、あえてしている。だから、あまり格好よくはないのですが、ほぼ既存を使っています。

早川　自主的に整備できるように考えてあげているという事なのだね?

髙橋（ID022）　はい。基本的には、そのままの形に何か1つ手を加えて。でも一人ではなく、疑似家族関係だからこそ、誰かに手伝ってもらいながら2～3人とか、4～5人ぐらいでできる規模を私は考えています。

早川　それをあえてやっているのですね。

ファイナリスト

ID024
木村 優介 Yusuke Kimura

Project
浜マルシェ
～地域循環型市場の創出～ P.080→

愛知工業大学

工藤和美・前田圭介・大室佑介×ID024木村優介

前田　斜めのラチスのような梁が強烈な印象を持っているのですが、なぜこのような形態が必要だったのか説明してください。

木村（ID024）　この形態に至った経緯としては、現地調査に行った時にトタン的な、バラック的要素が強い地域という印象を受けたことです。その地域性を崩さないためにも、トタン屋根を要素として使い、陸地に対して勾配があまりないような緩やかな屋根を集落の中に広げていくことで、今の風景を骨組みにしながら残していけるように考えました。

前田　今までの風景と随分変わっているという印象を受けます。緩い斜めの梁が、控えめな改良の仕方ですという説明だと、あまりピンとはこないのですが。

工藤　力強い。

大室　結構目立っている?

木村(ID024)　非常に抽象的なことなのですが、波がぶつかるという抽象的なイメージが含まれています。緩やかに波が入ってくるイメージと、ここに元々あった倉庫の屋根勾配が非常に低いという部分も加味してこのようなデザインにしています。

大室　屋根よりも構造体の方が存在感があり、かなり強いストラクチャーができているなと感じます。そこは少し圧迫感があったり、軽やかさに欠けていたりという印象に繋がってくる。造形的にはとてもよく見えます。ただ、そこよりも僕が気になっているのは、船たちの扱い。マルシェとして使われているのですが、船上に板が張ってあり、他にも何かに使われそうに見えます。この船が再び沖に出たり、もっと使い方が展開されていく可能性はありますか?

木村(ID024)　はい。船は一応3パターンの使用方法を考えています。スラブ船としてこの地域で利用して、自由な時に合体させて拡張していくことで自由なスペースをつくるという利用方法と、水耕栽培用の苗プラントとして係留する利用方法と、今まで通り係留船が普通に使えるような物であればそこで管理をして、漁業を始めたい人たちに貸し出すという利用の仕方です。

工藤　ここを使う人はどのような人を想定しているのですか?

木村(ID024)　ここを使う人は現在いる漁師さんたちと、こちら側に埋め立て地があるのですが、その埋め立て地側の住民が買い物をするなど。他には集落の方からも、住んでいる人たちが訪れて交流すると考えています。

工藤　昨日も少し話したけど、こちらは再開発されてタワーマンションがバンバン建っている状況で、すごくこの地域性が消えそうになっている。新しい住民との間にものすごく溝があって、今小学校の建て替えも行われていて、私も審査員として関わったのですが、非常に難しいデリケートなエリアです。君がこのようなことをすることで、もっと、街を繋ぐぞと言い切ってくれると安心するのですが、少しその部分が放任というか、来てくれる人に対してウェルカムだけではなくて、もう少しその部分を積極的に入れるとよいと感じました。

ファイナリスト

ID029

長谷川 滉一郎 Koichiro Hasegawa

Project

高架座賛歌
ー都市虚構空間: 高架下の再解釈とそこの使用人と一般歩行者の交錯による劇場化を目指してー P.084→

名城大学

工藤和美・前田圭介・早川克美・佐々木勝敏×ID029長谷川滉一郎

早川　それぞれの場で起きることと、場同士の繋がりについて説明してください。

長谷川(ID029)　舞台が7個あるのですが、それぞれ舞台の機能としては独立していて、連続感というのは、この歩行路。この側部を歩行者が通ってくれればと考え、所々、舞台の下などにも歩行路が入っています。例えばここの下が室内になっていて、歩行者が通れるようになっていたり、歩きながらフットサルを眺めたり、横目に見る。そして例えばこちらの舞台に歩行者が移動した際には、視界が開けて、この矩形の舞台をアイラインで見ることができるという仕組みです。連続感としては、歩行者のシークエンスみたいな物を考えて設計しています。

工藤　関連していますが、これは7つもつくる必要があったのでしょうか? 7に意味があるのか、その量的な点も含めて聞きたいです。

長谷川(ID029)　数にこだわりはないのですが、そこに元々生活している人は多種多様で、ファッションショーの練習をしている人、サッカーをしている人、自転車を乗り回している人などがいるので、さまざまな形態の舞台、客席との関係を持った舞台があれば、そういう人たちにも応えられると考えました。

工藤　これが1カ所に集まっていなくて、もっと分散した方がよいのではないかという気もします。高架下がもっと大規模に、広範囲になれば、周りの利用者にとってもいいのかなと思った。たくさんある所に大勢の人が集まり、すごいニーズですよね。

長谷川(ID029)　敷地を集約したのは、ここは1日3万人ぐらいの歩行者が通るという人の量と、一体化した施設だからこそ体感できるスケール感というのがあると思うので。分散させるとそのスケール感が感じ取れないと感じました。それをこの400mというスパンに集約させています。

工藤　異なるアクティビティにも出会うきっかけがつくりたかったということですか?

長谷川(ID029)　そうです。

前田　昨日も話したのですが、街の通りとか、周囲など、結局はメインで同じレベルで通れる所が少ないですよね。だから関係のない人が、この施設を通ることによって、どの程度関わりを感じられるかどうかということがわからない。これでも200mぐらいあるわけですよね? どこにこの4万人ぐらいの人が移動しているの?

長谷川(ID029)　ここが一番多くて、今までですと、ここに車道が4車線あり、この歩道を通っている人が東西に歩いています。時間に余裕があるとか、みんながスマホを持って歩いているというような風景の街だと思うので、そういう人がこの歩行路を歩いてくれれば、ここを活用している人に目を向けてくれる、理解をすると考えています。

佐々木　現状、交差点はここと ここ?

長谷川(ID029)　そうですね。もう1つ、ここに久屋大通公園という公園の交差点があります。

大室賞

ID045

横山 理紗 Risa Yokoyama

Project

卆寿の家 住み繋ぐということ P.104→

椙山女学園大学

前田圭介・佐々木勝敏×ID045横山理紗

前田　昔のこの手法が9つある中で、90年ぐらいの建物を持続させていくというのは、どういう手法? 生活スタイル、家族構成も変わるわけですよね。今回自分が計画した所をもう少し教えてもらいたい。

横山(ID045)　今回は、改修するとしたらどうなるかという提案になっていて、残す部分は調査から出てきたので、ボリュームを決め、出てきた内容から導き出しました。例えば、襖を大事にするべきということはいろいろな調査から出てきていて、それを重ねた時に絶対に大事だということが言える。そこでこの部屋は物置を付けています。
佐々木　あなたがこの家族だからこそ、設計者になった時にクライアントにヒアリングをすれば「ここはこのような感じにしたい」というような情報が出てくるのは当然のこと。ただ普通にリノベーションする時にも、何かを残すとか、何かを大事にしようとか、機能面などを考えながら設計をします。普通に設計することと比べて、あなたの提案としての新しさや違いなどを教えてください。
横山(ID045)　普通にヒアリングをしていたら、ある一線までの事しか話してくれないという点。通常は設計者と少し距離があり、話すことでいろいろな側面が出てくる。家族であれば、例えば日常記録を観察したり、会話の中から出てくる話だったり。こちらの目に映ること以外でも、ヒアリングから出てくる情報を使っていけるということがすごく大きいと思っています。それで家族に対して、空間がどのように認知されているか、その部屋をどのぐらい大きく描いていて、どの部屋を小さく描いているかということが調査から出てきている。そういうことはヒアリングからだけでは絶対に出てこないと思います。
前田　その拾い上げた情報が、プランやボリュームの情報以外に見えてこない。それ以外の、例えばディテールやスケール感、素材など、そういうことはないのですか。要するにボリューム操作を行った以外に、その調査内容をどのようにアウトプットしているかということです。
横山(ID045)　家族が、今まで変わらず庭を大事にしていて、その模型が建っている所なのですが、そこを壊してしまい、こちらに新しい庭を作ろうという話になりました。今まで、家族が生まれるたびに木を植えていて、それがいろいろな所に散らばり、伐採されてしまっている木もある。昔からの過去の情報と、今住んでいる現在の所と、その先の未来へ続く部分を繋げるという役割を、建物ではなくて植物にやってもらうような操作をしました。
前田　開口部と全体は連動しているのですか?
横山(ID045)　そうですね。ずっと暗い閉めきった部屋だったのですが、この部屋に来る事で家族と話もできるし、ずっと大事にしている襖の方を見ながら生活することができる。寝たきりになってしまっても、庭を見ながら生活できる。
前田　今回の手法で、和室を大切な物として残すということは、価値観がかなり異なる。残すだけではなくて、9つのやり方で、自分が考えた今の時代にとっての和室の使い方の提案があってもいいのかなと感じました。昔の状態がよかったから、聞き取りで出てきた大切な物だから、大切に残しているだけという印象を受けました。

ファイナリスト・総合資格学院賞

ID051
竹中 智美 Tomomi Takenaka

Project
みんぱくレシピ
-まちに開いた民泊空間による地域ストックの再生- P.076→

名城大学

前田圭介×ID051竹中智美
前田　今の民泊で自分が疑問に思っていることを、もう一回出してもらえますか?
竹中(ID051)　今、家主居住型で住みながら貸すことを想定しているのですが、現時点で住む所と貸す所と、共有空間が近すぎて混在していることで使いにくい。家主の負担が大きいと思うので、その部分を軽減したい。

前田　負担というのは?
竹中(ID051)　プライバシーです。お世話もしなくてはいけない中で、間取りは変えずに家主の生活感も残したまま、どう組み替えていくかということを考え、まずゾーン分けをしました。さらに共有部と、加えて街の人も入って来る公共部を家の中でゾーニングしてあげる。この公共部を入れた理由は、今の民泊はその中だけで収まっていて、街の人にメリットがないので、近隣住民からの反発があり、大きく規制される傾向にあると考えたからです。
前田　距離が近い、プライバシーが守られないという問題を、この提案のどこで解決しているの? すごく近い感じがします。
竹中(ID051)　普通に壁を挿入してあげるということでも解決できると思うのですが、ここを開こうという私の提案の中で、ここの開き方で他のレベルを調整してあげるなど、単純な行為の積み重ねです。
前田　例えばこれは、どのようになるの? 壁で仕切るというのは現状もそうでしょ?
竹中(ID051)　今は襖です。ここを半屋外にして誰もが入れる、街の人も入れるようにしています。
前田　減築しているのですか?
竹中(ID051)　はい。玄関から入り、ここのガラスになっている所は公共部、見えてもいい所。その奥に家の人しか使えない居間がある。プラス、居住者と宿泊者が一緒にいられる共用部がある。階段を上がって共用部があるのですが、そこからまた家の人しか入れない場所と宿泊者の人しか入れない場所になっています。それから、街全体として見た時に、この公共部が減築と増築のパターンがあり、民泊としてお風呂や観覧スペースなどの機能が入っていること。さらに、こういう機能が街の拠点と繋がることで、街に住んでいる人にもプラスになってくるという循環を生みます。
前田　この辺りは、民泊が多いのですか?
竹中(ID051)　ここは全然ないです。民泊は敷居が低くて誰でもできるけど、一方で自分の生活を守り難いから、そういう意味ではハードルが高いと思うのです。でもそれを、このルールを守るだけで組み替えられるという点が、自分の案のポイントだと思っています。ただ単に街の人を入れたいのではなく、街の人にとって経済的にもプラスになるような物もつくりたいと考えました。例えばここの貸しスペースは、街のおばあちゃんが習字を教えるスペースに使えるといった具合に。外国人観光客は日本文化に興味がある人もいると思うので。お金のやり取りや、もちろんコミュニケーションも発生するし、今ここに来ている子はこういう子だということが伝わり、街全体で関われればいいかなと思っています。そうすることで、規制方向にある民泊を、建築の助けでプラスにもできるのではないかという考えです。

優秀賞

ID064

有田 一貴 Kazutaka Arita

Project

彼らの「いつも」のツムギカタ
-障がい者の認知補助を主題とした
協同型就労施設の設計- P.060→

信州大学

早川克美・佐々木勝敏×ID064有田一貴

早川　必要な空間条件というのはどのようなリサーチから導き出されたのですか?

有田(ID064)　僕が施設を計画した時に、健常者との間に存在する認知の差という面を見ながら捉えていきました。それを分析していくと、認知を助ける支援の中に、彼らの理解力を助けるものと彼らのことを知ってもらうための認知というものがあって、それを分析していく上で、斜めの空間が対応していくのではないかと考えました。

早川　斜めの空間が対応するという観点を、もう少し詳しく教えてください。

有田(ID064)　僕は健常者と障がい者との壁について、建築の壁という物を乗り越えるために斜めの操作をしていきました。例えばスケールを変えて、大きいスケールだったら市民のエリアと障がい者のエリアを分ける物になる。動線を指示していく物というのは過度になっていて、使われ方の多様性や、僕が本当に必要だと考えた空間にマッチしていく操作だと思いました。

佐々木　断面的な操作は壁が内側に向いている。開いているというのはどのような意味ですか?

有田(ID064)　インタビューをした時に、彼らはお互いの存在を強く感じていて、そこから内側に開く構成を取ろうと思いました。中央に対して開いていこうと思った時に、敷地の選定にあたって、メインファサードを持たないような、既存に囲まれたような敷地を選定した。その中で俯瞰から見ると、閉じられるように感じてしまうので、東側のエントランスや南北に貫く道など、目線で人を誘うようにする操作を行っています。

佐々木　あんまり面白くない話かもしれませんが、怪我や事故は一般の人以上に多い。私の家族もこういう所で働いていたのでわかるのですが、普通の四角い部屋でもすごく怪我をする。その面はどのように考えていますか?

有田(ID064)　柵などは付けます。18歳で養護学校を卒業した人から64歳まで働ける人を想定していて、障がい者だから安全な場所を提供するというより、自分の感覚みたいなものは絶対に持っていると思うので「ここは危ない」とか「ここは大丈夫」ということも含めて、空間を感じてほしい。それを期待しながら、多少ぶつけるような部分があったとしても、その中で自分の居心地を見つけてほしいという思いからこの空間を設計しています。

最優秀賞

ID067

伊藤 誉 Takashi Ito

Project

始終のまなび P.054→

名古屋工業大学

早川克美・前田圭介×ID067伊藤 誉

前田　もう少し聞きたいのが、具体的なプランについて。

伊藤(ID067)　平面と断面でよろしいでしょうか。

前田　パブリックなエリアや境界的な部分について。

伊藤(ID067)　まずこれが平面図なのですが、街から、学校からの動線というのが主軸になっています。この辺りがまず大きなエントランスとなっています。こちら側は、保育園から遊戯室への動線。こちらは市立図書館からその壁へ向かう動線というように、この場所が求心地となるような引き込み方を考えています。次に、この植栽マップは未完成なのですが、今後つくっていこうと思っています。これは教員スペースや集会所をセットで並ぶように配置し、街との接点から上に設けている。学校では門で区切ってしまう所ですが、領域を設けることで大人たちの居場所を柔らかく守っていけるのではないかという発想です。

前田　学生たちもここから入るの?

伊藤(ID067)　そうです。同じ所から入ります。

前田　大人がいる場所は、何か境界があるの?

伊藤(ID067)　境界があるというよりは、図面では表現できていないのですが、縁側などで憩いの場を仕掛けていく。領域としてはっきり壁を分けるのではなく、子どもが職員室に入り難いような雰囲気をつくる。

前田　空間とすれば続いているのですか?

伊藤(ID067)　そうですね。

前田　外とは別に、壁で少し隔たれた場所なのだよね。

伊藤(ID067)　そうです。そこは音楽室と家庭科室がぶつかってできています。僕の思いの部分ですが、開口部をだいたい今700とか600にしていて、腰壁ぐらいの高さになっている部分もある。そこから少し乗り越えて学校の外に、領域を超えて出て行ってくれるような、中でも元気な子どもの生活が見られるようなデザインかなと思っています。

前田　塀のようだけど塀に見せない開口部と、なんか乗り越えられそうにないけど乗り越えられてしまうぐらいの微妙さ。職員室も少し入り難い。

早川　両脇が地域の人の施設になっている?

伊藤(ID067)　はい。デイケアについてなのですが、ここは市立図書館からなので小さなカフェを置いて、こちら側に関してはこのデイケアのための風呂、デイケアのためのリハビリ施設のようになっています。

早川　こういう形態にしたのはどういう視点から?

伊藤(ID067)　今の学校建築を思い浮かべていただくと、基本的に水平垂直でホワイトキューブとホワイトキューブの教室と、その廊下で支えられているのが学校空間。住民たちの聞き慣れた生活音などを受け止めながら子どもたちが生活するような場所を考えた時に、ここにホワイトキューブとその廊下を流し込むのではなくて、ここの曲面で不均質な庭との領域ができていくような生活がよいのではないかと考えました。言い訳というか、やましい部分になるのですが、一応このスタディを通してこの形が生まれました。

早川　角度も?

伊藤（ID067）　ここから覗いていただくと、光の落ち方や領域ができている。ただ単に壁や開口が適当に開いているように見えるのですが、覗いた瞬間にその空間がわかるようにしています。デイケアも、ただ入れているだけではなく、ここから覗いていただくと、先程ご説明したカフェの部分になっている。カフェは、基本的に大人がよく利用する物なので、大人が気兼ねなく行けるような学校や施設になるかなと思っています。教室と地面の間は1200ぐらい高さがあり、先程の部分は、小学校3年生か4年生ぐらいの平均身長に合わせています。子どもたちはスッと通れるような場所、空間になっているのですが、大人たちは腰をかがめ、ハイハイしないと通れない場所。そういう点でセキュリティというか、誰でも入れる場所ではないという設計の意図です。

前田　こういう部分は、元々敷地に傾斜があるの？

伊藤（ID067）　そうですね、敷地がすごく薄くなっているのですが、等高線が点線で入っている。この先に山があります。その他には、そちらの模型なのですが、教室と教室がぶつかっているような、中庭になっている部分があります。そこに大きな黒板があるのです。別のクラスの子たちがここで交流した時に、この中庭で合同授業が行えるような場所。例えば今、小中一貫校で問題になっているのが、小中一貫校になることによって5、6年生がリーダーシップを発揮できないような事例が多くなっているという点があります。例えばここを小学6年生と小学1年生が隣り合わせで授業を受けられるスペースにするなど、今の制度自体を崩していけるような場所にもなり得るかなと考えています。

前田　そちらの模型をもう一度見せてもらえますか？

伊藤（ID067）　こちらは普通の学校で、特別教室などは階で分かれています。ここは特別教室が群れている場所になっていて、今回はたまたま音楽室、家庭科室になっている。そしてぶつかっている部分の庭を、新しい特別教室のあり方として提案しています。家庭科室でご飯を作って、音楽室でコンサートを楽しむというような活用法です。地域の新しい使われ方になる特別な庭という感じです。

前田　こういうのは感覚でやっているの？

伊藤（ID067）　Rhinocerosで全部展開図をつくり、角度は今あそこでスタディしました。これは南側なので70度。それを、ライオンボードを折って曲げてつくっています。

前田　楽しそうな空間だね。

伊藤（ID067）　ありがとうございます。なかなか学校建築で傾斜がある物がなかったので、自分で考えながらつくりました。

前田　この角度、覗くとよくわかるね。1枚あって外々なんだけど、この幅が狭いからなんかとても外を感じられる。

伊藤（ID067）　落ちている影の部分が、雨の日などはおそらく廊下になるのかなと思っています。

前田　雨を避けるようにもなっているの？

伊藤（ID067）　影の光が落ち、雨が入っても濡れないように、影の部分を縫って歩いていくのかなと想像しています。

ファイナリスト

ID068
石井 秀明 Hideaki Ishii

Project
継承される土繋壁（フォークロア）
～地場産業と地域住民の共生方法～ P.088→

愛知工業大学

早川克美・佐々木勝敏×ID068石井秀明

佐々木　模型のつくり方を聞きたいのですが、屋根は載せているのですか？

石井（ID068）　はい。

佐々木　壁は全部あるのですか？ ガラスですか？ 壁ですか？

石井（ID068）　壁は立てる部分と立てない部分があるのですが、カフェになっていたり、野菜を直売したりしています。内部空間でないとできない所は壁を入れます。基本的に空き家は解体しながらなくなっていくと考えているので、基本的に外部空間が多いです。

早川　この強い提案をされている、壁の高さや長さ、位置について聞きたいです。なぜその高さにしたのですか？

石井（ID068）　壁の高さは3000と6000で設定しています。この大きい長い土壁というのは、この幼稚園から大通りまでを繋ぐ大きなスロープであり、災害時に避難路になって幼稚園まで逃げられたり、登下校の道になったりというイメージで大きく伸ばしています。

早川　これがスロープなの？

石井（ID068）　はい。そうです。

早川　すとんと落ちないですか？

石井（ID068）　この模型では同じ高さになってしまっているのですが。

早川　スロープで降りていける？

石井（ID068）　はい、そうです。このスロープで下に降りてこちらの街に降りていけます。

佐々木　ここに降りるの？

石井（ID068）　はい、そうです。

佐々木　この中の機能は何ですか？

石井（ID068）　僕の設定しているプログラムが工房、ライブラリー、キッチン、ミュージアム、託児所、コンドミニアム、最後が工場です。この模型で表現しているのが地産地消であり、この場所で作った野菜を売るようなレストラン。あちらは工房になっていて、この地域の人の日用品を作っています。その土壁の中は隠したい裏動線の部分で、レストランの従業員が通ります。

佐々木　一般の人やお客さんは通らないのですか？

石井（ID068）　通る部分もあります。ここは門をしまう部分になっているので、この中は人が通ります。

佐々木　この中の空間が面白いのに、もったいないですね。むしろここが一般に開かれるべきなのではないですか？

石井（ID068）　このミュージアムは内外が反転しているミュージアムです。このパースにあるように、中に地域の作家さんたちが作った作品が展示されていて、元々空き家の内部だった部分が外部になっている。外部だった外が土壁に覆われて内部になり、この狭い空間になっています。

佐々木　そのミュージアムは面白いと思うのですが、この動線の中を人が行き交う方が面白いのではないかと思います。ミュージアムは行った人だけが感じられる場所。だからこういう日常の動線の中で使える空間なのに、なぜ裏動線で一般の人が通れなくしてしまうの？

石井（ID068）　この模型で表現している部分は裏動線がメインです。こちらに託児所、こちらに礼拝堂などがあり、この部分には人が入ります。この辺りは主に裏動線として使われます。

佐々木　裏動線でも一般の人も通れるのですよね？

石井（ID068）　はい。

佐々木　なら裏動線と言わなくていいと思います。

公開審査　第一部

ファイナリスト進出者
プレゼンテーション＆質疑応答

優秀賞

ID011

西本 光 Hikaru Nishimoto

Project

治具の家 P.066→

金沢工業大学

西本（ID011）　人の名前がその人個人を社会に定着させるように、建築にも人をその場所に定着させるような側面が僕はあると思いました。そして住宅という物は、人をその場所に定着させるような物であるべきだと思います。同時にそのように生活をしていった方が幸せなのではないかと思ったことがきっかけです。まず、治具という物は工作、機械の刃物などを正しく当てる働きをする道具なのですが、僕らが日頃使っている定規なども治具になると思います。そしてこの治具のように、家が人を土地に定着させるような物として作用し、その場所特有の事象、物や事が集積された場所に人が住むことにより、人はそこに住んでいるという価値を認知していくのではないか。これは初期に描いたイメージスケッチです。この場所では、札幌特有の屋根に積もった雪を下ろすためのアプローチ、つらら、地下の冷凍室を設けることで、人にそういう場所をつくるためのイメージスケッチです。選定敷地は僕が今まで住んできた北海道札幌市、石川県金沢市、そしてこれから住む東京都杉並区があります。自分が住んでいた場所に近い場所の中で、具体的な空き地を敷地として計画を進めます。それぞれの地域の中で、僕の記憶に基づいてその地域の価値を導き出します。これは、北海道の例ですが、公園から見た歪な屋根というのが印象に残っていました。しかし、それは考えてみると屋根に積もった雪を下ろすための勾配であり、近所の家の隙間にあったタンクも冬季の暖房用タンクで、通学路でよく見つけたつららは、室内と室外の温度差で屋根に積もった雪が溶けてでき上がったものです。そしてこれらを、建築自体を構成しているフォーマット、建築に付随している要素アタッチメント、そしてそれによって引き起こされるシーン、場面として3つに分類しました。この図はそれぞれの地域において、記号的に家を配置した時に現れる家の建ち現れ方です。これを見てわかるように、その土地特有の物は、家の外に

も現れています。しかしこれは、ただの外観にしかすぎないので、中から認知することはできません。これは、北海道で僕が収集したものです。一番内側をフォーマット、その次の枠がアタッチメント、外側がシーンとなっています。これらを設計の指針として計画を進めていきます。北海道の家では、フォーマットで示した中央の下段にあるキダンという部分からフォーマット、形式をつくっていきます。北海道の家ではキダンという物が天井まで立ち上がり、それを覆うように風除室などが配置してあり、この示したアタッチメントがそれらに付随していきます。これは、そのアタッチメントとシーンの関係図です。青い部分で示した部分はアタッチメントが付加されることによって起こるシーンを描いています。このように3都市で見つけた建築のエレメントを用いながら、建築の空間をつくっていきます。

大室　先程アタッチメントの説明をしている時の図式が出ていると思うのですが、参照にしている要素は家の外側からのことばかり。この家の内側から反映しているものはありますか?

西本(ID011)　はい、あります。模型で説明してもいいですか? 北海道の家で説明しますと本来、風除室というのは玄関の外側に出没している物なのですが、そこで中の温度を外に逃がさないように、外の冷気を中に入れないようになっています。この家では、中心にリビングが配置してあってそれを覆うように風除室を設けています。それは、外側についていた風除室という物を、建築に再解釈して風除室兼廊下として利用することによって、住んでいる人は風除室という物を認知できるのではないかと考えています。

佐々木　風除室という物を認知する必要はあるのでしょうか?

西本(ID011)　僕は地域特有の事、物を知っておいた方が幸せだと思います。だから「そういう事物をわかって自分はここに住んでいるのだ」という自覚を住み手が感じることで、ここに住んでいる意味を理解できると思う。どこに住んでいるのかわからない所に住むよりも、ここにはこれがあって、これを使って生活しているということを認知した方が、僕は幸せだと感じています。風除室に限らず3つの住宅に同じ操作をしていますが、その意図は同じです。

工藤　話を聞いていた時に、自分が昔住んでいた所の記憶がうっすらありますが、今の話だと、その差異が見えてくるような、強い差がある。それは気候とか水とかによる地域差もあるけれど、この3つのタイプの中に、あなたなりに住まい方としての違いを表した部分はありますか?

西本(ID011)　東京を例に説明します。これまで東京は、すごくクローズな印象があったのですが、本当にそこに閉じて住むということが快適なのかと言われれば、そうでもないと思います。ここでは、1階部分が開かれた物になっているのですが、それを統制しているのは、東京で見つけたエレメントであるテーブルブロックであったり、柵であったりシャッターであったり。本来は、閉ざすために付けられていた物が、ここでは開くために使われているなど、本来とは違う使われ方をしているけれども、それをまた違う意味で使う暮らし方というのも提示しています。

橋本　これは、誰がいつ住む家なのですか?

西本(ID011)　僕は自邸として想定していますが、若い夫婦が暮らせるくらいの想定で設計は行っていました。

工藤　住宅を土地に根付かせるプログラムだとおっしゃっていたのですが、ご自身を土地に根付かせるために建築を媒体にしているのかなとも感じました。

ファイナリスト
ID024
木村 優介 Yusuke Kimura

Project
浜マルシェ
～地域循環型市場の創出～ P.080→

愛知工業大学

木村(ID024)　まずバックグラウンドについては、東京湾周辺の漁村集落の衰退、巨大市場の発達。僕がこの建築を考えるきっかけにもなった豊洲市場移転問題が存在します。箱物の巨大市場によって、産業のパッケージ化が行われてしまった。次に問題意識として、箱物市場によって、産業の行程や家庭がブラックボックス化されてしまい、人々の食意識の低下が起こっていると考えられます。敷地は、神奈川県子安浜というところで、かつてシャコ漁で栄えた所。現在この地域では、空き家、木造密集地、不法停留船、廃船問題が大きな問題となっています。そこで、経済性を求めた巨大市場とは違い、食育市場や、市民市場のプロトタイプとなるような市場を提案します。この市場では、生産から消費までが循環し、お互いに干渉し合うことで、さまざまな工程の「見える化」が発生します。タイムスケジュールとしては、漁師たちが朝、漁に行き、獲れた物をその場で販売して消費した後、その廃棄物が農園で使用されます、こちらが現在の子安浜の写真。ダイアグラムです。フィールドサーベイから地域構造が水辺、小屋、道、集落に分かれていることがわかりました。そして、かつて倉庫として使われていたコンクリート躯体が残っているということもわかりました。建築をつくる上では、地域の素材を再活用します。密集地の空き家、コンクリート躯体、トタン、停留船を提案建築へと挿入していく。コンテクストを崩さないように、勾配の緩やかなパターンの屋根を集落動線、軸線から抽出し、配置したボリュームを繋ぐようにして掛けていきます。横の繋がりは、小屋同士を繋ぐようにスロープやスラブが補完していく。このように建築によって水辺、小屋、道、集落の空間がそれぞれ拡張と反転を繰り返すことで、周辺環境、周りに対して産業が開かれていきます。プログラムとしては、漁具倉庫、船修理所、水産物加工場、販売所、獲れたて食堂、カフェ、潜水空間、水耕場、待避所、船輸送貸出所、市民農園の10個が主に存在します。平面図です。道空間を中心として、集落側に、主に農園や作業場、海側には漁師たちに必要な機能が配置してあります。水辺へと拡張するパースです。大屋根に掛かる荷重は、係留船を繋げた桟橋と、中にトラス構造を組み込み、浮力を使うことで支持します。さらに、木造空き家を減築した際に出る解体木材を利用し、既存コンクリート躯体のモジュールに合わせるようにして部材を配置。またトタンを間仕切りとして再活用する際に、フレキシブルに改変ができるよう、挟み込むような柱を配置していきます。こうしてできあがった資料建築は、海岸線を軸に集落全体へ、街全体へと波及効果をもたらしていきます。次に、係留船・廃船の利用ディティールについてです。1つ目に、スラブ船の再活用です。現在ある船のスケール4パターンを抽出し、それに適用したスラブを組み込んで再活用。これにより、必要な作業面積に応じて自由に改変することができます。2つ目に、水耕栽培のプラントとしての再活用。3つ目に係留船の貸し出しシステムを作り、レンタル料を管理し、開かれた漁業へと展開します。このようにすることで、新たな漁業者の創出が期待できます。また行政とも協力し、水辺を管理すると共に公共空間として再整備をしていきます。

大室　この地域のことにあまり詳しくないのですが、工藤さんが言われているように近年変わってきているエリアで、高層マンションとかいろいろな物が建ってきているのですか?

木村(ID024)　一昔前までは埋め立て地の方に超高層ビルがどんどん建っていったのですが、今度はそこからまた内陸の方の再開発が始まってしまい、結局大きいマンションや新興住宅に、子安が取り残されていくという状態が現状としてあります。

佐々木　そういう中で、すごく可変していく提案。長い時間で変わろうとしているのだと思うのですが、自分の提案がどのようになっていくと考えていますか?

木村(ID024)　この建築はバラック的につくったという形が強く、地域住民もバラック的性質が強い。壊れたら自分たちで修復するといったような力がものすごくあると感じました。これをプロトタイプとして、東京湾の廃れてしまった漁村集落が昔は30個くらいあったので、それらすべてが上手に、地域に合わせて同じように改変されていけば、大きい市場などともバランスがとれていくのではないか。結局食育は、こういう市場で行われ、巨大市場は流通の面で補助してというように、上手くバランスがとれた状態になるのではないかと未来予想をしています。

佐々木　コンテクストを崩さないために、緩い勾配の屋根を掛けたという点は、かなり乱暴に介入しているように見える。

木村(ID024)　屋根をこのように緩やかに掛けていったのは、集落が4段階構造になっていて、集落と道と小屋と海という空間が、きちっと分かれてしまっている現状を、建築をつくることで変えていくと考えた結果です。周りの建物と同じようにすごく大きい建物をつくってしまうと、それこそもっとコンテクストを崩してしまう。自分なりに考え、緩やかな屋根を海辺に向かって掛けていくことで、視線誘導にもなる。海に対して地域が開いていくという状態が、この土地に対してベストなことなのかなと考えました。この建築ができることで、どちらかというと領域的な物の解釈がどんどん変わり、オーバーラップしていき、変わっていく。今の状態からよりよくなっていくという状態を目指した建築です。

早川　海側からの景観というか、見栄を意識してつくられているように見えました。集落側からの見栄はどの程度意識されているのか、どのような点を注意されたかをうかがえますか?

木村(ID024)　集落側だと、ここ自体、海辺に対して傾斜がかかっていて、落ちていくというランドスケープなのですが、このランドスケープに合わせたような屋根のこういう落ち方も考えられていて、そうする事でヒューマンスケール、アイレベルで見た時に、海の方に目線・視線が抜けるといった状態になっています。

前田　逆に、集落側から海が見えなくなっていることはない? 空間的だから繋ぎたいという気持ちはわかるのですが、スケール的にはあそこに建っている住宅よりかなり大きい。意識的に繋げようとするが故に、集落側から見ると元々見えていた海側が途絶えたり、2階のアプローチを無理矢理繋いでいたり、そういったことはないですか?

木村(ID024)　埋め立て地がものすごく大きいので、何か視界を遮る物があるとしたら埋め立て地しかない。海へと繋がっている通路の所はオープンな状態につくっている状態。逆に、埋め立て地は見えなくてもいいのではないか。海だけがアイレベルで見えれば、すごく抜けて綺麗に見えるのではないかという設計をしています。

橋本　工法的にいろいろな検討をしていたけど、浮力を使うという点が少し怪しい。模型の切り方、その背景に高層マンションがあるということも含めて、切り取り方がすごく部分的な点は戦略なのでしょうか? 漁港のノスタルジックなよさに惹かれているがゆえに、問題の構造を小さくしているような印象があります。

工藤　漁師が使っていた海辺を改造するわけですよね。パブリックに。そうすると、その潜入していた部分、なくなった部分が漁師にとっては非公物。作業場などその辺りのバランスが少し気になりました。

ファイナリスト

ID029

長谷川 滉一郎 Koichiro Hasegawa

Project

高架座賛歌
ー都市虚構空間: 高架下の再解釈とそこの使用人と一般歩行者の交錯による劇場化を目指してー P.084→

名城大学

長谷川(ID029)　僕が高架下で活動してきた実体験から高架の特性を再解釈し、そこに7つの劇場舞台を設計するという卒業設計です。都市には多種にわたる人々が多様な活動をし、独自の世界感を持つ高架下空間が存在する。高架の屋根はその下に陰を作る。柱脚間隔での機能の点在、平面的広場形成、陰による治安の悪さ、活動の飽和状態による排他的印象を問題視する。その高架下空間は、名古屋市中区若宮大通り上の高速道路の下にある。栄地区と大須地区を南北に分断し、街を行き交う歩行動線の結節点に位置するため、若宮大通りの交差点には1日3万人もの街の人が流動的に行き交う。何かやっているようだけど、入り難いという印象を持たれているその場所では、実はパフォーマーだったり、デモの人だったり、バンドマンだったり、子どもが遊んでいたり、多種多様な人が活動しています。そこで高架下に劇場舞台をつくるという提案をします。街を行き交う一般歩行者が、気軽に高架下に介入し、客となる。そこで活動する。本来、見られることを目的としない創作発信活動が、人の目に触れることで見せ物となり、そこに劇場的に由来が生まれることを目指します。高架裏のピッチと柱脚のピッチでグリッドを引き、鉄骨を配置する。そこに床板を入れ、高架のスケール感を反映した舞台となる。そして舞台形成のための手骨の列柱が、地下の広場をゾーニングする。これが高架特性の再解釈です。現状の若宮高架下の空気感や密度感を失わずに、新たな風景が創出されることを目指します。これが西側の平面図です。西に行くにつれて、こぢんまりと高架に引き込む構成を持った舞台配置となっています。東側の平面図です。久屋大通に開ける構成。これが断面図です。それでは、各舞台の詳細に入ります。1に回廊。高架の柱脚を中心として回遊しながら、歩行者が時間をかけて上ることで、高架の高さを感覚的に体験しながら除々に舞台

が見えてくる高揚感を掻き立てます。2に高揚。舞台空間の中に矩形の小さい舞台を持ち、個人・少人数での演目に向きます。上階には広場を有します。3、矩形。この7つの舞台の中で、飲食席など一番客席の種類が多い舞台です。視線の求心性があり、演出の正面性のない舞台となっています。4、動線。動向型の演目に適します。動向演目の軸、歩行者誘導の軸、また高架の抜けの軸が一致します。5に発散。3万人の歩行者がいる大津通りに迫り出すような舞台で、場としての客席を持たずに、既存の若宮ブリッジという橋が客席となり得ることを想定します。6つ目は休憩所。これは、劇場群全体のホワイエ的な役割を担います。7は高架に目を向ける、街に目を向けるというコンセプトの下、久屋大通に開けた舞台構成となっています。高架下を讃える高架座賛歌。箱型ホールでの高貴な演目ではない、発展途上のゲリラ的創作発信活動が街を豊かにし、活力を与える。アングラな高架下で活動する多様な演者たちが、高架特性の再解釈と共に街に発信されることを願います。

工藤　立派な案だと思うのですが、あなたの活動してきたような個人とかグループが簡単に使える場所なのですか? こんなに立派になると、予約しなくては使えないような公共建築に近付いているように思えるのですが、その点についてご説明ください。

長谷川(ID029)　使用形態としては以前のまま、自由に活動していくような感覚になります。ただ、現状団体が曜日割で使用日時を決めるといった暗黙のルールのような物があって、それも引き継がれていく。その中で現状、飽和状態で新たな団体が介入できるようなスペースや時間割がないので、地下を掘ってスペースを複層化していき、多様な新しい活動がここに生まれることを想定しています。

佐々木　広場はお金がかからないけど建築はお金がかかるという認識はあるよね。今回はこれが建築化されているので、例えば照明が付いているシーンもあったように、コストも維持管理もかかる。コストの管理もしなくてはならない。そういう抵抗もあるのではないですか?

長谷川(ID029)　コストや実現性の面は気にしていますが、第一に考えたのがこのアングラな場所を形態化すること。建築はお金がかかるということはもちろんなのですが、そこの部分では僕の卒業設計では大幅に免除し、考えていません。

早川　現状、入り難いエリアだと最初に言われていましたが、沿道側の歩行者が入りやすくするための配慮はどのように考えられているのでしょうか?

長谷川(ID029)　入り難い印象の要因としては、広場を目一杯団体が使っていて歩行路がない状態。だから若宮大通の側道に当たる歩行路を街の人が歩いているということを問題視しています。この案では、そのまま歩行路を設計する。だから広場に目一杯団体が広がらない状態をつくっています。また、コンテンツとしては、側部に貸しキッチンのようなテナントや、間借りしてマーケットのようなことをする場所を設けています。それを目的としてくる人たちが介入すると考えています。

工藤　伸び伸びと利用するために、公共の運用にしないで、任せられるような団体を組織するというのも手の1つ。わりと自由に使える部分を残しながらアクティブにしたいというのなら、運用も含めて提案する、私が運営しますみたいな感じの方がよい気がします。みんなが懸念するのは、これだけの構築物を使って1時間1000円と言われたらどうしようかというような思いではないですか?

ファイナリスト・工藤賞

ID036

斉藤 知真 Chima Saito

Project

6話の狩猟物語　P.072→

信州大学

斉藤(ID036)　私がテーマとして選んだ獣害は、野生動物によって農作物などが荒らされてしまう被害のことで、現在、中山間地域を悩ませている問題です。この獣害に対して行政は獣の大量捕獲などの対策を行っていますが、ジビエなどに活用されているのはその内1割ほど。残りの9割は処分され、命が無駄にされていることに疑問を感じました。そこでこの現状に対しては、かつて猟師や里山が機能していたように、人と獣の共生が必要だと考えます。自然と建築が共生するヒントとして、建築雑誌『a+u』20年分から、山地に建ち、自然と共生している木造建築作品を収集しました。そしてその解説文の中から自然との共生を意図する記述を抽出し、記述全ての相互性を基に共生手法を導き出す。これが56個の共生手法になります。これらの共生手法を用いて、6つの狩猟施設を設計しました。また設計対象地として設定した長野県天龍村は、害獣追放と豊漁を願う鹿追祭りという祭事が示しているように、古くから獣害に悩まされてきました。そこでこの地域で人と獣の共生を図るための6話の狩猟物語を提案します。第1話、人と獣の境界となるしし垣。一時的に人と獣の居住域を分けるしし垣を、山の等高線に沿うように配置し、各狩猟拠点を繋いでいきます。来訪者はこのしし垣沿いを歩き、5つの狩猟拠点を巡ります。第2話、獣と対峙する囲い罠。地形を利用した囲い罠では、エサでおびき寄せ、捕獲された鹿が解体処理されるまでを過ごします。来訪者はこうした各段階の鹿を把握することで獣の命と向き合います。第3話、地域と対峙する休憩小屋。休憩小屋は囲い罠から解体処理場まで、鹿を追い込む追い込み区の途中にあります。来訪者は集落に向けられた唯一の開口を通し、獣害に悩む地域と向き合います。第4話、命の終わり。始まりとなる解体処理場。囲い罠の終着点となる解体処理場は、鹿の命の終着点でもあります。中庭で仕留められた鹿は一次処理、熟成、二次処理され、カフェでジビエ料理として提供されていきます。カフェのテーブルは鹿を仕留める中庭と同じレベルになっていますが、そうすることで自分が食べている肉と隣で解体されている鹿が同じ命であることを認識させます。第5話、命の温かさを感じさせる共同浴場。山の斜面をなぞるような屋根の共同浴場は、解体処理場で活用しきれなかった鹿を焼却処理する際に出る排熱を利用し、湯船を温めます。利用者はその湯船につかり、お湯の温かさから獣の命の温かさを感じます。第6話、獣害を考える宿泊施設。しし垣は地形をなぞるように猟師の住居と宿泊施設で終着します。来訪者は猟師との交流を通じて、その日獣害について体験したことをもう一度胸に刻みます。木製のしし垣は時が経ち、雨風にさらされることで朽ちていきます。その時かつてのように山で人々が働き始め、人の気配による曖昧な境界が再生されたのなら、し

し垣はその役目を終えます。しかしまだその曖昧な境界が再生されていないのなら、再びしし垣は築き上げられます。このように人と獣が共生できるその時まで、6話の狩猟物語は繰り返されます。

佐々木　6話の物語は、第1話から順に辿っていかなくてはいけないのか、それとも地域の人たちが例えばジビエのカフェ、レストランだけを利用することは可能なのか。順序を変えるようなことなども可能ですか?

斉藤(ID036)　それは可能です。私自身としては、知ってもらうために全ての流れを体験してほしいのですが、解体するシーンがあまり得意ではない人だったり、お風呂にだけ入りたい人だったりという場合は、道沿いを通ってその施設だけを訪れることが可能です。

工藤　今、こういう里山の問題は非常に重要で、いろいろな動物との関わりが求められていると思います。この場所に来てくれる人というのは誰ですか?地域に住む人なのか、観光で来る人なのか、どういう人がターゲットですか?

斉藤(ID036)　獣害について知ってもらいたい人というのは、都市に住んでいる外部の人。この地域に住んでいる人にとっては、しし垣などによって自分たちが作っている農作物を守る建築という意味を持っています。物語を体験する人は、観光で訪れる人を対象として考えています。

佐々木　例えば小さなかわいい小鹿が入ってきたとして、親子連れが観光で来て、子どもさんがかわいいなと見る。すごく衝撃を受けますよね。そのシュールさを意図的に狙っているのでしょうか。利用者は高齢者から子どもまでいろいろいると思います。もしくは海外の人もいるかもしれない。ご飯を食べている時や入浴中に目の前でさばかれているとしたら、その衝撃はすごいと思います。気持ちのいいものではないですよね。あまりにシュールすぎるかなという気がする。その辺り、もし説明できることがあればお願いします。

斉藤(ID036)　偶然的に訪れる人を対象としているよりも、このことを学びたいという人を対象にしている。私自身、鹿の解体を見たことはないのですが、鶏を解体してその場で食べたことがあります。すごくショックだったのですが、でも普段私たちが食べている物は、そのような経緯を経た物です。その現実を無視することはできないということと、情報が溢れる現代の中で、本当の物を目の前で見るということがすごく大事なのではないかと考えました。すごくショックかもしれないけれど、そこはごまかさないで正面に見せたいという思いです。

佐々木　そうだとすると、獣害の被害というより、最初に共生というワードが出たのですが、動物の命をどう大切にするか、どういう関係かということを伝えることの方が、もしかしたら大事かもしれない。そこで、強い物が弱い物の命を奪うことを、どういう形で肯定できるかという部分は、建築で伝えるのは難しいのかもしれないとも感じます。

橋本　その見せ方というのが、ある種の物語の形式を使ったブラックユーモアのようにも見える。なぜ物語の形式を使ったか、教えてください。

斉藤(ID036)　いきなり鹿を解体するよりも、まず罠で捕らえる所から始まる方がいいと思った。どこか一面を見てもらうよりも、流れを体験することで獣害について知ってほしいという思いがあったので。自分の中でブラックユーモアみたいな意識はしていなかったのですが、でき上がってみたら、そういう部分が出てしまった。

工藤　彼女は真面目に、知らない世界で自分たちがやっていることを明らかにしたいということだから、筋は通っているように思います。

橋本　もう1つ、冒頭で雑誌の分析から形態をつくっていると言っていましたが、どういう方法で取り入れたのでしょうか。

斉藤(ID036)　物語風の提案にすると、本当に物語で終わってしまいそうな気がしたので、実現させるための根拠ではないですが、このような共生する手法を使うことで、自然と共生することができる理由というか、自分の中で1つヒントみたいな形を用いるために、いろいろ調べて共生手法を使いました。

ファイナリスト・総合資格学院賞

ID051
竹中 智美 Tomomi Takenaka

Project
みんぱくレシピ
-まちに開いた民泊空間による地域ストックの再生-

P.076→

名城大学

竹中(ID051)　外国人観光客の増加への対応、空き家・空きスペースの活用のために日本でも近年民泊が増加しています。しかし、現代の日本のプライバシー保護重視の住宅をそのまま民泊に挿入していることにより、民泊内でのトラブルや近隣住民とのトラブルも急増しています。現在の民泊には、近隣住民へのメリットが感じられず、それにより規制の方向へ社会も流れています。古民家民泊の実態調査から、民泊は現地の人とのコミュニケーションを取りながら住むという住体験ができることを魅力だと感じています。ホスト側にとってはプライバシー面での負担が大きい反面、街に開いている民泊に対しては、近隣住民が多く集まっていることも感じられました。そこで、民泊が街と共存していくために、民泊らしい街への開き方、民泊と民泊街についての空間ルールを作成してレシピとしてまとめること。また空き家などを民泊と地域拠点施設に改修し、民泊街を形成することです。対象敷地は名古屋市中村区名駅5丁目の花車地区です。ここは名古屋駅の近くでビジネスホテルも多く存在しますが、古くからの長屋や町屋が残る町でもあります。これは花車町の空き家マップで、この空き家などを民泊と地域拠点に改修します。街に対して4つの段階を想定して設計。ステップ1で可視化。地域のストックを構造体にすることで可視化させ、活用の機会を与えます。ステップ2、民泊化・拠点化。空き家などを民泊、地域拠点として活用するための改修を行います。昔は目一杯使用されていた住宅も現在は夫婦二人暮らしなどになり余剰スペースが目立ちます。ここを民泊にする際、居住者の暮らしを守るために緩衝帯を設けて住居の一部を街に開きます。ここが居住者、宿泊者、街の人、三者の交流空間になります。民泊公共部についてです。民泊の公共部に、既存を生かした半屋外空間や宿泊施設として十分ではない水回り、台所、風呂、洗濯棚などの機能を補填する増築具を設置し、それぞれが繋がり合うことで互いが助け合いながら成立する民泊街が形成されます。また、地域拠点を設置し、民泊を営む人々の働く場、地域の人々が主体となって宿泊者と関われる場を設けます。ステップ3、ネットワーク化。街にできた公共部同士を加工で結び、各施設同士が繋がり合います。このように地域拠点と民泊の公共部が繋がり合います。ステップ4、さらなる民泊増加。都会ながらも大規模開発が抑えられ、民泊が増えていきます。この地区は、東海地区の観光客が集まる観光の幅となります。ステップの中でつくられる公共空間は緑化し、地域住民同士の公共の庭のような空間にします。レシピについてです。民泊・民泊街に対するレシピをまとめたこのレシピブックにはベース、チョイス、スパイス、グリーンと4種類のレシピが存在します。必ず守るべきベース、2つの中から1つを選ぶチョイスには各ステップの根幹となる操作が示してあります。多数ある中から3つのレシピを選ぶスパイスは、他のカードと組み合わせることより効果的になる操作です。緑化方法を示したグリーンレシピは、公共空間を緑化する際に選びます。これらのレシピを各施設の居住者・所有者が各ステップに沿って選択し改修を行います。レシピの適用例です。ステップ1で居住空間の可視化と吹き抜けを設けることを行います。ステップ2では既存の一部を半屋外の公共空間とします。ステップ3で壁の一部を抜くことで、さらに街との繋がりが生まれます。全体構成です。街にレシピを適用することにより、暗くて空き家だらけだった街に開放感をもたらします。例えば、もともと茂みだったこの街の真ん中の土地にある空き家をワーキングスペースにしてあげることで、周りの民泊に住むフリーランスの人の働き場になると共に、その周りの土地に新しい家が建ちます。このレシピ1つで、居住者と宿泊者、街の人々、三者がうまく交わり合いながら街の構造までも変えていく提案です。

前田　名古屋駅から近い魅力的な場所。今はそんなに使われていないということなの?

竹中(ID051)　はい。空き家か、空き家予備軍の建物を選定しています。完全な空き家と、おじいさんとおばあさんだけで住んでいる空き家予備軍と呼ばれるものをリノベーションしています。

前田　魅力的な場所なのに、なぜ使われてなかったのですか?

竹中(ID051)　多分ぼろぼろの長屋で、立地はよくても建て替えるまでには至らないということもあります。実際に建て替えられずに駐車場だけになっている土地も多いのが現状です。

前田　これは一軒一軒調べて設計しているのですか。

竹中(ID051)　一軒一軒は調べていなくて、代表的な間取りを調べて窓の位置などから自分で間取りを推測して設計しました。

前田　民泊における家主と宿泊者のプライバシー問題に着目して紐解こうという中で、一軒に対してしっかり調べ、元々ある構造も含めて一軒の中でどういったことができるのかということがわかるといいですね。この界隈で民泊のこういうエリアが形成されるとすごく魅力的だなと思ったのですが、その辺りはどうですか?

竹中(ID051)　一軒に対しては、現状の古民家民泊を調べると、襖一枚だけで仕切られている状態が大半。それにはやはり無理を感じたので、せめて壁だけでも立ててあげることが必要かなと感じました。中には、隙間と一畳分だけフロアラインを変えるという操作をしている民泊もあります。

大室　レシピが出ているのですが、最近よく聞く「モクチンレシピ」というのは、どちらかと言うと施工者や事業者に向けてレシピを提供するやり方をしている。この中でのレシピは、居住者が使うという言う方をしていましたよね。空き家なのに居住者がいるという矛盾は置いておいて、居住者の方がこのレシピを使って自分の手でやっていくものなのか、それともこの空き家を誰かが買い取る、もしくは自分が持っている空き家をこのレシピを用いて、少しお金をかけてその後の収益を狙って民泊化しているのか。どのような意味合いなのでしょうか。施工者や事業者にこのレシピを提供するのが効果的なのではないかと思うのですが。

竹中(ID051)　全くの空き家には新しい人が入り、その新しい人がレシピを選択するように想定しています。また空き家予備軍では、今住んでいるおじいさんやおばあさんがこのレシピを選択して自分の余っている部屋を民泊として貸すことを想定しています。居住者に選ばせるかと言うと、いま古民家民泊ではあまり無いのですが、マンションの民泊の改修などでは施工者にノウハウみたいな物が伝わっている。ただその場合、ビジネスとしてしか考えられていないのかなと感じます。そこに愛着とかがなく、お金が回ることだけ気にしているから、今のように違法な民泊やトラブルになる民泊が増えてしまう。やはり居住者かつ運営者である住む人がこのレシピを選び、自分自身で整えていくことでその民泊の運営としても結果的にうまく回っていくのではないかと考えています。公共部としては、今の古民家民泊の中ではお風呂が汚いとか洗濯場が外にあるという例があるのですが、増築部にその機能を入れ、さらに加工で機能を繋ぎ合わせることによって、お隣さん同士で足りないものを補い合う感覚です。

橋本　繋ぐというのは雨除けみたいなことですか?

竹中(ID051)　そうですね。雨除けみたいに繋がって「家のお風呂、今日は貸せないから隣の人のお風呂を借りて」というようなことができると、住む人の負担もなく民泊が運営していけるのかなと考えています。

橋本　場所が名古屋駅から近いということであれば、事業体を作ってリアルに一帯の資産的な価値を高めていくような可能性を感じます。あと民泊って商業的なプログラムと一緒になっていることが多いと思うのですが、これは今回基本的には入れてないですよね。それは何か意味があるのですか。

竹中(ID051)　常設してしまうと、運営する人が続けなくてはいけないという負担があると思っています。だからプラスで作るオープンキッチン的な物に、カウンターになるような設計などもしてあるので、気が向いたらコーヒーを出すというぐらいの気軽さであれば、民泊を経営する人たちも苦しめられずに続けられるのではないかなと考えています。

工藤　誰かがこの土地を買いたいと思った瞬間に、民泊で得られる金額と土地を手放して得られる金額はものすごい落差がある。だから地域に住み続けるということを含め、残っていたいと思える人が残れるプログラムとして見た時に価値が出るのかなと感じます。経済性のみで比較したら負けてしまう。やはりここに住みたいと思っている方々へ向けて、1つの選択肢としてやっていくという視点が必要かもしれませんね。

優秀賞

ID064

有田 一貴 Kazutaka Arita

Project

彼らの「いつも」のツムギカタ
-障がい者の認知補助を主題とした協同型就労施設の設計-

P.060→

信州大学

有田(ID064)　長野県長野市の街中に障がい者の働く場を設計しました。対象とした障がい者は、知的障がいや精神障がいといった、一般的には目に見えない障がいを持った方々です。施設を見学していくと健常者との間に認知の差を感じました。そこで認知の補助の多様な支援方法を分析していくと、認知を助ける支援に必要な4つの空間条件というものが導き出されました。環境要素や理解をわかりやすくするための指示方法、彼らのことを知ってもらうための広報活動や時間的共有などです。また、障がい者にインタビューをし、彼らの個性が世に認知される必要性というものを感じました。プロジェクトです。長野市中心市街地に障がい者が働く場を設計します。これにより、自主通勤が可能になり、認知度の向上に繋がると考えます。対象敷地は、長野保健所跡地です。敷地は東に小学校、西には善光寺山道、北には商店街が続いており人々を引き込む要素に囲まれています。プログラムです。保健所の跡地という立地から、地域福祉の拠点となるようなプログラムを組みます。お弁当製作と芸術活動、地域交流、地域活動の4拠点として、他施設とネットワークを作りながら障がい者の歩行活動が街中に広がるプログラムを組みます。ダイアグラムです。内に閉じている既存の就業施設を内側に対して開いていきます。これを街のスケールに合わせながらボリュームを置いていきます。それによって市民との接点が増えたり、質によって分けられていた機能が溢れて混ざることでお互いの存在を感じたりします。また顕在化させずに街に溶け込みながら、新しい街の顔となっていきます。加えて、多様な斜めの空間が創出され、それがスケールを変えながら市民と障がい者との空間をつくっていく。次に平面計画です。わかりやすく機能を縦に配置していきます。3面接道の4方向目の道を南北に通します。これにより障がい者を街で考えるきっかけを創出。2階平面は図書館から機能が溢れ出すように、斜めの棚で学習機能が溢れてきます。また作業を示す要素としても活躍します。1階、2階、3階と上に行くにつれて緑が増えていき、上階に憩いの場を展開。次に施設の外からの見え方です。周囲の屋根形状に合わせる中で、活動の溢れる屋根が見えて、内に人々を引き込みます。中からはまるで見え方を変え、市民の憩いの場に。空洞化する長野市中心市街地の都市における公園のような存在となります。次に断面計画です。斜めが回遊性を持ち、多様な刺激を促します。またデイサービスを通して、斜めで市民エリアを介入させることで、障がい者との接点を増やすと同時に、暗がりをつくります。右側の1階の保護者交流エリアでは斜めの棚に仕切られながら見守る関係を作り、ショップの奥に障がい者の働く姿を覗かせます。また、収穫から加工、お弁当製作までの流れを可能に。斜めの操作が空間を仕切りながら見守る関係をつくり、上階と繋がります。これが部分断面模型です。障がい者にとって使いやすい空間が市民に共有されることで、地域で見守るきっかけをつくりたいと考えます。

前田　コンビニくらいの数の施設があると言っていたけど、現状に対する怒りというか、メッセージがあれば教えてください。建築、就労のあり方など、反映されている部分があれば聞かせてください。

有田(ID064)　怒りというか、見学してみてわかったのは、障がい者の個性が、就労施設ではあまり認知されていない。それは、彼らを知るきっかけがないということだと感じました。そこで、もしその都市の中に公園のような空間があって、そこに市民が集まり、障がい者も溢れてきて一緒に遊べるような空間があったらいいなあという思いから、このような設計を行いました。

佐々木　目的は障がい者施設が認識されることではなく、一般の方(健常者の方)と障がい者の方がいかに交流を持てるかではないかと思うのですが、その辺りはいかがですか?

有田(ID064)　プログラムは就労施設としているのですが、ここを利用して

いる人は、就労施設だろうが、日中のケア施設だろうが、自分の居場所のように感じてほしい。ただ、僕が就労施設にしているのは、働くということを通じて外へ出ていく可能性が出てきて、街の中に溢れることが想定される。僕がつくった建築だけではなくて、都市において、見守るきっかけになるかなと思い、就労施設というプログラムを組んでいます。

早川　一般の、周囲に住む人たちは、この施設を訪れて楽しいのでしょうか?

有田(ID064)　真ん中の公園のような空間は、イベントを行うこともあります。空洞化が進む長野市において、公園のように使ってほしい。カフェや市民菜園も入れることで、積極的に障がい者の人と関わりたいという人はそういう使い方もできると感じています。

工藤　この場所に密実に収容しているのですが、逆にもう少し分散させて、間を行き交うことで街とクロスするということは考えなかったのですか?

有田(ID064)　街中にあるこういった施設は、成長によって移り変わっていくことが理想とされている。僕がつくった施設でも、スキルアップして満たされたら、もう次の就労施設である就労継続B型という施設に行けばいいかなと思っています。

佐々木　この建物で一番可能性があるとしたら、ハンディキャップを持っているのだけど、こんなに楽しそうな空間で、こんな自由に過ごせるのだということを、健常者に伝えることができることが大きいかなと思っています。ただ、出会うだけでは交流にならないけれど、ハンディキャップを持っている人が、こんなに楽しそうで、自由で、毎日ニコニコ過ごしているから、私たちももっとそうなれるのだということを伝えるきっかけになるような建物でありたい。そういう建築の可能性があるとしたら、すごく社会的な影響を与えられる。ただハンディキャップの人が過ごす施設というだけではなくて、そこにすごく大きな可能性を秘めているのかなと思います。

橋本　大きさを決めた理由は何ですか?

有田(ID064)　面積を決めた理由は、公園として真ん中をくり抜いているので、右側と左側、くり抜かれなかった所だけで就労施設を機能として完結させないといけなかったからです。他の小規模な施設を見に行って、そこで大体の面積を考え、2つプログラムを組んでいる。それを合計した面積がちょうど当てはまるような敷地を選びました。

橋本　アイデアと広さが合っていないように感じる。小規模施設をベースにしているのに、もっと広大な場所で試してみるべき手法を使ってしまっているように思います。

最優秀賞

ID067

伊藤 誉 Takashi Ito

Project

始終のまなび P.054→

名古屋工業大学

伊藤(ID067)　あなたがおじいちゃん、おばあちゃんになったら、街の子どもたちにどんな学びの別荘をプレゼントしますか? 僕のプレゼンは、審査員の方々、会場に来ている皆さんに子ども時代を思い浮かべながら、聞いていただきたいと思います。僕の地元、池田市で起きた事件から17年が経ち、この街で行政主体の統廃合が行われようとしています。統廃合によって、行政の問題は解決したかもしれません。しかしながら発達段階の異なる子どもが、9年間変わらない学校環境で過ごすことで、逆に子どもたちが問題を抱えるようになりました。そこで私はグラウンドを削るように、新築、増改築することによって、ネガティブな統廃合計画によって、街の環境そのものが学校となるような学びの別荘を提案します。学びの別荘とは、小・中学生のサテライトクラスとなるだけでなく、周囲の園児や福祉施設の方、周辺住民、高齢者といった人々の居場所にもなるような建築を提案します。教科書を通した学びではなく、この場所では他者からもしくは実体験を通した学びが発生します。敷地は統廃合計画を抱える池田市北部の傾斜地です。池田城、市立体育館、図書館、古墳、3つの公園と幼稚園に囲まれた急進的な場所を対象敷地としました。この場所には空き地や草木が枯れた荒地が多く存在し、公衆衛生の低い場所となっています。敷地の断面図を見ると北から南にかけての傾斜地であり、街を抜けていく気持ちのよい風、池田を見下ろす眺望を有することがわかります。ボリュームと平面のダイアグラムです。等高線を這うような形態とします。曲線のボリュームが街との間に不均質な居場所をつくり出していきます。平面図です。アメーバのような形は周囲の施設に手を伸ばすゲート部分と、道路で切れながらも環状に繋がる回遊部分に構成されます。植生マップです。周辺外気にも広がっているこの植生群は、周辺住民と子どもたちである程度の管理を行っていきます。平面計画です。教員スペースやデイケア、カフェ、集会所など大人の目がある場所を街との接点に配置することで、ここに訪れる人自身が門となっていきます。滞在時間の長い普通教室は街区の内側に、街の人たちが利用できる余地のある特別教室は街と大きく接する街区の外側に設置しました。周辺住宅との境界部分がセミパブリックの裏庭となり、新しい子どもの居場所、守り方を提案します。断面図ダイアグラムです。荒地を包む入れ子状の空間から辺に対するボリュームを減らし、開口部の取り方で庭の接触性と植生群が分岐していきます。学びの別荘での子どもたちの活動を断面図とともに紹介。階段を上ると屋根裏のようなテラスを抜け屋上へ。隣家の屋根の高さに立ち、なだらかに広がる池田の街の姿を知ることができます。普通教室の間にある中庭はクラス同士の遊び場です。よく晴れた日に同じ学年が隣り合うと合同授業が始まります。周辺住宅に教室が近付いたり、住人の庭が拡張して別荘に繋がっていたりと、外部と内部の形成がその境界面で変異します。特別教室同士が近付く場所では図書実験室が生まれたり、デイケア教室が生まれたりします。人生の始まりである子どもから人生の終わりである高齢者までが学びの別荘を介して結ばれていく。ここは子どもと共に、周りの大人も夢を描く街。祖母は今一度、私と学校に通うのです。

工藤　学びの別荘はいつ使うのですか?

伊藤(ID067)　いつどこで使うかは、僕ではなく学校関係者に決めてもらおうと思っています。例えばこちらの別荘では、3年何組の人がランチを食べて、そのまま授業を受ける。小学生や中学生が学年ごとの境界なく関わり合う。中学の1年3組が授業を受けているとして、その隣には小学1年生が入っているなど、学年を超えた使われ方を想定しています。

工藤　一人の子どもの一年、一日を見ていると、もちろん学校にものすごい時間いるのですが、でもそれ以外に夏休みとか春休みとか、学校が終わって寝るまでとか、すごく幅広いですよね。学校のように見えるけど、別荘の方が強いなら、違う見方があるのかなとも思う。学校より個人に投げてほしい、学校に支配されたくない感じがしました。

伊藤(ID067)　別荘と称している所には僕のつくった建築内部というよりかは、周辺住宅との関わり合いの中で生まれたセミパブリックな境界部分、周辺住宅と自分がつくった境界ということが関係していて、その境界部分こそがこの校舎の新しい使われ方なので、別荘と呼んでいます。

前田　形態の部分ができていて、気持ちよさそうな空間ができているのですが、一律に2階建てのレベルをずっと回している点についてはいかがですか?

伊藤(ID067)　この敷地自体が元々コンタの形状で、大きな等高線が何本も入っていて、さらに自分の建築の高さを変えてしまうと、屋根上部分の気持ちいい空間などがかなり急な場所になってしまう。子どもたちが回遊というか走り回ることができないような場所になってしまうのではないかということを危惧して、なるべく屋根部分はフラットにし、等高線に沿いつつ、少し傾斜があるような形にしました。

橋本　斜めの壁をいろいろ試したというお話でしたが、具体的になぜ斜めなのか。打ち倒しの壁ですけど、その辺りはどういう根拠ですか?

伊藤(ID067)　打ち倒しの壁に関しては、周辺に対しての圧迫感の軽減が大きいこと。斜めの壁の角度については、壁自体を垂直に立てている状態ですと、雨や光の入る量が限られていて、それを倒していくことで中の自然環境を少しコントロールできたり、より多くの光を取り込んだりでき、子どもにとって気持ちのいい空間をつくれるということでスタディしていきました。結果として自分の中で納得したのが70度と50度という角度で、70度を南面に対して設けて、50度を北面に置くというルールを決めてつくりました。

佐々木　この計画は池田市だけでなくて、他の地域にも転用は可能だと思いますか?

伊藤(ID067)　僕自身、自分の地元として理解もあり、馴染みの深い場所ということで卒業設計の敷地として選びましたが、プレゼンの冒頭でも言いました通り、みなさんの故郷でネガティブな統廃合計画が行われるとなった時に、街側にこの学校空間をつくったらどうなるのかを考えてもらいたいと思いました。僕の建築というのは、ここではこのような形ですが、学びの別荘という形式に関しては、日本全国で行ってほしいと思います。

橋本　小中学校で9年間の統合を行ったことで、起きた問題に関してはどう思いますか?

伊藤(ID067)　一番大きな点は、奪われた小学5・6年生という問題があります。小学校と中学校が分かれていたことで保たれていたリーダーシップが失われたり、1・2年生が思い切りグラウンドを使えていたのに、中学生の

部活動によって占拠されたり。学校の環境面で子どもたちに生じている違和感を問題意識として持っていました。

工藤　せっかく地域の視点でデイケアなどを入れているのに、最初に言われたような、生涯の始めと終わりの内、終わりの方の話が薄くなっている。そこを学校で考えてくださいではなくて、地域の人と一緒に、我々の方においでよというように、地域の方を呼び込むような施設の方がいいと思います。

伊藤(ID067)　近隣住民のすごく近くに学校があるので、使われ方としては、近隣住民の方と一緒に考えていく方がいいのかなと、今お話をうかがって思いました。ありがとうございました。

ファイナリスト
ID068
石井 秀明 Hideaki Ishii

Project

継承される土繋壁(フォークロア)
〜地場産業と地域住民の共生方法〜 P.088→

愛知工業大学

石井(ID068)　僕はフォークロアによって形成される地場産業と、地域住民について考えた提案です。フォークロアとは、古くから伝わる風習・伝承などを意味します。ここでは土でつくられた僕の建築をフォークロアと呼びます。敷地は愛知県常滑市関町です。知多半島の先端に位置していて、海と山に挟まれた地区です。常滑は約1000年にわたり常滑焼を生産してきた窯業の地です。明治時代に全盛期を迎えた常滑焼の文化は、現在は衰退してしまっていますが、物づくりの行いというのは、これまでの多くの産業を結び付ける中心的な役割を果たしてきました。産業の面影は街中に残り、常滑駅周辺では、散歩道を設けて観光地化を進め、地場産業を生かした取り組みが行われつつあります。しかし、それらの取り組みは地域住民への配慮がなされていない物が多く、空き家の増加、地域内のコミュニティの欠如、小学校の教室不足、景観の崩壊などさまざまな問題へ繋がっています。実際にヒヤリングを進める中で地域住民の悲しい声を聞き、街づくりが地域に根付いたものであるべきだと感じました。空き家には歴史を紡いできた職人の技や独特な空間が残っています。また常滑の街中を見ると、焼酎瓶の壁やレンガの壁、むき出しの地層、常滑特有の黒壁の街並みなど、壁によって文化が受け継がれているということに気が付きました。そこで提案として、フォークロアを用い、空き家をリノベーションした新たな常滑駅を提案します。設計のヒントとして、常滑駅の空間の特性を抽出し、それぞれのプログラムと連動させました。土の内部やコンクリートを流した竹の柱を鉛直方向に利用し、土は地元の土を使うことを計画しています。また、土の持つ除湿効果、断熱効果、遮音効果を利用しています。平面図です。フォークロアは地域住民によって更新されます。つくられるのは、地域住民の日用品です。つくって壊されて、またつくられる陶器は、素材を循環させます。常滑焼を中心とした、地域住民にとって豊かな暮らしが訪れます。この建築をつくるプロセスですが、空き家工場に住み続けるアーティストの方々が存在し、僕が設置した間にも5人の作家さんに出会いました。また、常滑に古くから住む方たちは、常滑の文化を残したいという思いを持っていて、こういった活力のある人を結びつけてプロジェクトを本格化させます。フォークロアによって良質化された土は、地産地消のレストランの食材を育てるために使われて、地域の人々に振る舞われます。フォークロアによって包まれた美術館は、内外が反転した常に更新されていくミュージアムです。解体材、竹を使って利用した芝によって土壁を造成。汎用性をもって広がっていくフォークロアの街並みや常滑の歴史を残しながら、地域性を帯びた空間として普及していきます。エリアリノベーション的に、さまざまな場所で起こるプロジェクトは、地域住民

によってつくり上げていく物になります。これこそ常滑市における正しい文化の継承方法だと思います。最後に改めて申し上げますが、僕は常滑に7回の調査に行き、工場の職人さんや地域住民の方、常滑東小学校の教頭先生、図書館や役所の方々の温かさに触れてきました。大好きになったこの地で、地域住民に寄り添った提案になるように心掛けました。以上で発表を終わります。

橋本　土壁を誰がどのようにつくるのか教えてください。

石井(ID068)　土壁はこの地域住民の人がつくっていきます。常滑の人々は土を扱ってきた文化があるので、土に対する知識がある人たちが多く、そういった方たちが中心となり、地域住民に対してつくり方を教え、一緒につくっていくイメージです。それに対して、ここへ住みに来るような作家さんたちは自分の作業スペースにもなるので協力的に一緒につくり上げていくイメージです。

大室　土壁が特徴的ですが、非常にボリュームが大きく圧力を感じます。これだけの高さの物がこれだけの長さで差し込まれていると、広場があっても閉鎖的に見えてくるし、圧迫感は拭えない。それとは別に小さいスケールで、ベンチやテーブル、階段、柱、そういう所に土壁の要素が入って、いずれ拡張していくという可能性はありますか?

石井(ID068)　はい。土というのは、一番形が自由で、形を変えて何にでも利用していけると捉えています。今は模型表現としてすごく垂直で、また高い壁になってしまっていますが、それを崩しながら、家具や椅子になるような、地域住民にあった土壁に形を変えていけると想像しています。

佐々木　土壁の校舎は細長いですが、動線以外に、中は具体的にどのような使われ方をするのでしょうか?

石井(ID068)　プログラムとして考えられているのが、工房とライブラリー、キッチンとミュージアム、託児所、木材加工場です。中へは、主に外部の人も入れるようにしていて、一部が隠したい部分、裏動線が入りながら、基本的には一般の人たちが入れるように計画しています。

前田　スペースの幅や高さはどのように設計しましたか? 開口がないから、照明がないと使えない空間ですよね。どのような思いでこのようにしたか教えてください。

石井(ID068)　開口部の検討は、枠の中で決めきれていないのが正直なところです。ただこの土壁は、使う人がだんだんつくっていく物なので、均一な高さではなく、所々穴が空いていたり、いらない部分はむき出しになっていたりして、この使い方は、考えながらつくっていってほしいです。幅については、模型では2000でとっていますが、ただ広くて細長い空間ではなくて、土壁の中に入った時は、少し圧迫感を感じるようなことを想像しています。また、その抜けた先に面白いアクティビティが広がっていて、1つひとつその土壁が次の場所へ行くための通路になっているというイメージです。

橋本　なぜ壁という形態を選んだのか教えてください。

石井(ID068)　概念的な話になってしまいますが、関地区は空き家がどんどん増加していて、空き家は1つひとつだと、ただ老朽化が進んで、中には雨や風が入って修復不可能になっている空き家も多くあります。その中で、土壁を繋げて通すという行為は、2つの関係性のなかった空き家を意識的に繋ぐことができる。この空き家は関係性がないのですが、この土壁を通すことで空間として意識的に繋がると思っています。そこに、また開口部や通れる通路を通すと、より複雑な空間になっていく。

早川　プロトタイプ提案なのですか?

石井(ID068)　全国に普及していく提案ではなく、常滑にあった提案をしています。

早川　常滑の中で展開していくイメージなのですか?

石井(ID068)　はい。そうです。常滑の中にこの土壁をつくりながら、広がる風景が地域の人のアイデンティティとなり、常滑の人たちの上質な暮らしに繋がると捉えています。

公開審査　第二部

ファイナリスト進出者　ディスカッション

橋本　後半戦は私が司会をさせていただきたいと思います。90分時間があるので、前半45分程度を目処に、ひとまず各審査員から気になった所、面白かった所を挙げていただき、一巡したところで、1人1票で投票をして1位を決めていきたいと思います。工藤さんから順々にお願いします。

工藤　質問で足りなかった部分で1つ聞きたいことがあるのですが、まずは64番の方。屋根が下りてきて上下の空間を繋ぐ時に、少し落ち着きがなくてだらしないように感じるのですが、こだわった部分をもう一度お願いします。特徴的な屋根の形なので、えぐった図面はあるのだけど、実際に落とし込んだ時にどういう効果を及ぼしているのかを簡単に説明してください。

有田（ID064）　狭小空間では内部にあたるのですが、内側に自然、外のような空間が出てきている。そういう空間の必要性を感じてインタビューをした時に、季節の移ろいみたいなものをとてもうまく描ける画家の人に出会ったのです。そこで、自然がうまく切り取られるような空間などを自分の空間でつくっていけたら、僕の建築が、もっと彼の絵を生かせるのではないかと考えました。

工藤　屋根がRを切って下がっているのは、そういう穴蔵に潜り込むような、落ち着いた空間がつくりたかったということですね。あと2人に聞きたいのですが、67番の方。その周辺にある住宅とこの建物の関係性について、どのように考えているのかをお話ください。

伊藤（ID067）　住宅の開口部に対して大きな開口を設けていたり、その開口の下の部分が小さな部屋になっていたりします。

工藤　そういう細かい配慮をしたのですね。私なら、学校ではなくて別荘ということを強調して、地域住民たちが帰ってくる子どもたちを受け止めてあげる施設と言った方が、リアリティーがあると思いました。時々、学校側は課外授業で訪れるとか。

前田　11番の方。抽象的なイメージから細かい図面を描かれていて、模型も具体的につくられている部分がいいと思う。反面、路地みたいな物があるけれど、そういう物がなぜ北海道の建築で家型の記号的な物になって収まっていくのだろうかという所が聞きたい。プランは温熱的なことを考えて入れ子状でできているのだろうけど、もう少し伸びやかな記憶の中でつくられて

いく建築もあるのかなと。コンパクトな敷地に建てられるのだろうか？ 似たような敷地の大きさなので、おそらく、自分が設定した敷地があるのだと思うのですが、それを聞きたいなと思います。

西本（ID011）　はい。敷地はおっしゃる通り、似たような大きさで統一していて、僕が自分の立場として思い描いている大きさがそのくらいだということです。なぜ記号的なの物に収まったかという点は、僕はやはり、建築をつくりたかった。絶対的な物としてそこに存在していて、それが人に影響を与えるような絶対的な物をつくりたかった。その中で記号性や、左右対称などそういった建築としての力強さみたいな物を卒業制作で出したかったので、このようになりました。

工藤　自分が住めるであろう大きさが、120平米という感覚があるのだろうけれど、東京の杉並と北海道とだったら、違いが住宅に出るはず。北海道だったらもっと広いだろうし。もう1つ、それぞれの土地の広さという概念が重なれば、場所性が生まれたかなと感じました。

橋本　北海道と東京では、暮らし方が違うはず。その辺りに対する提案はありますか？ 例えばどの程度人を呼ぶような事を想定しているのかとか、家で仕事をするという想定が含まれるとか。

西本（ID011）　はい。3つの敷地は、現状の僕の生活を基につくりました。人を呼び込むことまでは想定していないので、特に設定はありません。

前田　敷地が120平米だから、例えば北海道だとピロティをつくろうとか。私は広島県なのですが、住んだ所の空気感がある。この作品はブロックだけ見えていた物か、材料だけでマッピングしたという印象があって、住みながらの認知という部分で、もっと家具とか場面をイメージできるとよかった。あえてこういう建築をつくるのであれば、そこの部分部分をもっと形式として抽出するというのも手。住宅という感じがごわついていて、自分の記憶の中で、ある意味慣れ親しんだ物がどのように世の中にできているのかという部分などが、今の人に伝わり難い。

工藤　なかなか難しいですよね。子どもがいる側には立っていないし、彼の記憶の中は家族といる子どもとしての自分だけだから。この先の職業とかにもよるし、このタイミングでは家をまだ建てないでしょ？ だから、自分が建てられるようになった時の理想形を、もう少し描けたら違ったかもしれない。

西本（ID011）　はい。未来に向かって提案しているのですが、僕自身が過去に対して、札幌に住んでいた頃も、金沢に住んでいた頃も、住んでいる実感というのがどうしても得られなかった。毎日学校に通って、夜遅くまで作業をして帰って、登りつめても同じなのではないかと思った。だからこの提案は、自分の過去に対して、僕がここに住んでいて、ここで生きていたという事実を、物として記憶したかったというのが裏のテーマにあり、描きました。

大室　人を1カ所に定着させるというフレーズが出てきたと思うのですが、いずれ自分が定着しようと思う、定着したいと思う場所が発生した時に、そこに即した物を建てるためのトレーニングみたいな意味合いだったのでしょうか？ それとも過去に自分が住んでいた物に対して、ケリを付けるという意味合いがあったのでしょうか？

西本（ID011）　自分の過去にケリを付けつつ、住宅はその場所に定着しながら住むということが大事という思いを表しました。何のために家があるのかと考えたら、住宅はそこにあるべきだと思う。自分が何か美しい物、おいしい物に出合ったら人に言いたくなるのと同じような感覚でつくっています。

橋本　この3軒の生活の仕方の違いというのはどういう部分ですか？

西本（ID011）　生活自体は特に違いはなく、ただ生活している中で具体的に住宅内を回るというか、使う時に天井や空間、床がその場所を自分に示唆してくれる、認知させてくれる。そういう役割で使ってもらう。

橋本　そこに地域性がある？

西本（ID011）　そうですね。地域性ごとに周りや外にも何か出てきてくれる。例えば北海道だったら、模型の煙突みたいな骨格があり、屋根に積もった雪を下ろすためにハシゴが付いているなど。多分、屋根に下した風景が、

周辺の家の人から見た時に、その地域性を外に発信していく物になり得るのではないかと思っています。

前田　中のプランはどういう設定で設計したのですか？

西本（ID011）　中のプランは一応2人暮らしぐらいで住めることを想定してつくりました。

佐々木　つくりがすごく気になります。住空間の感じ方は、例えば東京ではすごくタイトな敷地しかないから基本的には上に伸びる、3階建てになると思う。その中で狭いけれど吹き抜けがあったりトップライトがあったり。金沢は雪が降るから、それが街の風景と溶け込むことで、自分の中で愛情を持てる。そういうスケールをもう少し丁寧に扱い、特性をもう少しわかりやすく伝えることで、地域のよさのようなことをしっかり伝えられるとよい。自分の好きだけで終わってしまうと、あなたの好きは僕の好きではないので、場所から生じたスケールや必要とされるシーン、プロポーションというような物を入れて共有できると、もう少し共感しやすいかなという感じです。

早川　私は67番の伊藤君の学びの別荘について。子どももまたその地域住民も学ぶという活動をすると思うのですが、その学びの活動について、具体的にどのようなイメージを持って設計にあたったのかという点を教えてもらえますか。

伊藤（ID067）　まず教科書で学ぶのは当たり前なのですが、それ以外に、ここの敷地調査をした時に、ツツジの蜜をおやつにしていたり、クスノキに登ることは簡単でも下りるのがすごく怖いという体験をしていたり、地形に沿って植生を学んだりということがありました。また、地域住民が高齢者ということもあり、高齢者から子どもに対して受け継ぐ過去の知識など、先生から学ぶだけではないということを感じました。

早川　子どもの学びだけではなく、年齢を超えた学びの場所をつくるという提案の方が、広がりがあって面白いのではないでしょうか。単に学校の教室がそこに移転する、移るというだけではない、可能性が感じられます。

伊藤（ID067）　この設計は1カ月半程取り組んで、僕自身この設計を見ていて、まだまだできていない部分があると感じています。今日、審査員の方々に言われて気付く部分が多くありました。地域の人の学びという点も、考えていけたらな思います。

早川　同じように斜め屋根繋がりで、64番の有田君。障がい者に対する認知の向上を目的としてつくられたこの施設。先程も少し指摘したのですが、交流のイメージが少しつかみ難い。地域住民の人との交流のイメージなど、具体的に何かプログラムがありますか？

有田（ID064）　交流のプログラムとしては、1階の部屋が一緒に使える。

一緒に使えるというか、障がい者が自分で作ったものを売り、そこで市民の人が買うなど。あとは交流というとお弁当販売のプログラム。長野市で作る農産物、野菜を持ってきてもらい、ここで加工してそれを使って障がい者の方がお弁当を作る。その後、病院やグループホームのお弁当として運ぶことで、街中に歩行活動が増えていき、助け合いが生まれる。「今日もあそこの施設の人が歩いているわ」など、直接話さなくても交流になっていくのかなと考えています。

佐々木　卒業設計というのは評価軸が難しい。ものさしが全部違う。こういう話の流れの中でも、話すたびにどんどん変わっていく。昨日からずっと自分の中で何を基準にしようかなと模索していたのですが、基本的には新しいこと、もしくはリノベーションして新しくなっていくこと、街がどのように、どれ程の速度で、どんな手段で、どんな機能を持って更新されていくか。もしくは残されていくか。それが何につながるのかに着眼したい。例えば速度で見ると、名古屋市の駅前の場合にも、スクラップアンドビルドで全くゼロにして、新しい物をつくってしまう場合と、リノベーションする物がある場合。新しくするのだけど、古材を使うなどして速度を極力遅くするようなつくり方もある。名古屋駅前のリノベーションにしても、周りにコンクリートの建物があるのですが、そうではなくて古い物を残していっている。僕も愛知県に住んでいるので思うのですが、この後50年100年経った時に、東海圏の場合、経済的には自動車産業があることで発展すると言われていて、名古屋駅前にも今以上にタワーマンションが建つ可能性がある。そうするとこの辺りもデベロッパーが入ってすぐにこれが潰されてしまい、街の魅力や名古屋らしさといった部分がますますなくなっていき、どこに行っても同じような街になってきてしまう。いかに名古屋らしさのような部分でストッパーを効かせるか。理由は何でもいいのですが、古い物を残す理由がいる。その街らしさや、外から観光客が来た時にその場所に行ってみたくなるような魅力を残すには、新しい物をつくっても、きっと3年か長くて5年くらいで観光客は去ってしまう。古い物を残し続けられるような手法が発見されている案もいくつかあるのですが、残していきたいなと思います。

大室　僕が気になるのは67番の施設と、もう1つ36番。この設計展の特徴として、同じ人のプレゼンテーションを何度も聞くというか聞かされるという面があります。時間が経過していくうちに、最初に感じていた印象が次第に変わってくる。最初僕は36番の案を見た時、非常に優等生的な案だなと感じた。社会的な問題点を見出して、建築的な形態を紐解いていき、なおかつその地域に対しても考えているという優等生的な案。その中に、どこかえげつなさがあり、優等生になりきれていないのかなと感じていたのですが、どうやら話を聞いていると、かなり問題児なのではないかという気がしてきた。一番感じるのは解体してそれを食べるという行為。解体している様子を見ながらそれを食べるというのは、さすがにあり得ないと思うのです。その辺りを、さらりとやってのけているのは、彼女が体験してきたことに基づいて出てきたものだと思うのでそれは尊重したい。その上で出てくる問題点、すなわちやり過ぎなのではないかという問題点を少し緩和させて、もう少し接しやすい物にしていくと、もっとよくなると思って見ていました。それでも「私はこういう物が必要だ」と貫くのか、もう少し使いやすく、近付きやすく、触れやすくするような施設に変えていくのか。これからまた時間をかけてやっていけると思うのですが、そういったことも考えながら、今後どのように続けていきたいと思っているのかをお聞きしたいです。

斉藤(ID036)　この形がすべて完璧ではないということは自分でも感じています。もっとよい空間にしたいという思いもある。でも街のデパートとかいろいろな所で、段階的なことを飛ばしてやっていることを問題視し、本当の意味で獣害を知ってもらえているのか疑問に感じた。だから今回の卒業制作では、どうせやるなら逃げるというか曖昧な感じで解体と食事というのを合わせるよりも、真正面でやる方がいいと思った。やってみたかった。やることで自分を向き合わせたかったという部分が大きいと思います。

早川　68番の石井君の土壁は、だんだんできていくのだと思うのですが、つくられていくプロセスのイメージはどのように捉えているのでしょうか?

石井(ID068)　プレゼンの時も申し上げたのですが、常滑駅周辺が観光地化されている一方で、僕の計画している関地区は観光地から離れた住宅街なので空き家が増えている。その中心市街地ではない住宅街から中心に、土壁がだんだん広がっていき、場合によっては観光地にその部分が伸びてくることで、観光客も足を踏み入れ、興味を持って入って来てもらうといいかなと考えています。ただスタートとしては、やはり地域住民の人たちでつくっていくものなので、基本的には住宅街から、常滑市全体に土壁の風景が広がるというイメージをしています。

前田　29番。質疑が終わった後に少し話していたのですが、普段練習している場所、少し怪しい感じの高架下の場所が、これだけつくり込まれすぎると、逆に表的な要素になってしまい、本来持っているこの場所のよさが全部なくなってしまうのではないですか? 何もしない場所をつくりながら、手を加える所を考えられなかったのかなと感じました。400m全部手を加えるという考えに至った理由を聞きたい。逆に全部手を加えることが本当によかったのか、ちょっと危ない場所とか、そういう空気感がある所ではなくなってしまうわけですよね。

長谷川(ID029)　元々あったような、ただ広場が広がっているだけというよさを生かすことが一番であるという気持ちもあります。例えば質感や、高速道路の支柱によって場所が分断されているその距離感。建物を建てるのですが、少し危ない場所、危ない印象やその空間は残したつもりです。

工藤　デザイン性としてはそういうのが表れていると思う。ただ、ストイックというかアングラというかそういう部分。これだけ自由に並んでしまうと、どこかショービジネス的な印象になってしまう。勝手にやっているという雰囲気が薄れてしまう。ここは人通りが多いのはわかるのですが、ここだけで提案する必要が本当にあったのかという点が疑問。もう少し向こうへ行くとお花がいっぱいあり、子どもがいて、ベビーカーも通れるみたいな場所もあったから、そういう全体像の中で考えることもできるのかなと感じました。

長谷川(ID029)　敷地の選定理由としては3つほどあります。大津通という、一番人通りが多い場所が必然的に観客として扱えるのと、もう1つは、その場所に立った時に体感的に一体の施設として感じられるスケールにするには、この部分だけがいいと感じたこと。後は、僕が練習している場所が含まれていて、一番愛着があるという部分が大きいです。

工藤　これくらいの規模でやった方が盛り上がるのではないかということですか?

長谷川(ID029)　そうですね。

佐々木　24番の木村君。計画敷地の海に面している長さは、大体どれくらいなのですか?

木村(ID024)　長さは500メートルほどです。この長さには理由があり、漁業者のコミュニティが一回分断している。西側は西側で漁業組合があって、東側は東側で自由な漁業をやっているという状態です。

早川　木村君は、このエリアの中だけで循環を考えているのですか?周辺の背景となっている地区との関係とかも踏まえると、そのエリア内だけでの循環というのは、むしろ閉じている印象を受けました。

木村(ID024)　基本的にはこの集落の中だけの循環であり、その領域が広がっているというイメージがあります。まず埋立地側と集落の北側の住宅街にどんどん侵食するような形で屋根が掛かっていて、空間的に繋げる。その空間が結局、領域をどんどん安定させ拡張させ、ここの集落だけではなく、もっと遠くにまで広がる波及効果みたいな物も考えています。

前田　建築をつくることで、今まであった元々持っているよさに気付けるような、そういうものが顕在化するような物がいいなと思うのですが、テクスチャーなども同じような物にしてあるなど、新しさがないなという印象。どういう部分に新しさを考えていますか。

木村(ID024)　新しさとしては、集落の中の道。現在の路地空間において、2階からスロープが伸びるようにして空き家に繋ぐことで、下から見ると屋根みたいになり、それが掛かることでこの集落全体が1つの建物、単一空間みたいな形になっていくという面で、新しさがあると考えています。

橋本　全体的に思うのは、問題がある場所だったり、人だったり、状況だったりに対して、もちろんそれを解決するということに重きを置かなくてはいけないと思うし、それを積み上げていく必要はあると思うけど、それで解決できましたと言って提出することが卒業設計としていいとは思えない。それが問題提起たり得ているのだろうか。実際それが解決するというよりは、我々が生きている社会や環境、場所にある問題に対し、学生が卒業設計としてどのように接することができるかが問われている。そういった所が評価点の1つになるのではないかという気がしています。一巡したので、ここで優秀賞、最優秀賞を決めるために、一度各審査員から一票ずつ入れてもらい、どれが最優秀賞になるかということを議論していく時間に入りたいと思います。僕は投票権がないのですよね。審査員5人の皆さんがそれぞれ一票、これが最優秀であるべきだろうという物を決めていただいて、一票を入れていただきたいと思います。

投票

橋本　すごく綺麗に並びましたね。では、応援演説というか、コンパクトに推薦理由を言っていただければと思います。

大室　僕がなぜ36番の斉藤さんを推しているかと言うと、卒業設計の建築として建った時に、何か効果が起きるということが非常に重要だと考えました。建築としては実現してこそ価値があるとは思うのですが、その一方で模型や図面などのプロセス部分、建築をつくる手法を提示されただけでも建築を感じる瞬間というのがあって、そこの可能性が卒業設計にはあるのではないかと感じます。この案では描かれていませんが、獣害はもっとシリアスな問題で、農村地域にとっては非常に重要な問題。農作物を食い荒らされた農家の方が自分で命を絶ってしまうというケースが出てしまうくらい、日本の中で早く解決しないといけない問題の1つです。その点に目を向けつつ、なおかつ自分のできる建築という手法を使って解決へ、もしくはそれに触れようという姿勢が見えたので、僕としては卒業設計らしい計画だなと感じて推しています。

佐々木　私は、仕事としては小さな個人住宅を設計することが多いのですが、先週は建築を見に旅行へ行き、自分がどういうことに興味関心があるかなと改めて考えた時に、やはりそこに住んでいた人たちが何を考えてどんな素材を使い、どういう意識を持ってその街をつくっていったのかということにすごく興味があった。海外に行く時も建築を目指して行くのですが、やはり気になるのは、そこに住んでいる人、街並みだったり、街のスケールだったり。その上で、僕がこの計画の中でいいなと思ったのは、大きな操作をすることではなくて、壁の刈り込みを変えるということ、閉じた物を開くということ。目的は開口にすることではなくて繋ぐことであり、街の透明度を出すこと。何か閉鎖された壁が含まれた街なのだけど、人も視界も風も光も透明度が増えることによって街の環境、よりよい環境を取り戻していく。そういう可能性をはらんでいる。新しさはないのですが、何か視界が開けていくような景色が展開していくのであれば、それはむしろ逆に、名古屋の新しいモニュメントになり得るかなと感じました。

早川　私は68番を選ばせていただいたのですが、実は67番と68番ですごく迷い、悩みに悩んで68番にしました。67番は、その地域だけではなく、いろいろな所に置いていけるプログラムになっている点に可能性を感じました。68は、その壁を繋ぐことで新しい価値が生み出されるという、1つの壁という存在の強みが圧倒的だなと感じたので、68を選ばせていただきました。

前田　僕は64番の有田君。どの案もテーマが社会性という部分にあるように、卒業設計で社会性を扱うことは最近多いのですが、そうでなくてもいいと思います。その中で、大きな組織、見た目ではわからない障がいということをテーマに立てている。建築で解決することが全てではないと思うのですが、やはり建築をつくることで幸せになりそうだなとかそういう期待感が彼の提案にはあるような気がした。本来人間が持っている生き生きとした本能のような物が散りばめられていると感じました。でもリアリティを見ると、この辺りは手すりが必要とか、そういう話にもなってしまうのですが、そういう面を抜きにして、子どもや健常者と障がい者の方のいろいろな接点というのが、境界を超えているような可能性があると感じました。確かに敷地とすれば、もう少し広くてもいいかなと思う反面、設定している場所が中心的な場所の中で、周囲に対してのスケール感なども考えて、逸脱することなく周囲を考えつつ、建築として真摯に捉えているのかなということを評価したいなと思いました。

工藤　非常にばらけたという所からもわかると思うのですが、圧倒的にこれという物が今回はなく、3つ入れていいなら3つ入れたいくらい。でもその中で67番の伊藤君を選んだのは、私なりに卒業設計というのが終わりではないと思っているので、少し未熟でも、その先にもっとその人が自分を鍛えていったり、いろんな視点を膨らませたりしていったら、もっと可能性を広げてくれるだろうなという点を評価したかった。自分の行為がそのままディテールに落ち込んでいるよりは、もっともっと吸収して発散してくれるような物。私個人が物を見

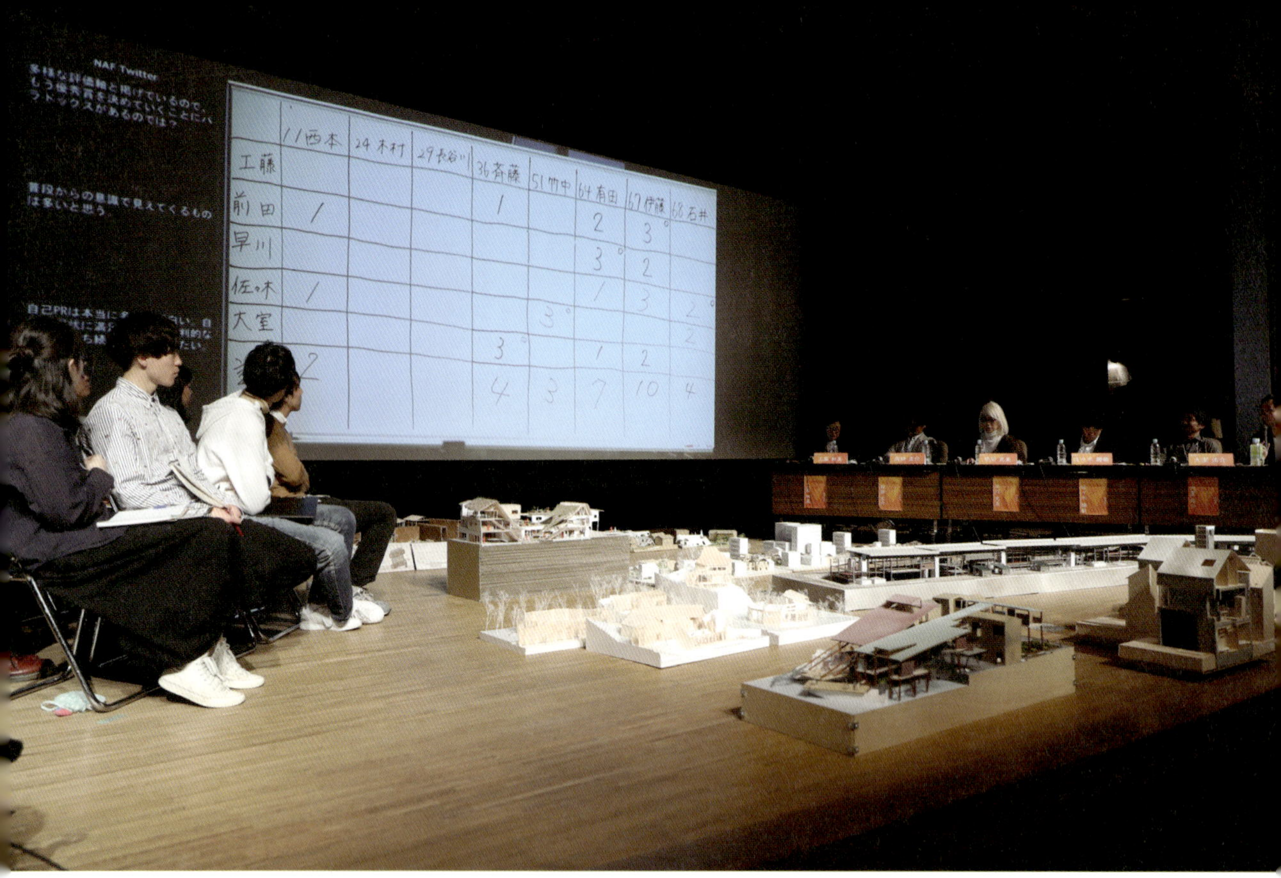

る時にそういう目線で見ているので。伊藤君は3回くらい話をして、少しずつステップアップしているなと感じました。あと、もう1つは社会問題を解いておけばいいという訳ではないけれど、やはり自分の体験などに根ざした物をやった方が、背伸びをしてなくていい。今回はわりと、自分の体験の中でやっている人が最後まで残っているんですよね。今、客席にいる人たちもすごくリサーチしているし、自分の体験なりを持っていないケースもあれば、自分の実体験を伴っているケースもある。でも、最後にここに残っている人は、そういうバランスが取れているのかなと感じました。断トツにいいという作品を選び難かったけれど、そういう中で、未熟な物を持っているからこそ、その先を感じられるという視点から伊藤君の作品に可能性を感じたし、1つのことを解決するだけ

ではなく、マグネット効果みたいな物も出ているので67番を選びました。

橋本　では出展者から、どういうことを大切にして卒業設計をやってきたのか。なるべく短くお願いします。

西本(ID011)　4年間「建築」を学んできたので、建築的な物、形の力強さ。そこに至るまでのストーリーには正直興味がなく、最終的な形として、建築として、どう仕上げるのかをひたすら考えて、取り組みました。

木村(ID024)　僕はどちらかと言うと反対の部分があって、この地域のこれからなどを考えました。現地調査に行った時にも、人に対しての動きとか、すごく面白い地区なので、この地域に対しての解決策として、卒業設計で何かを発展させないといけないかという気持ちで考えました。

長谷川(ID029)　僕はこの卒業設計で、よくわからない居心地のよさという物を、建築をやっている僕が設計して形にしたらどうなるのだろうという興味本位で始めました。一番大切にしたことは、この空気感をいかに保存しながら新しい建築をつくるかということです。

斉藤(ID036)　私が大切にしたことは、獣害について知ってもらい、伝えたかったことです。この問題のきっかけはきっと人間にあって、その人間がした間違いを他の動物に解決させるのではなく、人間がやったことは人間が最後に解決することが大事なのではないかということを伝えたいと思い、設計しました。

竹中(ID051)　民泊について調べ、いろいろやってきたことが1つの型です。もう1つはリノベーションの方法についても考えています。街には名建築や立派な木造家屋があるわけではないですが、古民家など残っている物をどう活用するかということを考えていった時に、建物そのものをある程度残しつつ、人の営みと掛け合わせていくことを大切にしました。

有田(ID064)　僕は、人のために建築をつくっているという自覚があって、街づくりとかコミュニティの話はすごく美しいと思う反面、それは結局、建築の空間とは関係がない。僕は建築を学んできたからこそ、その建築の空間で何とかしないといけないという思いを持ち、スタディをしました。スタディ模型を何度もつく

り、具体的な人を想像しながらスタディを固め、最終的な形を決めました。

伊藤(ID067)　池田市の事件を取り上げているのですが、当時僕は、小学2年生でした。そろそろ事件を経験した子どもたちも大人になってきて、当時は子どもの死という程度の認識だったのですが、建築学科に入って4年間勉強したことで、これ程までに学校建築が社会に対して大きな影響を与えるのだということが認識できました。少し話が変わるのですが、東日本大震災などがあり、防災的に強くすればいいというような傾向がある。ただ、1の問題に対して1で解決するのではなく、1に対して10も100も満たせるような設計にしたいと心掛けて卒業設計をしました。

石井(ID068)　僕が卒業設計で一番大事にしたことは、周りの人からどれだけ意見をもらって話していけるかということです。4年生になって研究室が始まり、チームとしての動き方やチームの中で自分がどういう影響力を及ぼせるかということが求められた。僕は昔からスポーツをしていたこともあり、そういうことは意識していたのですが、改めて自分は影響力のない人だと思い知らされました。しかし、卒業設計をやっていく中で、卒業設計は一人でやっている物ではなく、みんながいるから成り立つもので、これは僕にとっての建築の解釈としても捉えることができた。設計者一人で何かを得ることができるのではなく、みんなで考えてつくるからよくなると思っています。そういう背景があるため、このように、みんなで考えてつくる物を提案しました。

橋本　意見が変わったという審査員の方はいらっしゃいますか。みんなバラバラといえばバラバラなのですが、36番は少し方向性が違うのかなと思いました。問題を解決するということよりは知ってほしい、世に問いたいということを言っていた気がした。街をよくしたいとか、建築を面白くしたいというようなことではなくて、問いを立てるということを目指しているように感じました。

工藤　彼女はぶれていない、強いよね。ある種大切なことで、例えば今、日本でこういう生活をしているから私たちはそういうのがダメだと思うかもしれないけれど、フランスではウサギがぶらさがっているとか、キジを飼っていて家でそのままジビエにするということが普通。文化が変わればというか、日本も昔はそうだった。家の庭の鶏をしめて食べていたのですから。そこに全然接しなくなってしまった社会があるということは事実ですね。

佐々木　集約させるのはすごく難しいですね。全員が納得して1つに選ぶというのは少し難しいのではないかと思います。

橋本　では3、2、1でポイントを付けて、重みをつけて投票するという形で選んでみましょう。もちろん意見を変えていただいても結構です。3点ということで、何番3点、何番2点、何番1点という形で上から順に書いてもらえますか。

橋本　早川さん、工藤さんが3を入れていて合計的に偏ってきました。その次に64番も偏ってきている。そうですね、これで67番がよさそうだという形になっているので、67番でどうでしょうか?

工藤　64と67ですね。

佐々木　67を入れなかったので責任を持って僕が講評させていただくと、NAFというのは、東海圏の卒業設計展です。1番になる作品というのは、当然全国に何かしらの形で情報は伝わっていきます。67番は、彼の出身地ということもあるのですが、建築をやっている人だったら誰でも知っている池田小学校の問題に対して、そこに住んでいる人がその人の街を考えながらこれからの未来に向かって提案をした。すごく希望が持てる提案だと思いました。その作品が、エリアは違いますが東海圏で最優秀賞を取るというのは、素晴らしいのではないかなと思います。他の案は、それぞれのコンテクストを持っていますが、これに関しては地元ということもありますし、小学校建築を揺るがすような物として、これをきっかけに新しい可能性を持って生まれると、新しく強い、建築学生の新たな学びにつながるのではないかと感じます。

大室　そうですね。事件を最初に持ってきているのが印象的。負の遺産をどのように保存するかという建築はいくつかあるのですが、この作品はポジティブに現代的につくっている。単にその時期に抱えている状況や社会問題を引き受けているだけというよりは、そのモニュメント性とこれから先どのような環境をつくっていくか、そして保存をしていく建築の形という両面を取り扱っているという感じがしました。

工藤　池田小学校事件に関して、無関心な意見を言うことはとても難しい中で、やはり安全重視というベースになってしまうから、小中学校を一緒にして、極力年上がいる環境で学ばせますということになる。それだけではないけれど、そういう傾向になっている中で、もう一回立ち戻って、本当の子どもたちの場所を考えましょうという提案。さらに、同じ年代の人が言ってくれるということが重要で、社会的に大人たちが考える安全とは違い、君たちの年齢が考えて社会、さらには高齢者も含めて考えるという提案をすることのメッセージ性は、外に出す意味がとてもあるなということは私も思います。同時に私は、2番になった64番の提案。これも、社会的にはいろいろ残虐な事件があり、社会的にハンディを持っている人たちが共に生きているということをきちんと見つめていかなければいけないという意味では、64番の意見も重要かなと思います。全てを比較した中で67番を推しましたが、かなり私の中では僅差でした。

前田　僕は64に入れているのですが、先ほども話した通り、いろいろな個人主義が進みすぎて、例えば保育所や幼稚園などの音がうるさいとか子どもの声がうるさいと言われる。地元で保育園の設計をしている方が、防音のためにコンクリートの壁を2m設けてほしいという住民からの要望があり、設置しなければいけない事例など、おかしい世の中になってきていて、そういうあり方が、ある一定期間繋がるとそれが普通になってしまう。そういう社会は怖いと感じる反面、今回のような提案というのは、逆に、いろいろな課題を基に建築ができる1つのあり方。もう1つの67番の伊藤君の建築も、モニュメンタルな意味としての建築となると少し見方が変わる。建築の機能だけではなく、確かにそういう住宅街の中に有機的に繋がっていくような物であれば、池田小学校事件を知らなくても、街の中で1つの建築が意味を持つような気がしました。

総　評

前田　2日間お疲れ様でした。すごい長丁場の運動をしたような気分で、今朝から筋肉痛かと思うくらい。2日間、何回も説明を聞くたびに変わったり、変わらないだろうと思いながら聞くと、また何か変わったり。すごく楽しい時間でした。最優秀の伊藤君は、ものすごく深読みをしてもらい、意識的ではない所も引き出してもらい、最優秀をとったのではないかと思います(笑)。でもそれが形を伴っているからこそ、そういう物が生まれる。西本君の、自分が生きてきた時間を辿るというか、そういう物を捉えるということは、社会性を帯び

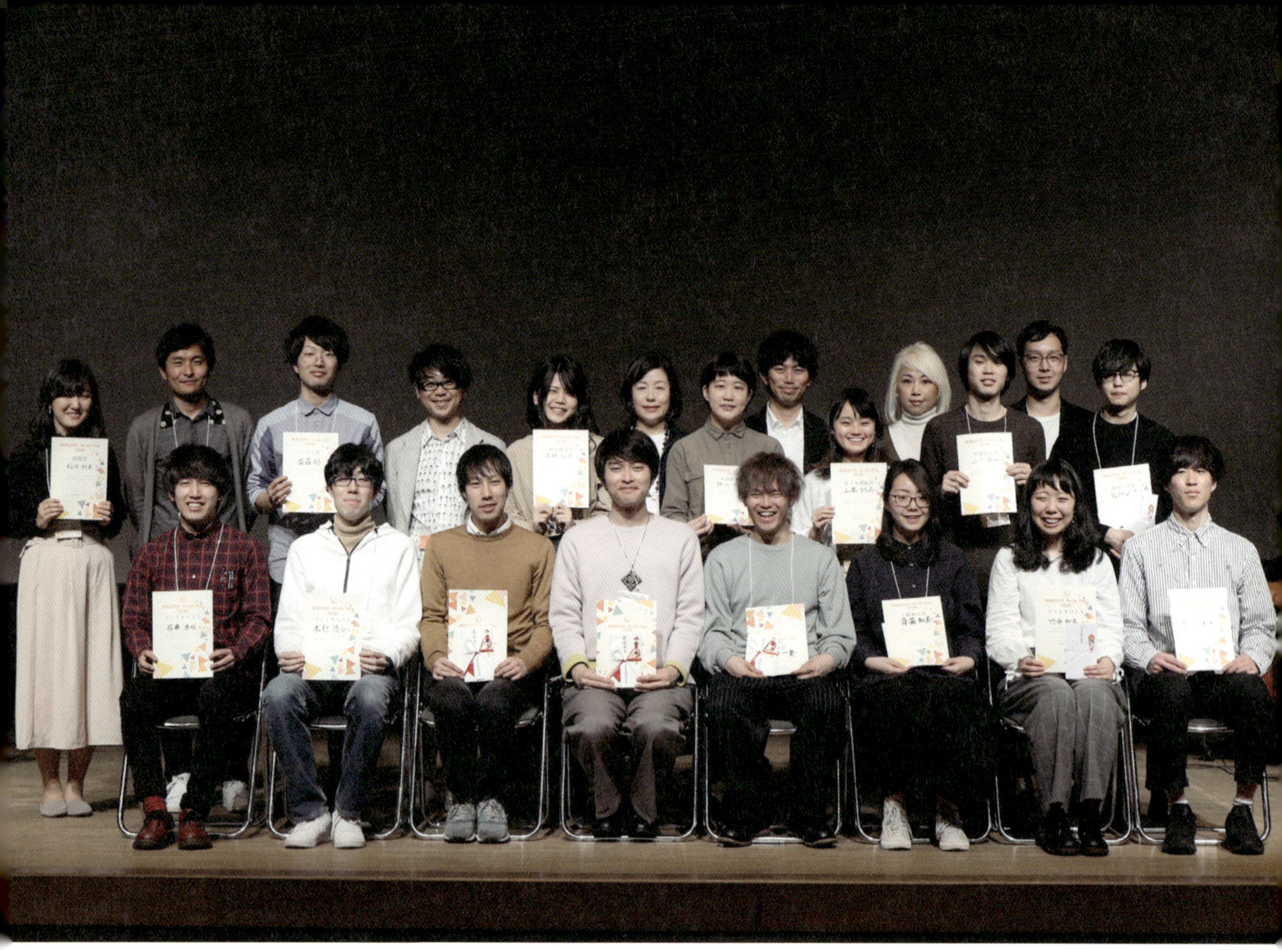

ているのとは少し違って、自分と向き合いながら、どう形にできるのかといったなかなか難しいテーマだったと思います。自分も、生きてきた時間を建築でつくるって、どういうことなのだろうかと考えさせられて、すごく面白いテーマだなと感じました。他の皆さんもやはり、何もない敷地からこれだけ魅力的なテーマを探して形にできるということを面白く感じたでしょうし、せっかくのそういう才能を卒業設計だけではなく、これから社会に出ても発揮してもらいたい。僕は福山市という生まれ育った所で仕事をやっています。もちろん組織も悪くはないのですが、個人の突破力というか、自分のアイデアと思いで皆さんも世の中を変えていける。そういう力を大切に、がむしゃらに頑張って発揮してほしいと思います。そういうスタンスでまたどこかで会えると、すごく嬉しいので、是非頑張ってください。それと、前田賞は北川君、4番。説明は下手なのだけど(笑)、模型とか、何か気になる。今日回ってみて初めて、やりたいことを感じ取れて、すごく魅力的に感じました。今回の提案の中では、時間軸もずば抜けて、1000年という所を考えている。しっかりとテーマとして考えている。団地を削るだけだと訳がわからないなと思ったのですが、彼のテーマの中で提示している物がしっくりきたかなと感じました。表現しているのは、あの中に種子があって、そこで建築がまた廃墟になることで、雨とか太陽とかが入り、そこから芽を出す。森になるのかはわからないのですが、彼がつくった建築からまた新しい生命が宿る、そういう部分に建築の面白さを感じて前田賞にしました。おめでとうございます、頑張ってください。

工藤　皆さんご苦労様でした。大学の卒業設計からこういう展示会の間に時間があって、たぶん皆さんブラッシュアップされていると思います。今回2日間にわたり、壇上の皆さんだけではなく、客席の皆さんもいろいろな人と会話をしたり、他大学の学生と見合ったりすることで、自分がやってきたことが、今日と昨日とでまたジャンプした感覚があるのではないでしょうか。だから私は、卒業設計が学生の集大成ではないと思っています。そこから次へのスタートラインに着いたと思った方がいい。先程伸びしろと言ったのもその観点で、私自身もそうでした。ここで割り切ったらそれから成長することはない。あれもやりたかった、これもやりたかったという皆さんの思いがあって、それをある時間軸の中で取り組まなくてはならなかった。この2日間でたくさん宿題を持ち帰ってもらい、皆さんの中ではその先に伸びていってほしいなと思いました。そして、最後票が割れたように、やはり、さまざまな価値観があって、同じ物がないのがいいなと感じました。エリアによっては傾向というのがあり、随分似たようなテイストが出てくる卒業設計もある中で、そういう意味では、皆さんが伸び伸びやっていらっしゃるのだろうなということを感じました。同じ大学の中でも、また違うテイストの卒業設計をされていますし、その点はすごく参考になりました。工藤賞はもう既に言ってしまいましたが36番の斉藤さん。先ほど説明したように、やはりまだまだ彼女は彼女の信念があり、建築として学んでいく中でもっと先へ行けるかなと思うので、それを伸びしろとして工藤賞を差し上げます。

橋本　以上、公開審査の講評ということで、ここで一旦お返しします。

司会　審査員の皆様、長時間に及ぶ議論をありがとうございました。先生方の熱いディスカッションの結果、NAGOYA Archi Fes2018中部卒業設計展 最優秀賞、ID番号67番名古屋工業大学の伊藤誉さん。作品名『始終のまなび』です。優秀賞1点目は、ID番号64番信州大学の有田一貴さん。作品名は『彼らの「いつも」のツムギカタ　-障がい者の認知補助を主題とした協同型就労施設の設計-』です。優秀賞2点目は、ID番号11番、金沢工業大学の西本光さん。作品名は『治具の家』です。受賞者の皆様、おめでとうございます。今一度拍手をお願いします。

Award Winners

NAGOYA Archi Fes 2018

The Highest Award

最優秀賞

ID 067

伊藤 誉

Takashi Ito

名古屋工業大学

Project

始終のまなび

The Highest Award

最優秀賞

ID 067

伊藤 誉

Takashi Ito

名古屋工業大学

Project

始終のまなび

私の故郷池田市に住む子どもたちと年老いた大人のために、学びの別荘をつくる。ここは、子どもとともに年老いた大人も夢を抱く町。祖母は今一度、小さな私と学校に通う。

Review

普通は、安全重視のため小学校と中学校を一緒にして、極力年上がいる環境で学ばせるという提案になる。そういう傾向が見られる中で、もう一回立ち戻って、本当の子どもたちの場所を考えようという提案（工藤）

負の遺産をどのように保存するかという建築はいくつかあるが、この作品はポジティブに現代的につくっている。単にその時期に抱えている状況や社会問題を引き受けているだけというよりは、そのモニュメント性とこれから先どのような環境を造っていくか、そして保存をしていく建築の形という両面を取り扱っているという感じがした（大室）

始終のまなび

大阪府池田市で起きた事件から17年がたち、行政主導の統廃合が行われている。従来の1街区にまとめる統廃合計画に対して、高齢化による空き家や荒れた庭を巡るように学校機能をまちに分配することで、子ども達が9年間を同じ環境で過ごすのではなく、まちの環境そのものが学校となる教育環境を創出する。地域と子どもにある17年間の隔たりを結び直す建築。

Proposal　―荒れ地への新築―

従来
小中一貫校
新築or増改築
提案

Site　―統廃合予定地の近辺―

廃校
一貫校
予定地
SITE
廃校

Survey　―植生の把握―

イタドリ
ゆでて食べる
イヌタデ
天ぷら
イヌビユ
スープ
アジサイ
1.5m~2m
アベリア
0.6m~2m
カシ
15m~20m
ドウダンツツジ
1m~5m
ニオイヒバ
3m~10m
ヒラド
1m~2m
ドクダミ
葉の天ぷら
オシロイバナ
パラシュート
ノカンゾウ
つぼみのいため物
ドウダンツツジ
1m~5m
ナンテン
1m~4m
ヤマモモ
15m~25m

Plan & Scene

赤:教員スペース、デイケア、集会所　青:普通教室　黄色:特別教室　緑:住宅との間にある裏庭空間

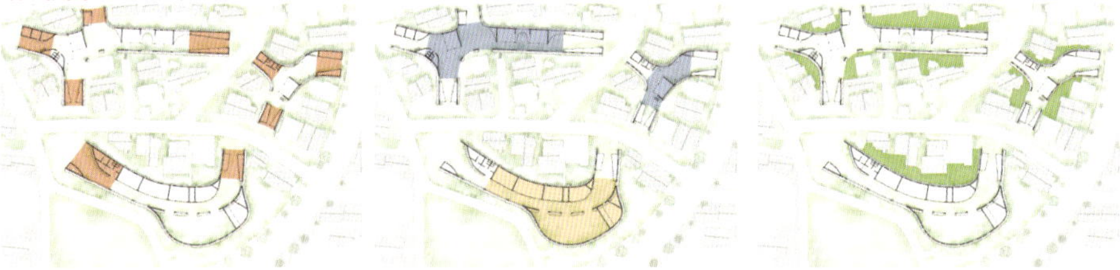

【大人の目が街との接点で門となる】【街区内側で子を守り外側で触れ合う】【住民と接するセミパブリックな場所】

Section Study

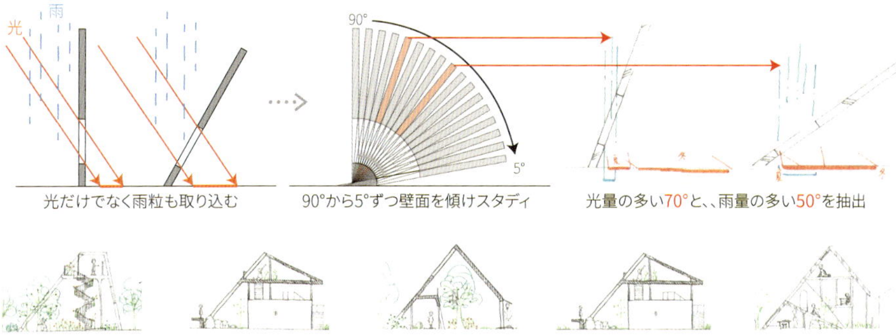

光だけでなく雨粒も取り込む　90°から5°ずつ壁面を傾けスタディ　光量の多い70°と、、雨量の多い50°を抽出

Section Diagram

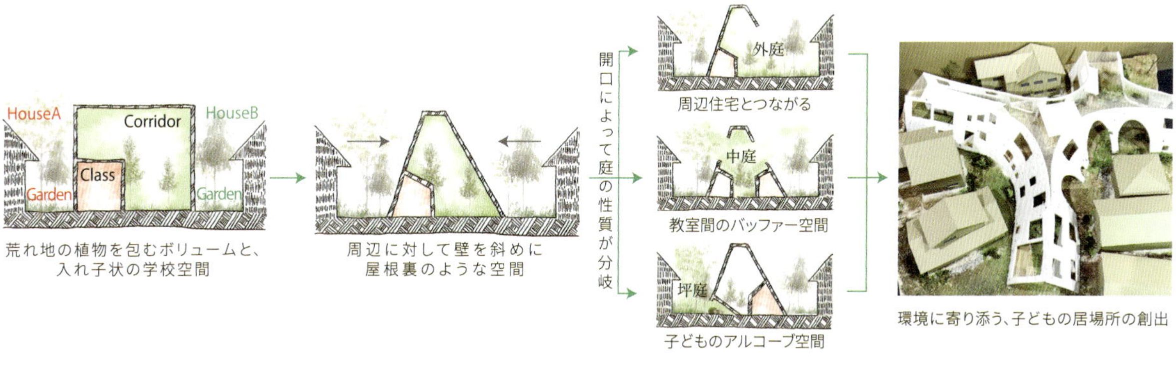

荒れ地の植物を包むボリュームと、入れ子状の学校空間

周辺に対して壁を斜めに屋根裏のような空間

周辺住宅とつながる

教室間のバッファー空間

子どものアルコーブ空間

環境に寄り添う、子どもの居場所の創出

Merit Award

優秀賞

ID 064

有田 一貴

Kazutaka Arita

信州大学

Project

彼らの「いつも」のツムギカタ

―障がい者の認知補助を主題とした
協同型就労施設の設計―

Merit Award

優秀賞

ID 064

有田 一貴

Kazutaka Arita

信州大学

Project

彼らの「いつも」のツムギカタ

―障がい者の認知補助を主題とした
協同型就労施設の設計―

街中に障がい者の働きの場を設計する。今日の公共施設ではサイン計画がわかりやすく人々の振る舞いをコントロールする。しかし障がい者には未だ障壁となるものが多いことから、障がい者の認知の補助支援に着目し分析をした。分析から必要な4つの空間条件を導き、斜めの操作がそれを満たす空間を作ることを提案する。長野市中心市街地にて本提案が地域ケアの中心となるための広域的なシステムを構築し、街中で暮らす仕組みを作る。

Review

いろいろな事件がある中、社会的にハンディを持っている人たちが共に生きているということをきちんと見つめていかなければいけないという意味では、この作品の提案も重要となる(工藤)

障がい者の働きの場がテーマであり、建築で解決することが全てではないと思うが、やはり建築をつくることで幸せになりそうだなとかそういう期待感が彼の提案にはある(前田)

Gallery

彼らの「いつも」のツムギカタ

- 障がい者の認知補助を主題とした協同型就労施設の設計 -

精神障害Aさん
彼だけの世界に積み上げてきた作品を並べる

精神障害Bさん
トイレと言って2時間帰ってこないのは彼の日常

知的障害Cさん
彼の絵心は我々に季節の移ろいを教えてくれる

知的障害Dさん
何十時間だって10枚の枚数を間違えなく数える達人

発達障害Eさん
ふらっと出かけては絵をかく。一日の歩数は一万歩以上

知的障害Fさん
このレストランの看板娘。

発達障害Gさん
光が苦手でなかなか出てこない

01 コンセプト - 認知を補助する支援の気づきから設計へ -

街中に障がい者の働きの場を設計する

今日の公共施設ではサイン計画がわかりやすく人々の振る舞いをコントロールする。しかし障がい者には未だ障壁となるものは多いことから、障がい者の認知の補助支援に着目し分析をした。分析から必要な4つの空間条件を導き、斜めの操作がそれを満たす空間を作ると提案する。長野市中心市街地にて本提案が地域ケアの中心となるための広域的なシステムを構築し街中で暮らす仕組みを作る。

02 長野市保健所跡地

長野市中心市街地の長野保健所跡地を敷地とする。商店街、参道に続く道に接道し、公民館が隣接する。その関係から移転前まで地域福祉の拠点であった場所である。

参道の中腹に位置し市民を引き込みやすい

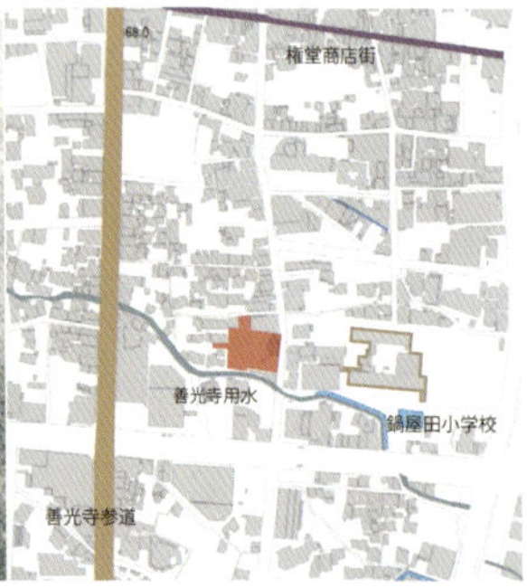

用水路沿いは通学路となり敷地の南側に子供たちの道ができる

03 就労の場のリサーチ

認知補助の支援から得た4の空間条件

04 ケアの地域移行とステップアップする働き方提案

都心の心療クリニックからの地域移行と障がい者の街の中での自立の補助

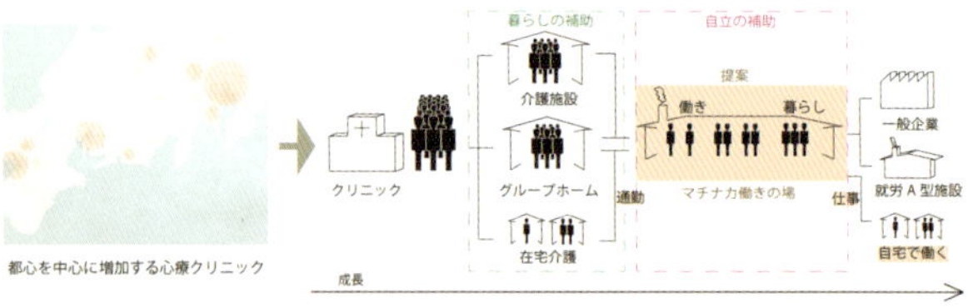

05 くり抜くダイアグラム

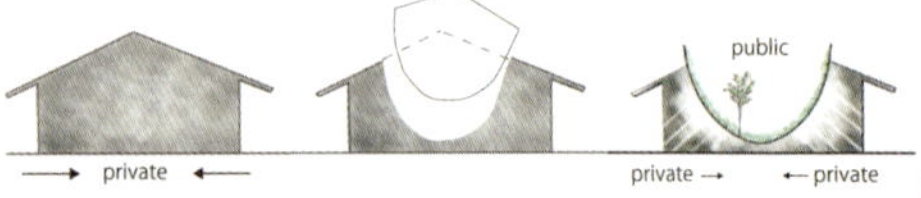

内に閉じている既存の就労施設

くり抜く操作

建築が内側に開き、多様な斜めの空間が創出される

06 斜めの操作でできること

スケールの操作　自然を切り取る　エリア分け　中間領域の創出　動線の指示　使い方の学び

07 平面計画

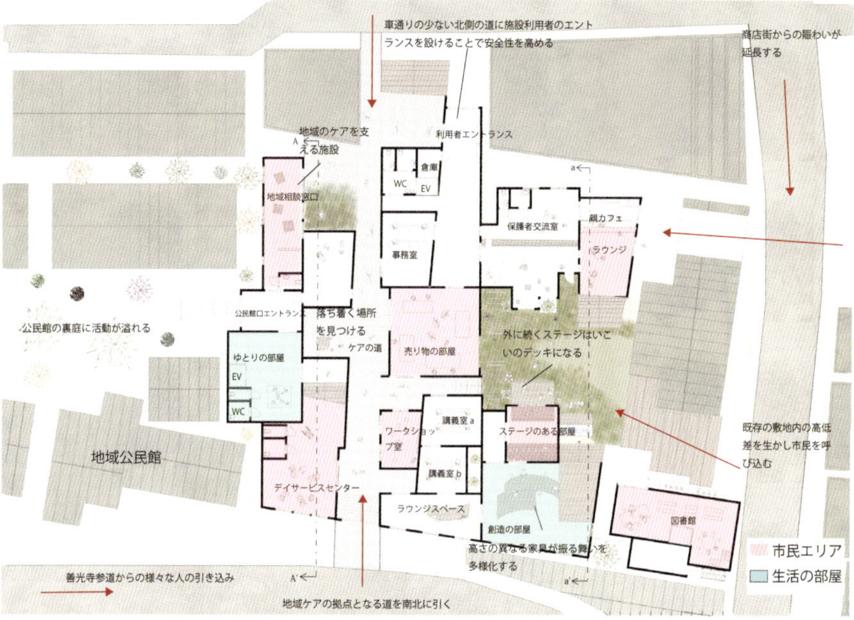

作業の流れを誘導

スケールダウン

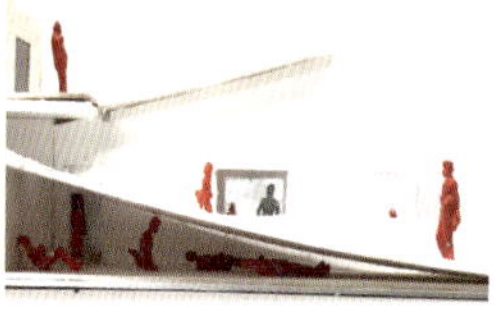

市民エリアの介入

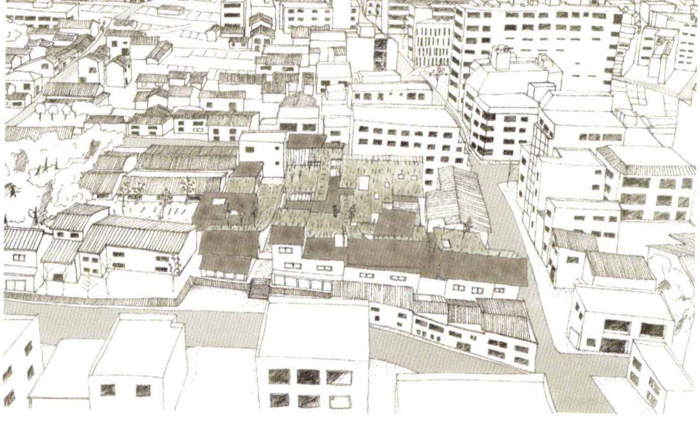

Merit Award

優秀賞

ID 011

西本 光

Hikaru Nishimoto

金沢工業大学

Project

治具の家

Merit Award

優秀賞

ID 011

西本 光

Hikaru Nishimoto

金沢工業大学

Project

治具の家

「名前」がその人を世界に定着させるように、生きていくことの基盤になる「イエ」も「名前」のように人々を場所へと定着させる側面があると思う。食事し、排泄し、就寝するだけの、どこに住んでいても同じような生活ではなく、生活していく中でその場所に住んでいることを実感できる方が幸せだと思う。そしてそれは名前のように抽象的なものではなく、具体的な機能や空間を持つ建築でしか実現できないと思った。

Review

スケールをもう少し丁寧に扱い、特性をわかりやすく伝えることで、地域のよさのようなことをしっかり伝えられるとよい。場所から生じたスケールや必要とされるシーン、プロポーションというような物を入れて共有できると、もう少し共感しやすい（佐々木）

治具の家

治具【ジグ】 ： 位置を指示・誘導するために用いる器具

01_ 背景と目的

「名前」がその人を世界に定着させるように、生きていくことの基盤になる「イエ」も「名前」のように人々を場所へと定着させるものとして捉え直すことができると思う。食事し、排泄し、就寝するだけの、どこに住んでいても同じような生活ではなく、生活していく中でその場所に住んでいることを実感できる方が僕は幸せだと思うし、住宅はそうあるべきだとも思う。そして、それは名前のように抽象的なものではなく、具体的な機能や空間をつくる建築という行為によって成立できるのではないかと思った。

02_ 計画の概要

その場所に住んでいることを実感する為に必要なのは、その場所特有のモノやコトを再認識することだと思った。その場所特有のモノやコトを収集し「イエ」として再構築することで、その場所に住んでいることを建築のエレメントを通して実感することができると思った。

03_ 選定敷地

その場所特有のモノやコトを収集するうえで、集めたものに確かな実感を得られるように、自分の所縁のある (a) 北海道札幌市、(b) 石川県金沢市、(c) 東京都杉並区の 3 つを選定した。これは自身の過去、現在、未来に対応している。それぞれの地域における自身の記憶は自身がその地に存在していたことの証明である。

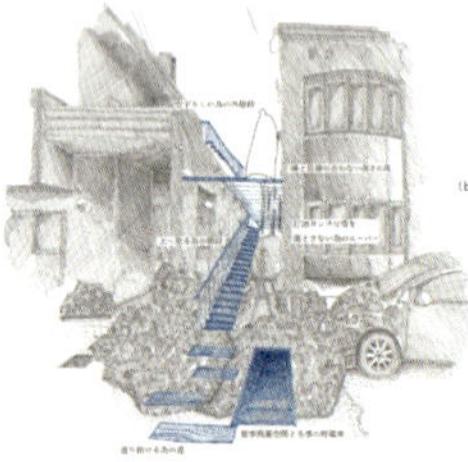

北海道札幌市における初期のイメージスケッチ

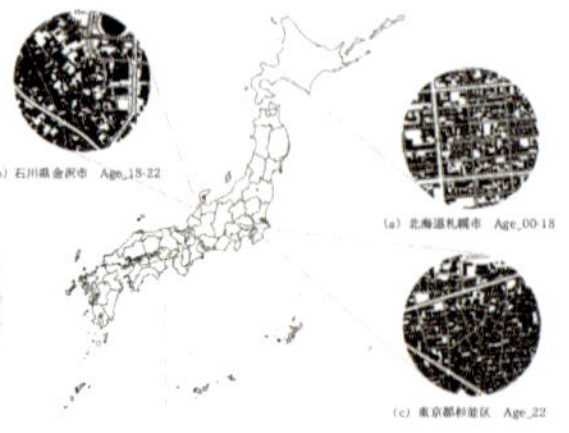

選定敷地と記憶の関係図

04_ 調査分析

(a)-(c) における自身の記憶を描き起こし、その記憶の要因を建築のエレメントとしてもう一度再解釈していく。この工程によって、その場所独自のモノやコトは建築のエレメントに集約される。記憶を再解釈した建築のエレメントを format(形式)、attachment(付属物)、scene(場面) と定義し分類する。これらを設計の指針として用い、再構成された住宅はその場所特有のモノやコトを内在できるのではないか。

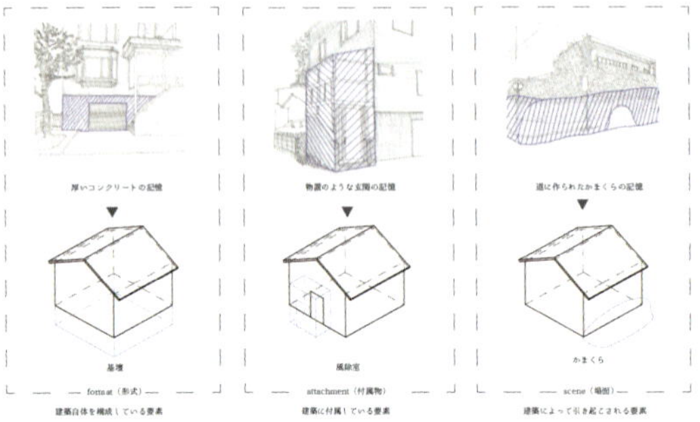

分類したエレメントの図

05_ 設計の概要

その場所特有のモノやコトの再認識を促すために 3 つの手法を用いて家を再構築していく。

1. 拡張 ： format(形式)、attachment(付属物) の概念や物体を本来の状態よりも拡張させ、再配置することで再認識を促す。
2. 転換 ： attachment(付属物) の用途を本来の意味とは異なる意味に転換し、再配置することで再認識を促す。
3. 比喩 ： attachment(付属物)、scene(場面) の心象を誘発させるように物体や感覚を比喩し、再配置することで再認識を促す。

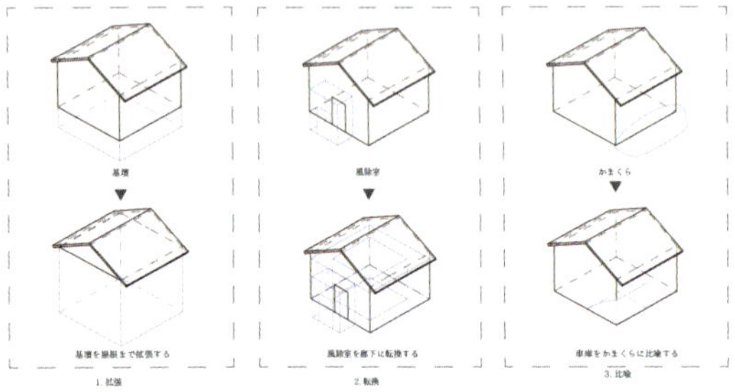

再認識を促す手法一覧

06_ 結論

いままで家は、その場所に正しく定着するために長い時間をかけてその場所の様々なコンテクストをエレメントに集約してきた。そしてその価値を人々は認知していた。しかし現在、エレメントは規格化、流用され、人々はその価値を忘れたまま生きている。それはもはや家と呼べるものではなく、ただの箱に過ぎない。人が土地に定着するため、あるいは家が土地に定着するために必要なことは、生活しながらもう一度エレメントの価値を再認識することである。人と家と場所が儀式的に結びつくことで、それは可能になる。

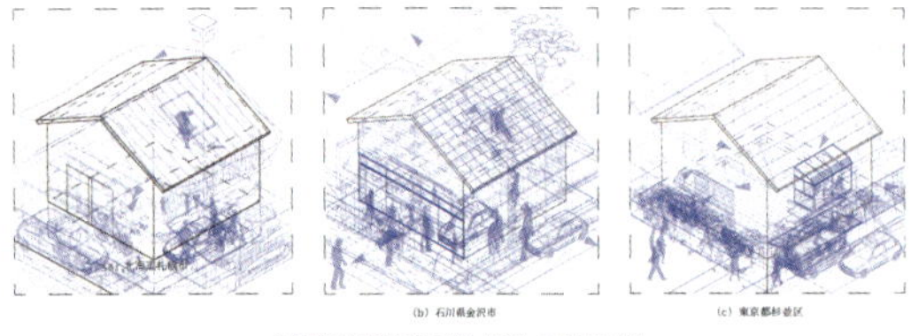

その場所らしさを構成する形式、付属物、場面を重ねた図

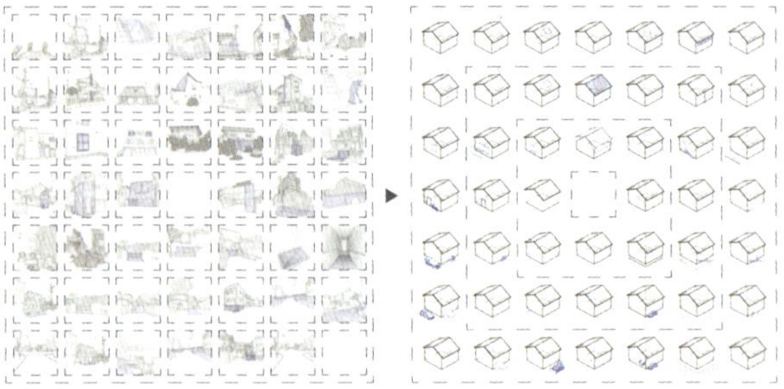

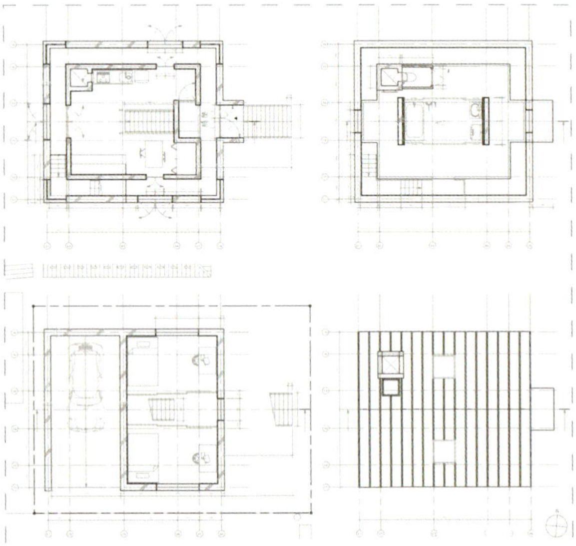

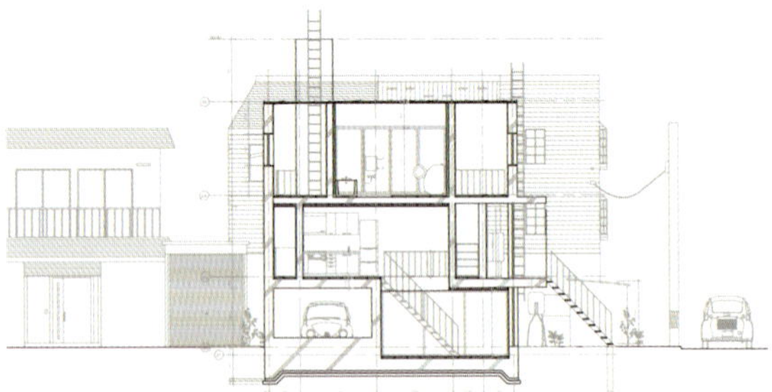

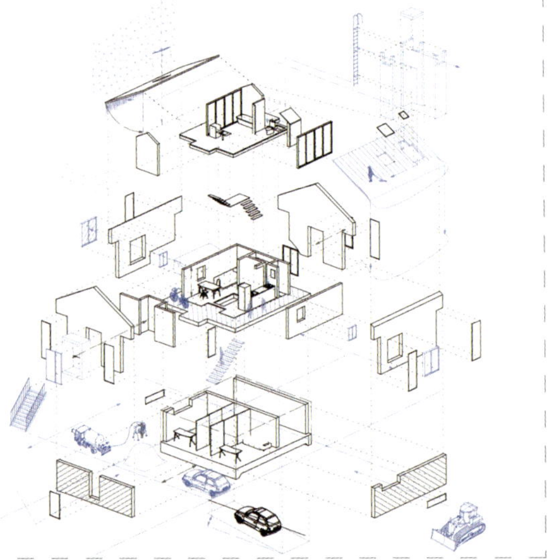

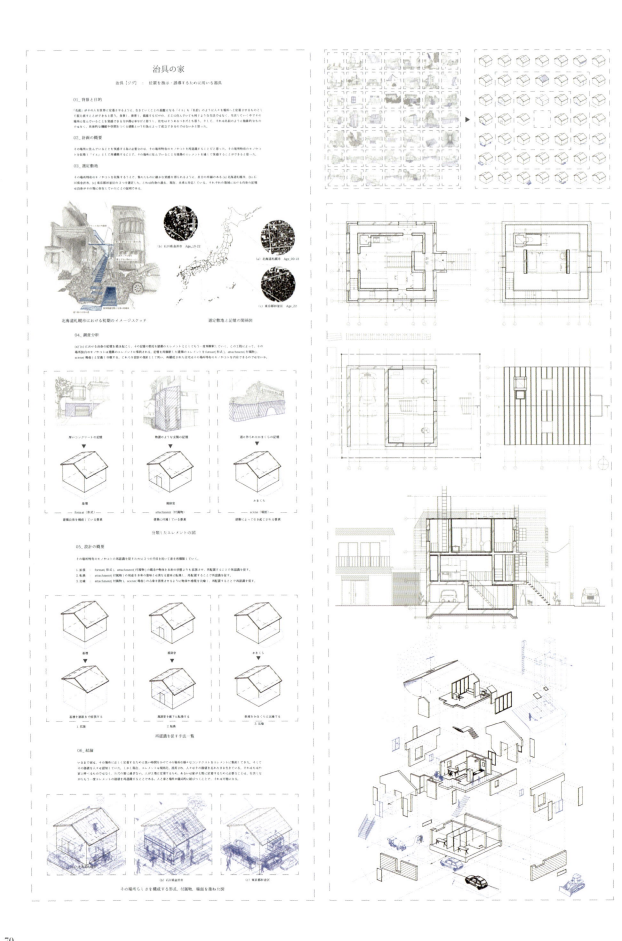

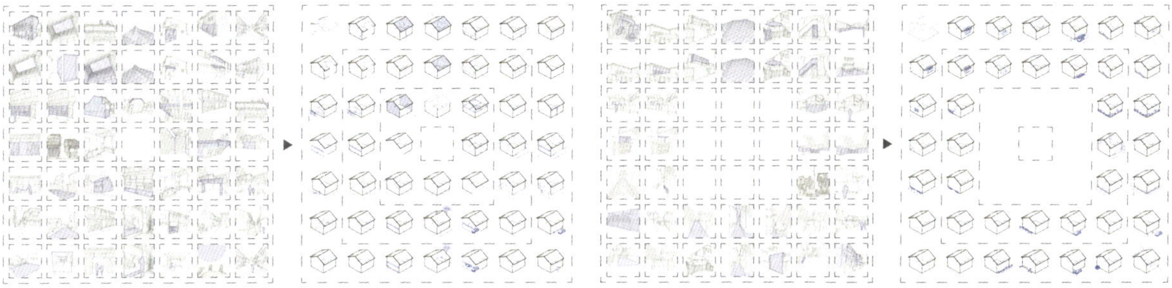

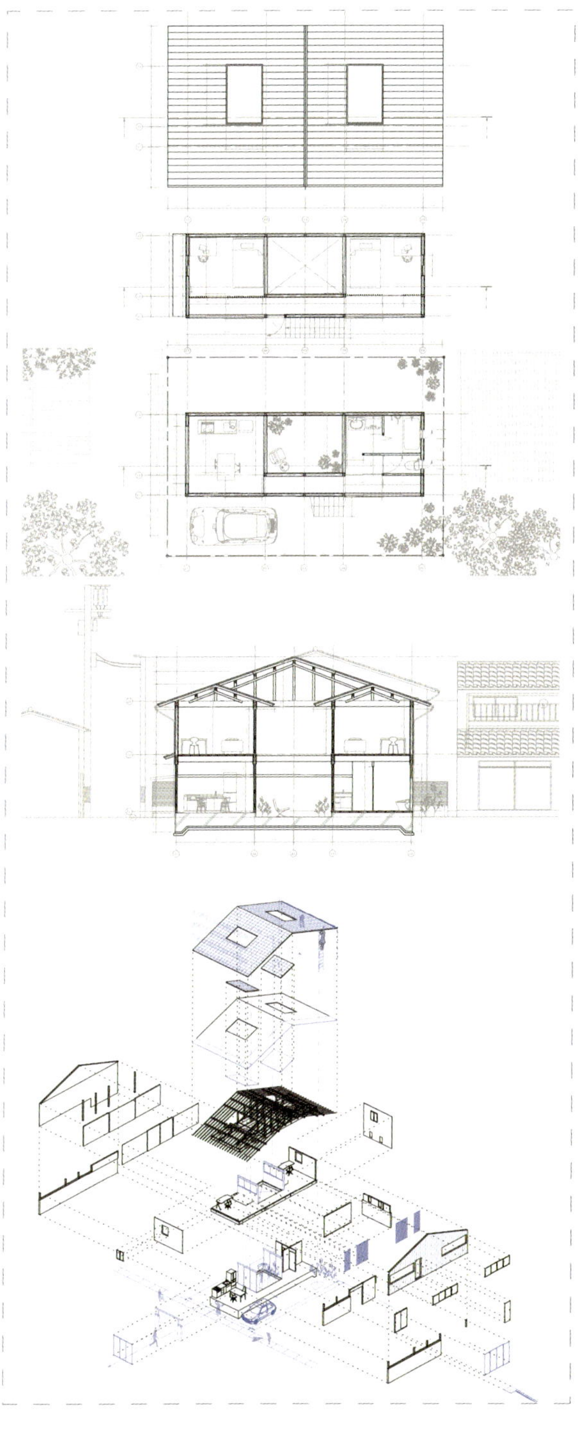

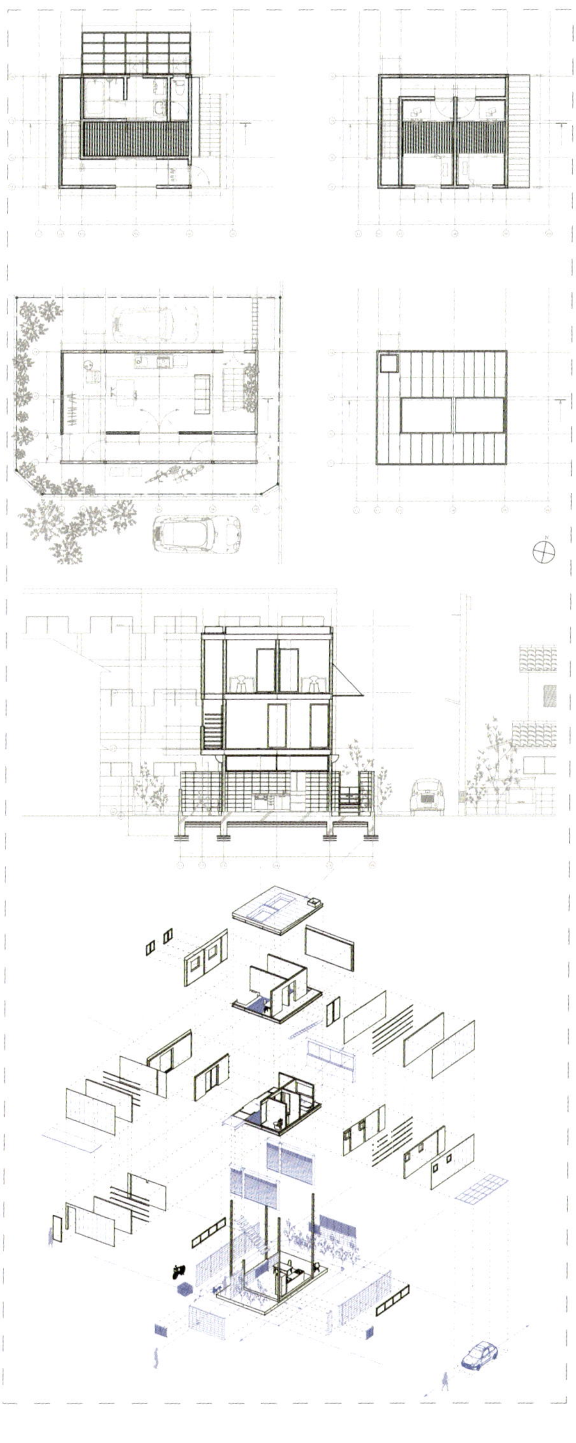

Finalist

ファイナリスト
工藤賞

ID 036

斉藤 知真

Chima Saito

信州大学

Project

6話の狩猟物語

野生動物により農作物等が荒らされる獣害は中山間地域を悩ませている。その一方、大量捕獲された獣は1割しか活用されず残りは処分されている。今、中山間地域を獣害から守り、命の大切さを学ぶため、人と獣の共生が必要である。そこで、自然と共生する山地木造建築の共生手法を明らかにし、それらを用いて獣害解決の一助となるシシ垣と狩猟施設の融合を考える。人と獣の境界となる境界建築が作り出す6話の狩猟物語。

Review

獣害はシリアスな問題で、農村地域にとっては非常に重要な問題。その点に目を向けつつ、なおかつ自分のできる建築という手法を使って解決へ、もしくはそれに触れようという姿勢が見えた、卒業設計らしい計画(大室)

問題を解決するということよりは知ってほしい、世に問いたいということを言っていた気がした。問いを立てる、ということを目指しているように感じた(橋本)

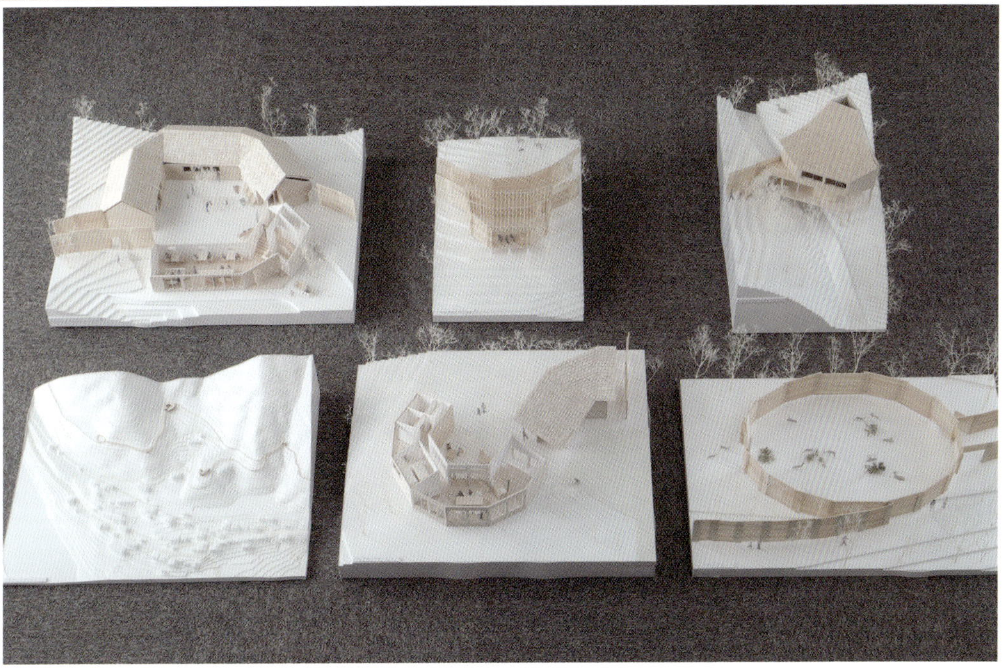

6話の狩猟物語

第１話 人と獣の境界となるシシ垣

第２話 獣と対峙する囲い罠

第３話 地域と対峙する休憩小屋

第４話 命の終わり・始まりとなる解体処理場

■設計趣旨

野生動物により農作物等が荒らされる獣害は中山間地域を悩ましている。
その一方、大量捕獲された獣は１割しか活用されず残りは処分されている。
今、中山間地域を獣害から守り、命の大切さを学ぶため、人と獣の共生が必要である。

そこで、自然と共生する山地木造建築の共生手法を明らかにし、
それらを用いて獣害解決の一助となるシシ垣と狩猟施設の融合を考える。

人と獣の境界となる境界建築が作り出す６話の狩猟物語。

■背景

捕獲：9254 頭
活用約 820 頭
処理約 8434 頭
獣害に悩む中山間地域
獣害対策のため無駄にされている命
獣と人の共生が必要ではないか？

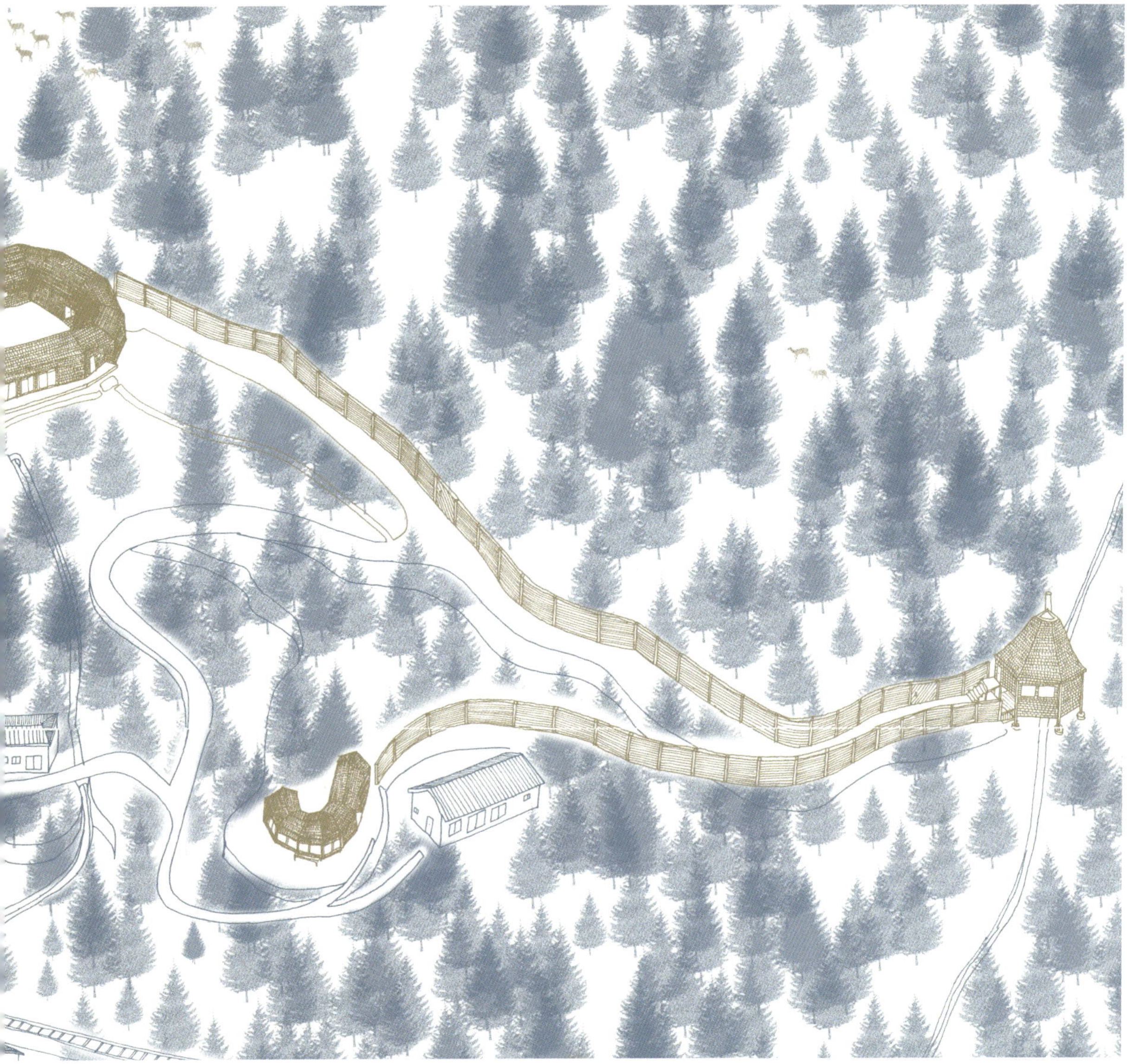

第５話 命の暖かさを感じる共同浴場

第６話 獣害を考える宿

■共生手法を用いた設計提案

山地に建つ木造建築94作品の

……一部をなす温泉地域に散在する 17 のスレート葺きの屋根に覆われたプール…利用者は木製の橋を通って隠れ家…プールの側には地域材を用いたパヴィリオンの上…野生草の繁る大屋根…

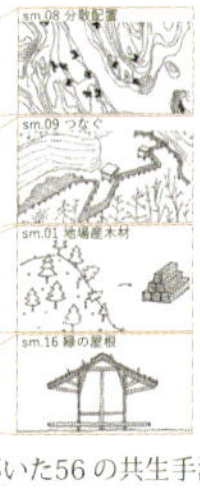

共生を意図する記述から導いた56の共生手法を用いて

■設計対象地

第１話 シシ垣
第２話 囲い罠
第３話 休憩小屋
第４話 解体処理場
第５話 共同浴場
第６話 宿泊施設

６つの狩猟施設を設計

長野県天龍村鶯巣

害獣追放と豊猟を願う「シカオイ祭り」

天龍村では「シカオイ祭り」が示すように古くから獣害に悩まされてきた。
集落と里山の山際に狩猟施設を点在させ、シシ垣でつなぐ、６話の狩猟物語を提案する。

Finalist

ファイナリスト
総合資格学院賞

ID 051

竹中 智美

Tomomi Takenaka

名城大学

Project

みんぱくレシピ

ーまちに開いた民泊空間による地域ストックの再生ー

民泊がまちと共存していくための民泊らしいまちへの開き方を提案する。民泊についての空間ルールを作成しレシピとしてまとめ、レシピを使って空き家等を改修し民泊街を形成する。レシピを居住者・所有者が選択することによって居住者の暮らしを守るための緩衝帯を設けながらまちに開いた民泊が実現され、宿泊者さらにはまちの人をも巻き込むような民泊街が出来上がる。

Review

民泊における家主と宿泊者のプライバシーについて着目し紐解く上で、一軒に対して深く調べ、元々ある構造も含めてどういったことができるのかがわかるとよりよかったと思う（前田）

オープンキッチン
足湯
BASE
16

みんぱくレシピ - まちに開いた民泊空間による地域ストックの再生 -

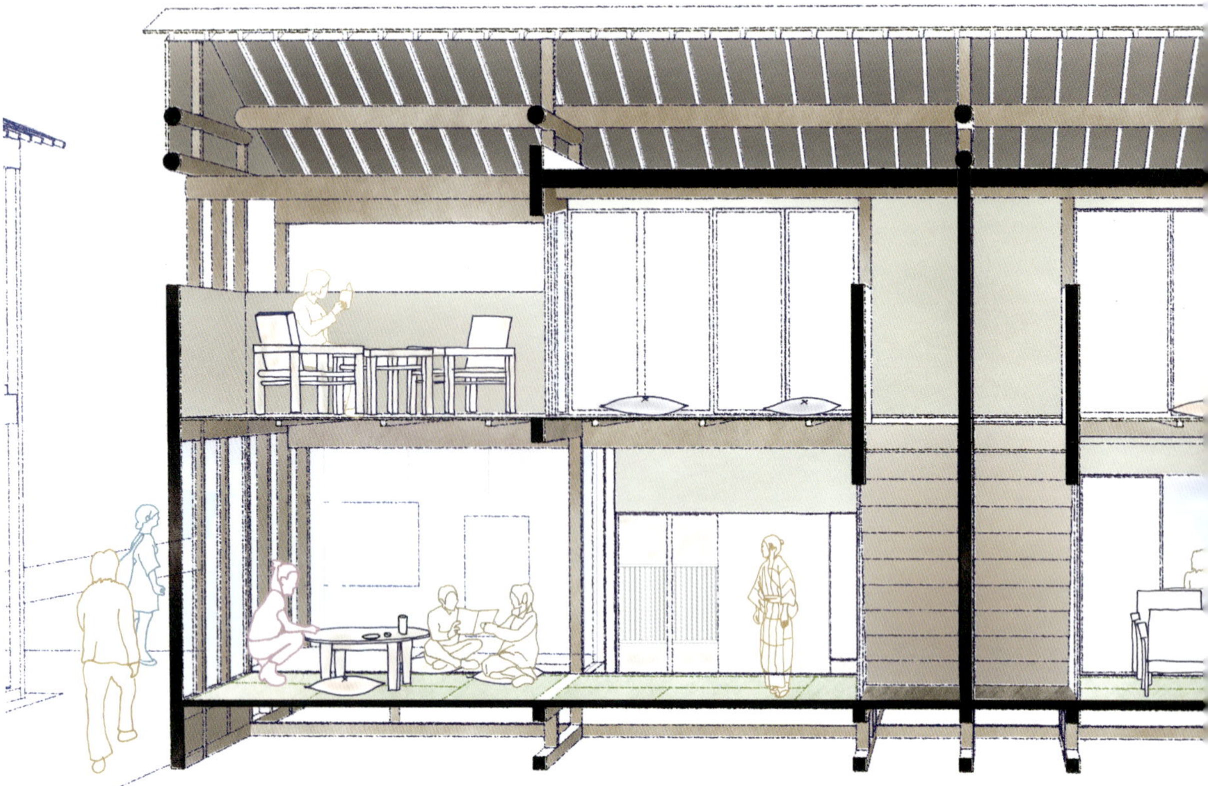

民泊がまちと共存していくための民泊らしいまちへの開き方を提案する。民泊についての空間ルールを作成しレシピとしてまとめ、レシピを使って空き家等を改修し民泊街を形成する。まちに 34 ある空き家や空き家予備軍の居住者・所有者がレシピを選択することによって居住者の暮らしを守るための緩衝帯を設けながらまちに開いた民泊が実現され、宿泊者さらにはまちの人をも巻き込むような民泊街が出来上がる。

○段階を設け空き家等を改修する

STEP1 可視化
地域のストックを構造体にすることで可視化させ、活用の機会を与える。

STEP2 民泊化・拠点化
空き家等を民泊・地域拠点として活用するため，民泊らしくまちに緩やかに開き、まちの人に開いた公共部を設ける。

STEP3 ネットワーク化
まちにできた公共部同士を架構で結び各施設同士がつながり合う。まち全体で機能を補い合える民泊街が形成される。

STEP4 さらなる民泊増加
都会ながらも大規模開発が抑えられ、住人の良好な住環境が続く。東海地区の観光客が集まる観光のハブとなる。

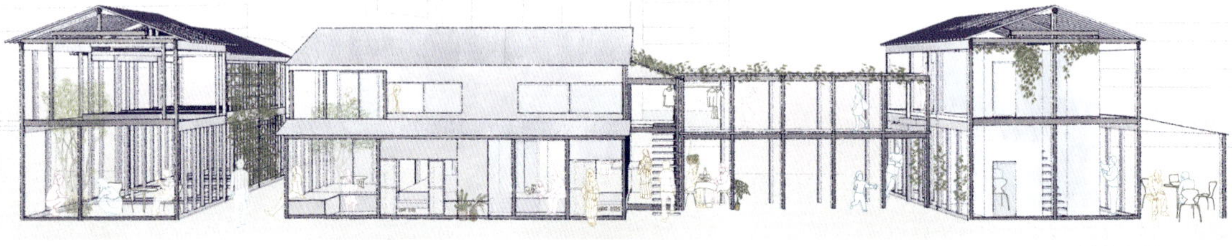

○レシピを選択する

民泊と民泊街に関するレシピを 35 作成。これを段階ごとに空き家等に適応し民泊街を形成する。レシピには 4 種類が存在する。1 つの施設に対し居住者・所有者がこのレシピを組み合わせ民泊や拠点施設をつくり出す。

BASE	各ステップの根幹となる操作	必ず守る
CHOICE		2 つのレシピから 1 つを選ぶ
SPICE	組み合わせでより効果的になる操作	多数ある中から 3 つのレシピを選ぶ
GREEN	緑化方法	公共空間を緑化する際に選ぶ

レシピ分類

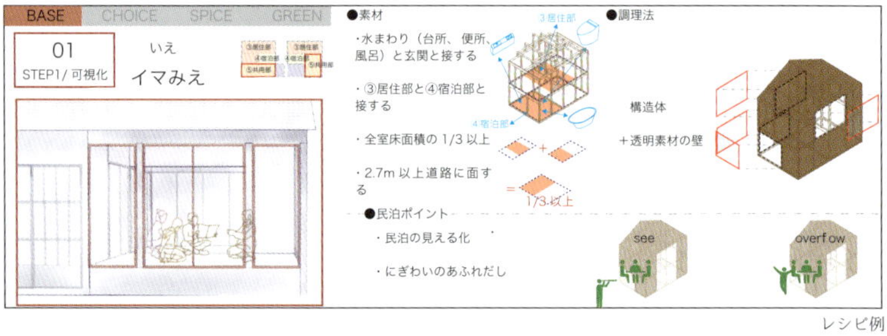

レシピ例

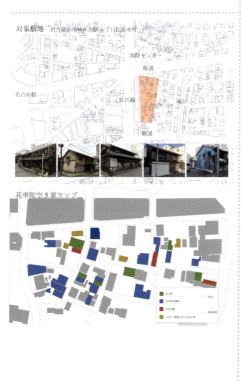

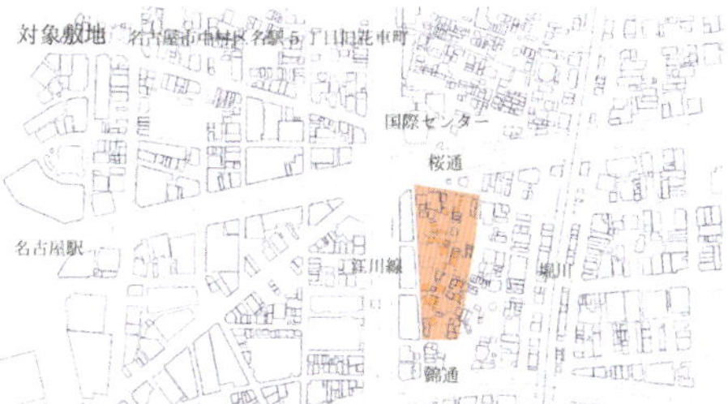
対象敷地　名古屋市中村区名駅５丁目旧花車町
国際センター
桜通
名古屋駅
江川線
堀川
錦通

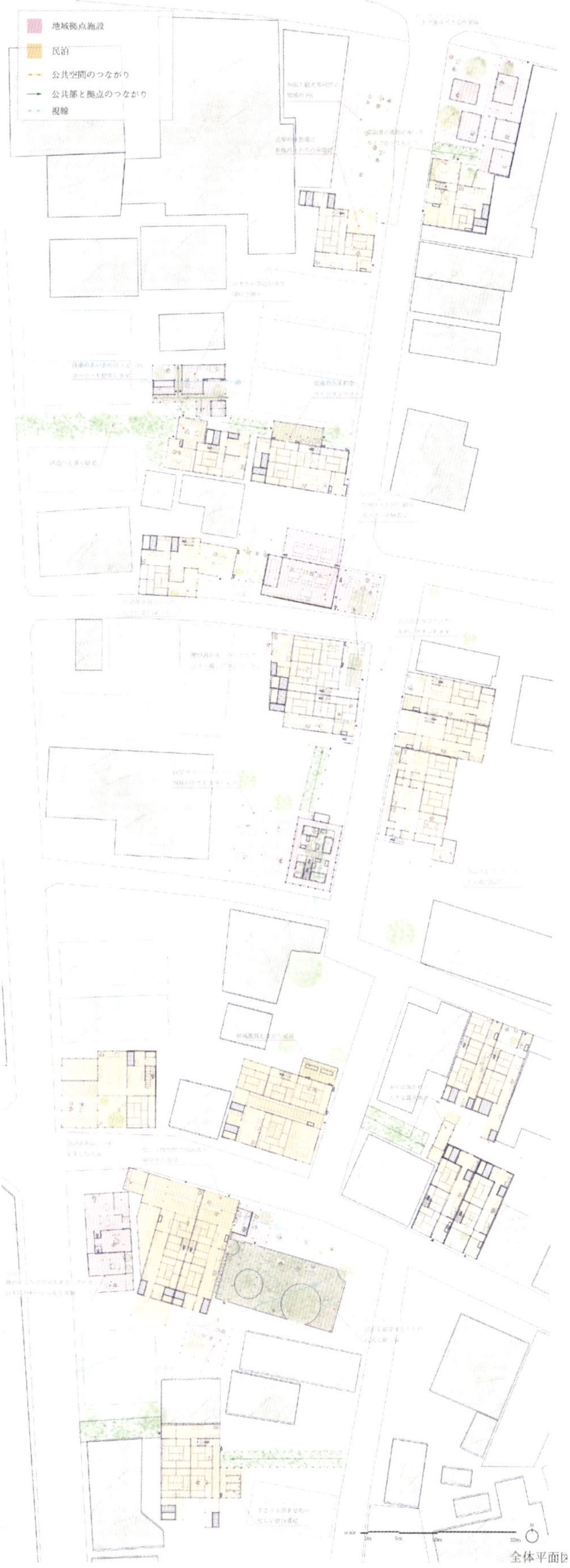
花車町空き家マップ
地域拠点施設
民泊
公共空間のつながり
公共部と拠点のつながり
視線
全体平面図

Finalist

ファイナリスト

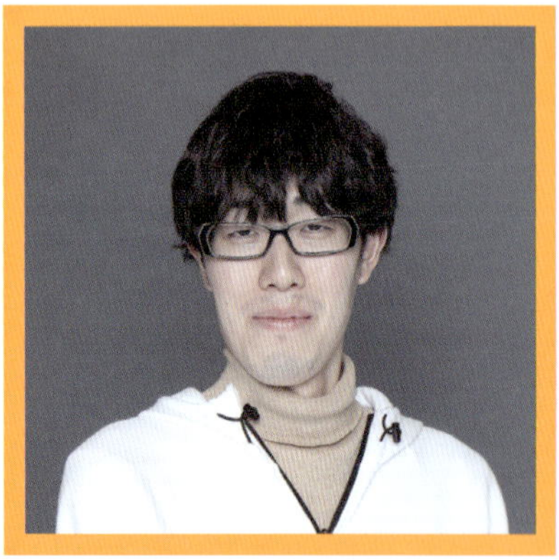

ID 024

木村 優介

Yusuke Kimura

愛知工業大学

Project

浜マルシェ

～地域循環型市場の創出～

東京湾はかつて良質な漁場であった。日本の急激な近代化により経済性が優先され、埋め立てや工業化などにより周辺の漁業集落は衰退の一途を辿った。現在、都市の中に孤立するように細々と生き残る場所、神奈川県子安浜。このような衰退してしまった漁業集落に巨大市場とは違う循環システムを組み込んだ小さな市場を作り出す。この市場が持つ機能は経済性が置き去りにしてきたものを補完する。やがてそれは周辺の似たような集落に広がり、経済性、巨大市場とは別の豊かさを土着的な方法で人々へと還元する。

Review

屋根よりも構造体の方が存在感があり、かなり強いストラクチャーがきていると感じる。そこは少し圧迫感があったり、軽やかさに欠けていたりという印象に繋がってくる。造形的にはすごくいいように見える（大室）

テクスチャーをあわせることで、全体の統一を図ろうとしているが、建築をつくることで、この集落の元々持っているよさが顕在化するような場がいいと思う（前田）

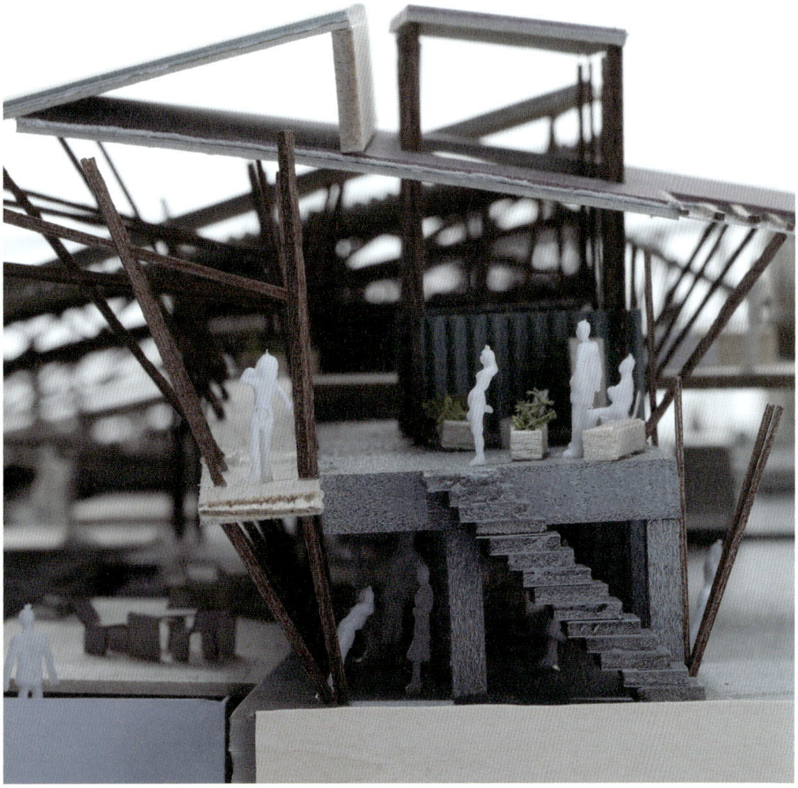

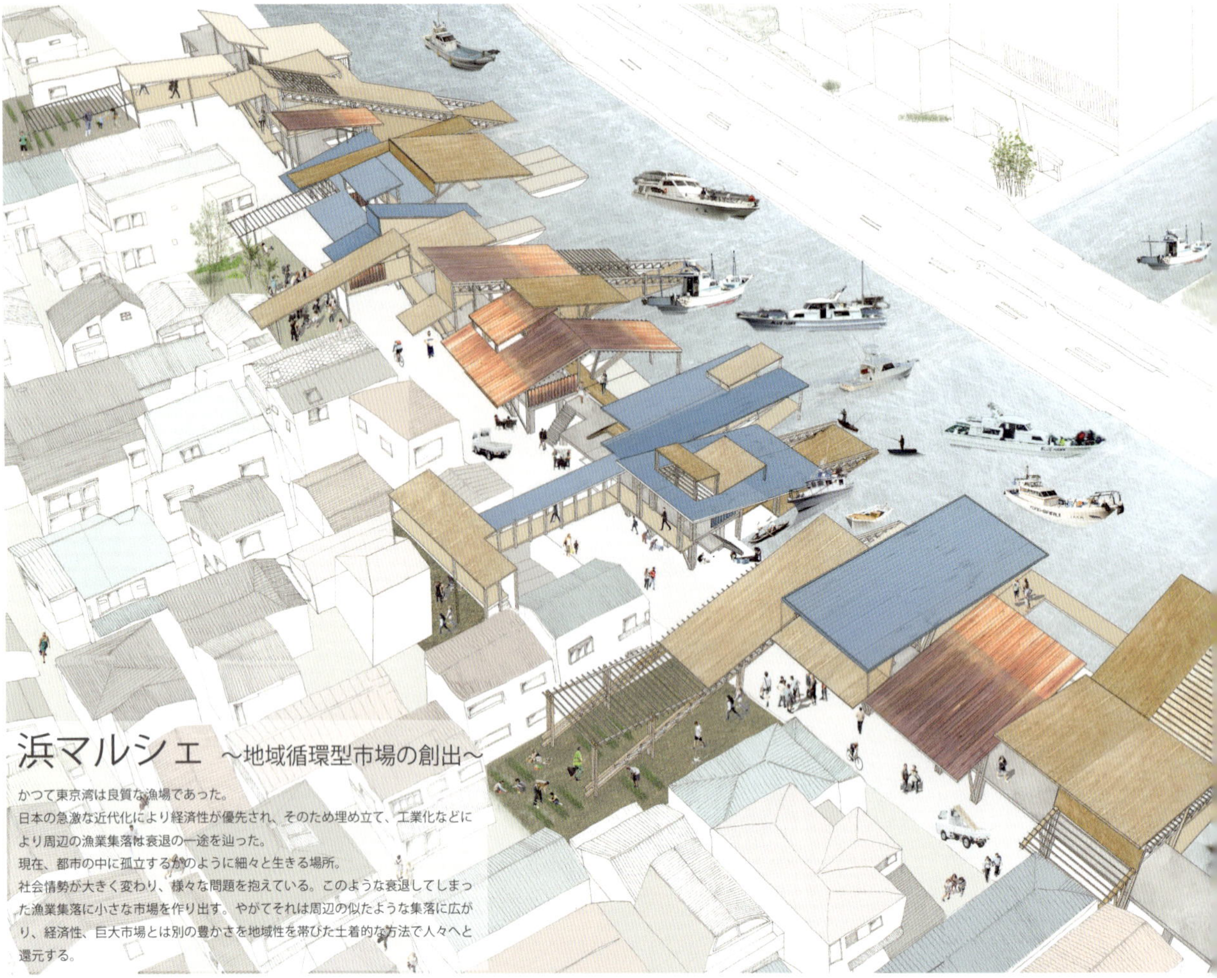

浜マルシェ　～地域循環型市場の創出～

かつて東京湾は良質な漁場であった。
日本の急激な近代化により経済性が優先され、そのため埋め立て、工業化などにより周辺の漁業集落は衰退の一途を辿った。
現在、都市の中に孤立するかのように細々と生きる場所。
社会情勢が大きく変わり、様々な問題を抱えている。このような衰退してしまった漁業集落に小さな市場を作り出す。やがてそれは周辺の似たような集落に広がり、経済性、巨大市場とは別の豊かさを地域性を帯びた土着的な方法で人々へと還元する。

Background

東京湾という漁場

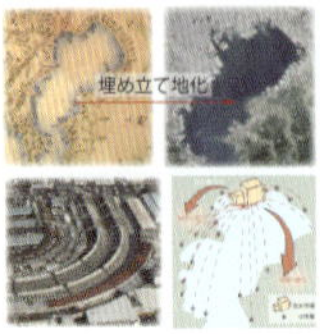

埋め立て地化

近代化以後、あらゆる機能が複合化された巨大なハコモノ施設の建設が進められた。一部に集約化された市場施設が大きな経済を支えている状態にある。

食意識の低下

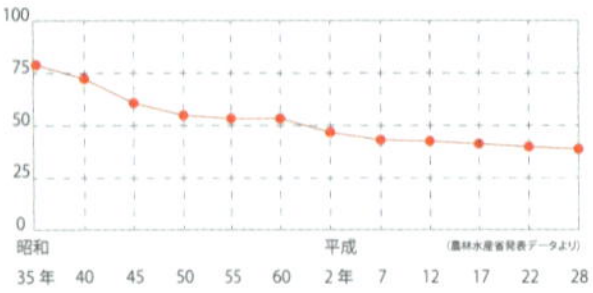

100
75
50
25
0
昭和
35年
40
45
50
55
60
平成
2年
7
12
17
22
28
（農林水産省発表データより）

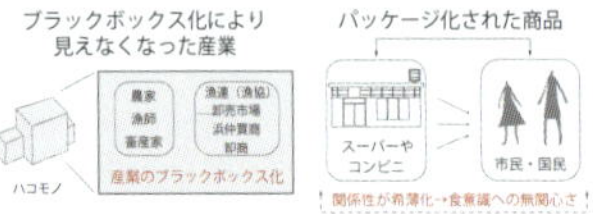

ブラックボックス化により見えなくなった産業
ハコモノ
農家
漁師
畜産家
漁連（漁協）
卸売市場
浜仲買商
卸商
産業のブラックボックス化
パッケージ化された商品
スーパーや
コンビニ
市民・国民
関係性が希薄化→食意識への無関心さ

Site・Problem

神奈川県　横浜市　都市型漁業集落　子安浜

埋め立て地により暗渠化した水辺
1. 空き家
約500m
■現在ある空き家
2. 木造密集地
変わらぬ地割り
3. 不法係留船・廃船
漁をする人々
シャコの殻を剥く人々
かつて倉庫として使われた小屋
約100隻存在

Concept

食育市場のプロトタイプ

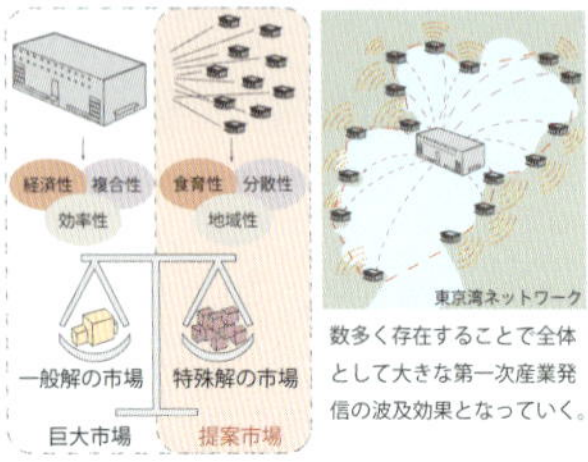

経済性
複合性
効率性
食育性
分散性
地域性
一般解の市場
特殊解の市場
巨大市場
提案市場
東京湾ネットワーク

数多く存在することで全体として大きな第一次産業発信の波及効果となっていく。

生産から消費のプロセスを一貫して包み込み、周辺環境に開かれた巨大な市場とは違う循環システムを持つ小さな市場の仕組みを考える。

Diagram

拡張する建築

0. バラック性質を持つ地域

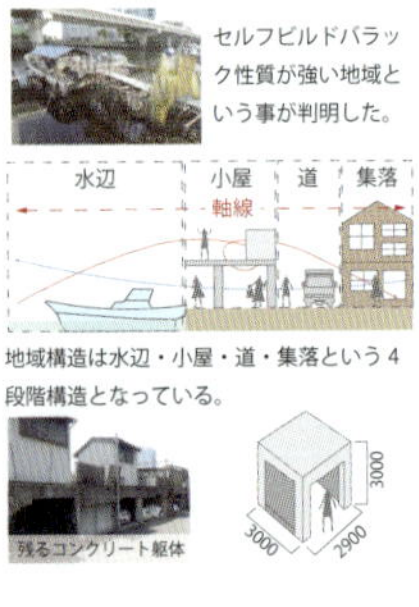

セルフビルドバラック性質が強い地域という事が判明した。
水辺
小屋
道
集落
軸線
地域構造は水辺・小屋・道・集落という4段階構造となっている。
残るコンクリート躯体
3000
3000
2900

1. 屋根の配置

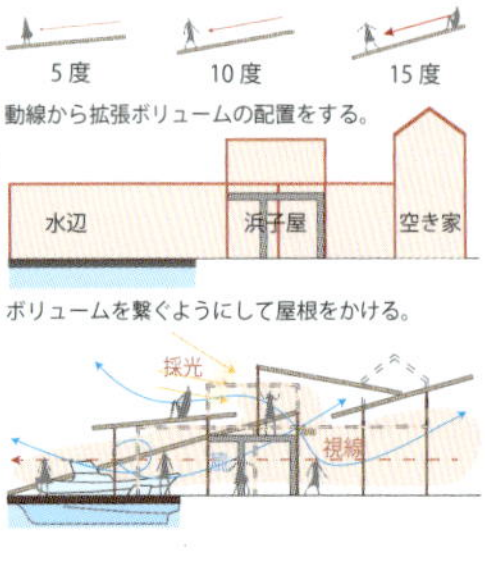

緩やかな屋根勾配
5度
10度
15度
動線から拡張ボリュームの配置をする。
水辺
浜子屋
空き家
ボリュームを繋ぐようにして屋根をかける。
採光
視線

2. 地域素材の再活用

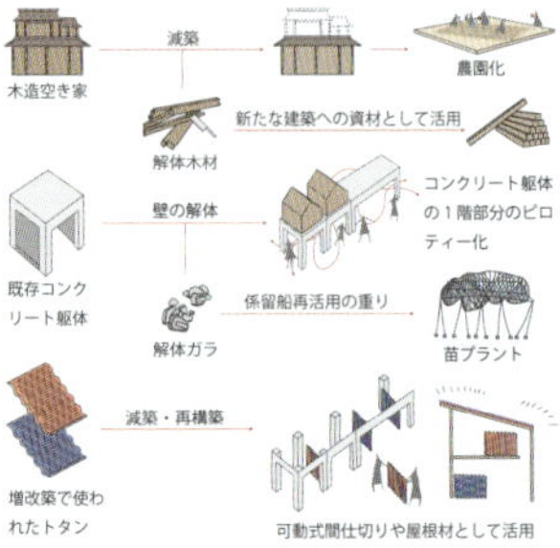

木造空き家
減築
農園化
解体木材
新たな建築への資材として活用
既存コンクリート躯体
壁の解体
コンクリート躯体の1階部分のピロティー化
解体ガラ
係留船再活用の重り
苗プラント
増改築で使われたトタン
減築・再構築
可動式間仕切りや屋根材として活用

3. 領域の変化、拡張、反転

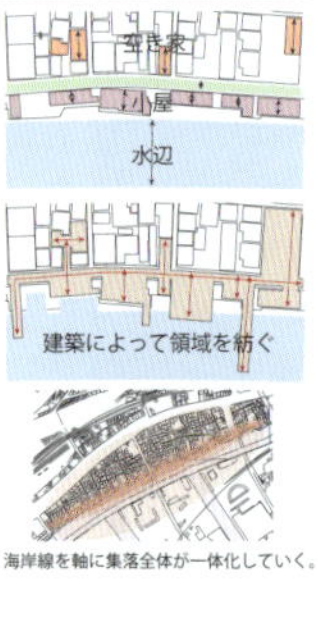

空き家
小屋
水辺
建築によって領域を紡ぐ
海岸線を軸に集落全体が一体化していく。

係留船を利用した動く船床や桟橋などにより拡張する空間

開かれた市場によって産業の見える化が行われる。

消費された生ごみは新たな生産へと繋がる。

Program

地域で循環・持続していくための新たな市場

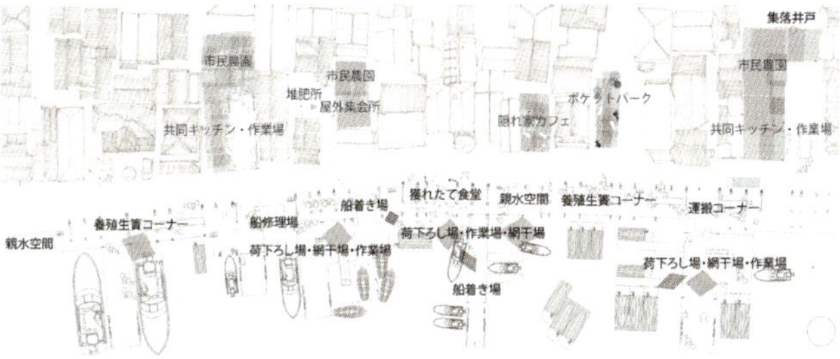

Detail

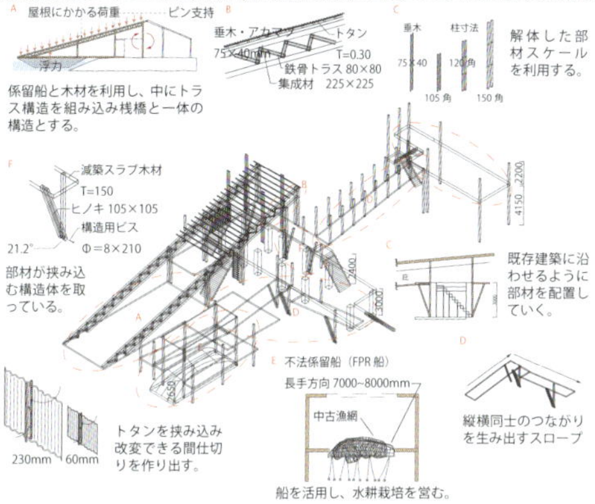

Finalist

ファイナリスト

ID 029

長谷川 滉一郎

Koichiro Hasegawa

名城大学

Project

高架座賛歌

ー都市虚構空間：高架下の再解釈とそこの使用人と一般歩行者の交錯による劇場化を目指してー

高架下に舞台が設置され、歩行者が介入し今現在行われている活動をする人と街の人々の気軽な関わりが日常的に生まれる。箱型の劇場ホールなどで行われる高貴な演目ではなく、未完成・発展途上でも見る人に向けて発信される活動が街に賑わいを生み、財産になる。アングラな高架下を使用する多様な演者たちが高架の再解釈とともに街に発信される。

Review

1カ所に集まっていなくて、もっと分散した方がよいのではないかという気もした。ストイックというかアングラというものがこれだけ自由に並んでしまうと、どこかショービジネス的な印象になってしまう。勝手にやっているという雰囲気が薄れてしまう。ここは人通りが多いのはわかるが、ここだけで提案する必要が本当にあったのかという点が疑問（工藤）

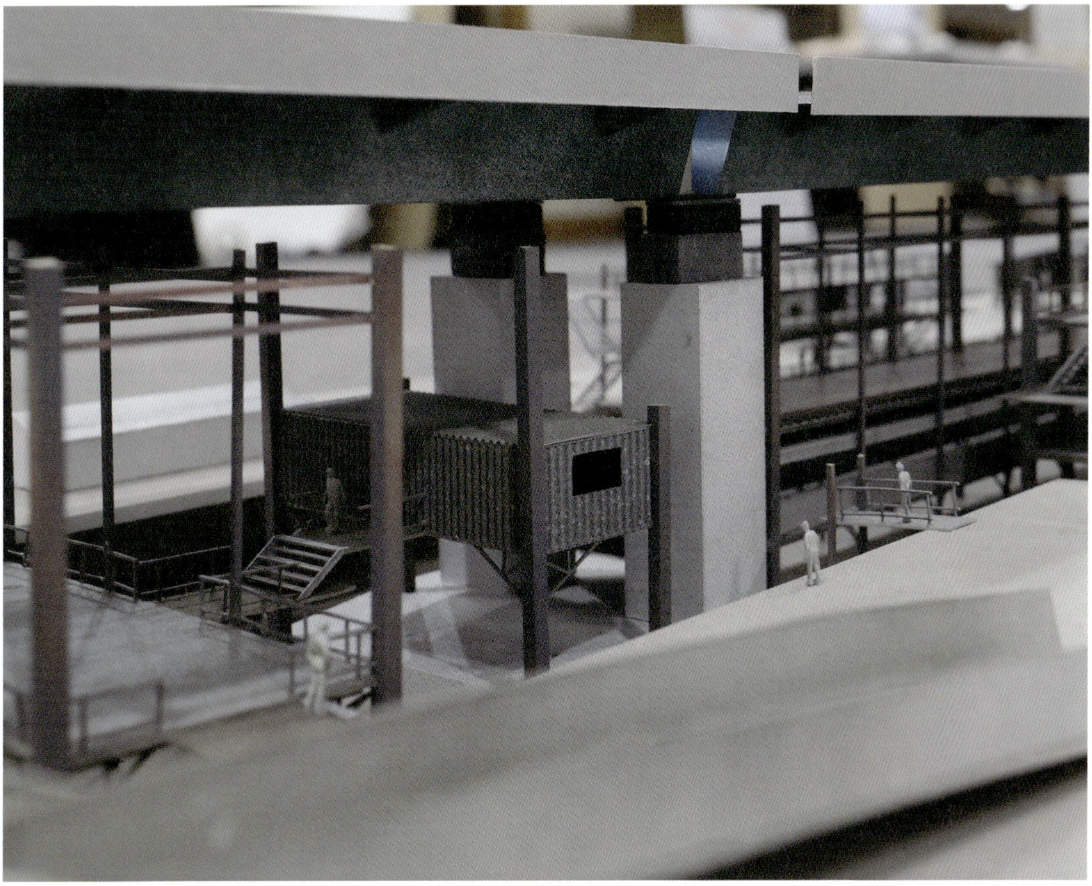

舞台一「回廊」
舞台二「包容」
舞台三「単形機構」
舞台六「休憩処」
大津通りから東側街区へのアプローチ路であり、舞台群全体のホワイエにあたる。場としての舞台がなく、マーケットやイベント、子供が遊ぶ空間となる。蛇行した池の中心を走る長い歩行路は舞台七へと続く高揚の路。
舞台七「水辺」
舞台四「直線」
高架座賛歌
高架座賛歌
都市虚構空間：高架下の再解釈とそこの使用人と一般歩行者の交錯による劇場化を目指して

0．背景・問題意識「アングラ世界」

都市に、多種に渡る人々が多様な活動をし、独特の世界観を放つ高架下空間が存在する。若者からお年寄りまで老若男女が生活し、都市の補助広場的位置づけにある。共に１００ｍ道路と呼ばれ中央分離帯に大きな広場を有する久屋大通公園とは対称的な点として高架の屋根の存在が大きい。その巨大な構成物はその下の空間に大きく影響する。柱脚間隔での機能の点在と平面的な広場形成、高架の屋根が作る影による暗さや治安の悪さ、活動の飽和状態による排他的印象を問題視する。

1．敷地「名古屋市中区若宮大通高架下」

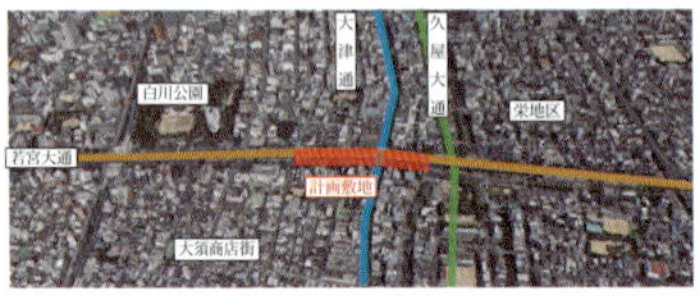
大津通
久屋大通
白川公園
栄地区
若宮大通
計画敷地
大須商店街

その高架下空間は名古屋市中区若宮大通上空を走る名古屋高速道路の下に位置する、若宮大通高架下である。栄地区と大須地区を南北に分断する高速道路と高架下空間。周辺には栄商業施設や大須商店街、白川公園など都市形成の要となる場所がある。久屋大通と大津通に面し、街を行き交う歩行動線の結節点に位置するため、敷地周辺には多くの人の流動的動きが見られる。現状、西からフットサルコート、多目的広場、池を介した遊歩道となっていて地下階には二階建て駐車場を有する。

パフォーマー：
広場に場所取り、ダンス・自転車・球技などの練習創作活動を行う

バンドマン：
人通りの多い交差点を中心にゲリラ的にライブを行う

子供：
遊具のある公園ではなく、橋などの構成物に登って遊ぶ姿

イベント運営者：
屋台や各種イベントを行う

アイドル：
仮設のステージを設営しライブを行う

デモの人：
広場に集合し街に繰り出す

若者：
フットサル場の利用など

お年寄り：
砂地でゲートボール

歩行者：
栄・大須を行き交う人が横断する

2．提案・提唱意義「高架下を讃える」

高架下に劇場舞台を挿入する。街を行き交う一般歩行者が気軽に高架下空間に介入し、そこの使用人との間に視線的交錯を生む。そこで活動する本来見られることを目的としない創作発信活動が人の目に触れることで見世物となりそこに劇場的賑わいが生まれる。箱型ホールで行われる高貴な演出演目ではない、発展途上なゲリラ的創作発信活動が街を豊かにし活力を与え、財産となる。街を歩く中でこの高架下に気軽に訪れ、演者となった高架下使用人たちの活動を目にし、新たな非日常体験が生まれる劇場舞台群。アングラな高架下を使用する多様な演者たちが高架特性の再解釈と共に街に発信される、高架座賛歌。

コンテンツ：舞台、客席、歩行路、食堂（貸し厨房）、倉庫、休憩処、仮設場

3．設計「反映させる」

高架

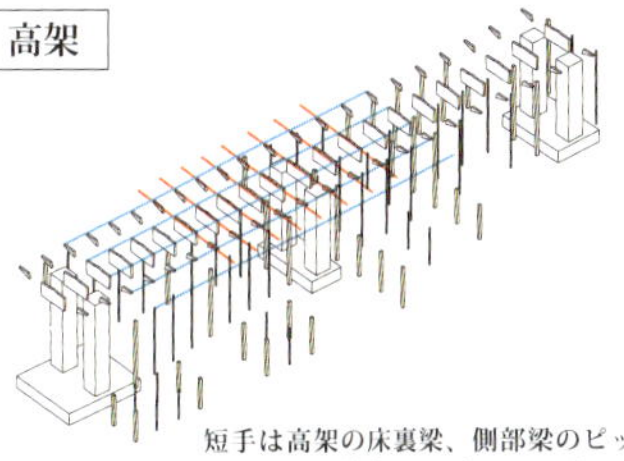

短手は高架の床裏梁、側部梁のピッチ、長手は柱脚間のピッチでグリットを敷き、その交点に柱を列柱する。

舞台

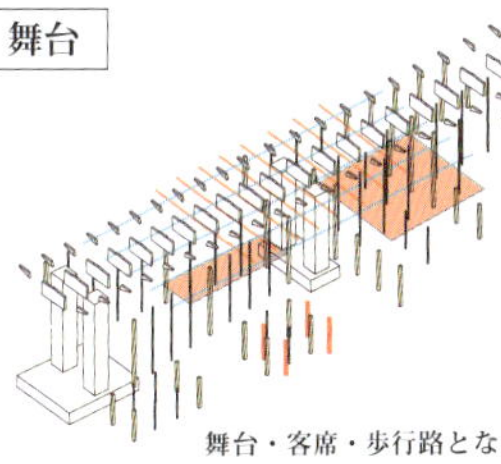

舞台・客席・歩行路となる床板を挿入する。側部まで延長したグリットには骨組みだけを施す。（高架の反映）
側部の骨組みには仮設的に床や壁が挿入されて食堂貸しキッチン・イベントなどに利用される。

広場

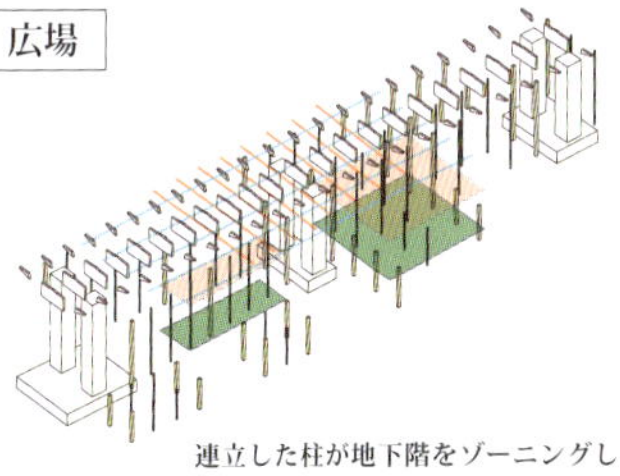

連立した柱が地下階をゾーニングし、高架構造と舞台形成の骨格のスケール感を持った広場が形成される。（舞台の反映）
地上階付近の歩行者介入を狙う舞台とそのスケールを持った地下階のアングラな広場の共存。

4．高架特性の再解釈

一、暗闇

高速の屋根の影が劇場舞台において必要な暗闇として活きる。

二、高さ

活用

地上から高速桁下まで約12mある均質な高さに変化を与える。

三、連続感

柱脚と桁の連続感を細い鉄骨部材で増幅させる。

四、抜け

樹木や小屋型の各種建物のみの設置による抜けのある側面図を守る。

五、仮設性

部分的に屋根を拡張させ、仮設的な活動を促進させる。

七、広場

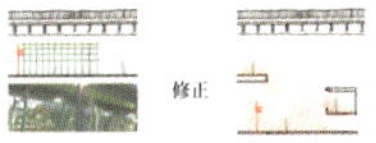

GLに広がる広場の排他的印象の柵を取り除き、地下階に広場を設ける。

六、高架構造

高速裏の強い構造の間隔・密度感のみを反映させる。

八、均質・無機質

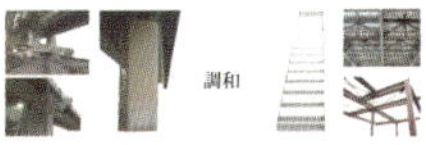

高速道路を構成する部材と舞台を構成する部材の無機質な素材感。

九、距離感

柱脚と舞台を構成する部材によって距離感を持って配置された場。

5．全体構成

東西に渡る高架下空間に計７つの舞台を設計する。若宮大通と直交する３つの大通りと既存構成物、介入する街の人の動線から舞台のゾーニングと形態を決定し、その周囲を歩行路と客席が取り巻く。大津通を中心に舞台構成と舞台と歩行路との関係により五、六、七と久屋大通りに開け、四、三、二、一と段階的に高架下に引き込む全体構成。側部は仮設的に小屋型の食堂（貸し厨房）、イベント場が設けられる。

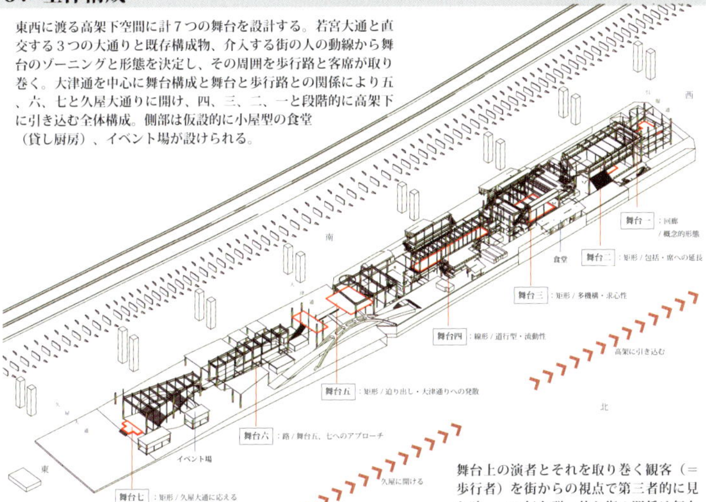

舞台上の演者とそれを取り巻く観客（＝歩行者）を街からの視点で第三者的に見た時、この舞台群一体と街の関係は舞台と席の関係に一致する。

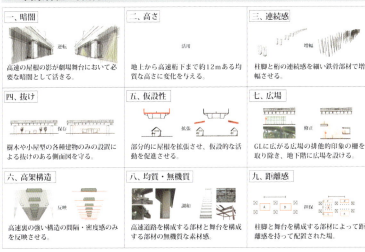

Finalist

ファイナリスト

ID 068

石井 秀明

Hideaki Ishii

愛知工業大学

Project

継承される土繋壁（フォークロア）

～地場産業と地域住民の共生方法～

伝統産業が衰退の一途をたどる中、空き家増加、小学校の教室不足、景観崩壊などの問題を抱える常滑市に約1000年の地場産業の文化を地域住民によって継承していく工場を計画する。フォークロアの繋がりによって生み出されたアクティビティはエリアリノベーション的に地域性を帯びた風景として広がっていく。みんなで作ってみんなで壊す、循環型更新建築は常滑市における正しい文化継承方法なのではないだろうか。

Review

壁を繋ぐことで新しい価値が生み出されるという、1つの壁という言葉の強みが圧倒的だなと感じた（早川）

ミュージアムの発想はよく、この動線の中を人が行き交う方が面白い。日常の動線の中で使える空間なので、一般に開かれるべき（佐々木）

01. Background
衰退の一途を辿る伝統産業とモノへの価値観の変容

伝統産業の衰退

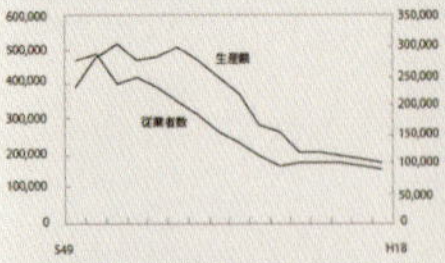

図 - 全国の伝統産業の生産額と従事者の推移

日本は古くから地域固有の文化の中から伝統産業を生み出し発展を遂げてきた。多くの伝統産業が栄えていた都市では産業の衰退と郊外化によって産地全体の活力が低下してしまっている。常に人々の生活の中心であった衰退した伝統産業のこれからを考える事は現代において大きな課題である。

伝統産業の多くは大量消費の社会の流れの中で価値が認知されにくくなり廃業に追い込まれるケースが多く見受けられる。これはコンビニエンスストア、大型ショッピングモールなどの台頭によって、いつでも一定の品質の物を手にする事ができる環境の中で、日本人の一つ一つのモノを大切にする心が失われてきたからであると考える。

02. Concept
地域住民を無視したまちづくりとこれからのまちづくり

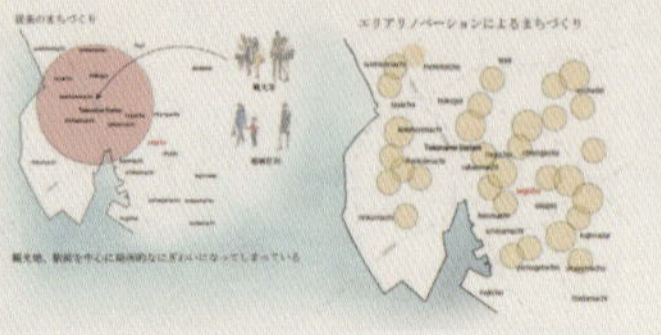

郊外における市の政策として進められているまちづくりでは地域性や土地のコンテクストを考慮せずに行われている場合が多く、そこへ住む住民よりも外部からくる観光客のメリットを優先していると考えられる。外部へ向けた短期的な街づくりのプランでは、賑わう一方で衰退が進む地区も存在する。

そこで長期的にまちへ波及するエリアリノベーションによるまちづくりを民間主体で行う事で、地域の祭りやイベントと結びつけながら小さなコミュニティを発生させる。エリアごとに成功したコミュニティは他の地区へも影響を及ぼし、より地域全体のコミュニティを発展させる。

03-a. Site
自ら文化を捨てつつある地域

愛知県　常滑市　瀬木町

かつての常滑の姿

現在の常滑の姿

かつては産業の中心であった窯業の文化を持つ地区である常滑市瀬木町。古くから多くの工場が密集する地区であり、現在は稼働をやめた工場が空きテナントとなった工場では作家に場所をレンタルする形で活用が見られるが、常滑焼の技術は年々失われつつあり、このままでは産業としての復興は見込めない。

市の政策として常滑駅周辺を観光地化しようとしているがそれらは表面的な文化にしか触れる事ができない。空き家が増加し、それにより、常滑東小学校では小学校の教室が不足したり、新旧住民のコミュニケーションがうまく計れていない事などの問題が生じてきている。

03-b. Industry
常滑焼産業の歴史

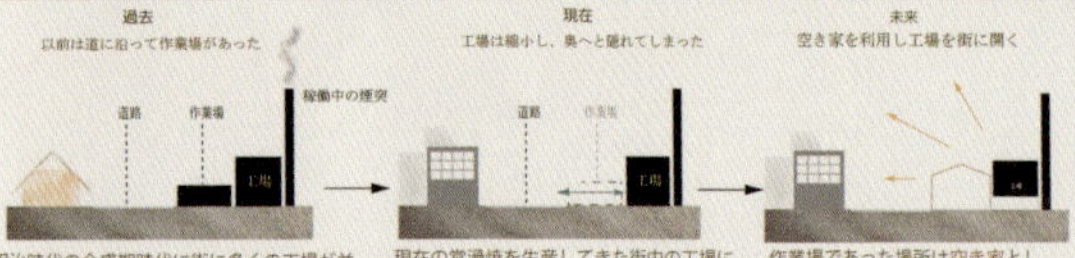

明治時代の全盛期時代に街に多くの工場が並んでいた時工場と道路の間にはオリヤと呼ばれる作業空間が存在した。複数の家庭が共同で利用していたオリヤはコミュニティを形成する役割を果たしていたと考えられる。

現在の常滑焼を生産してきた街中の工場に目を向けるとオリヤは姿を消し、工場のほとんどが人目に触れづらい奥まったところで営んでいる。そのため、観光客を始め、地元民までも常滑焼の文化に触れる機会は少ない事が分かった。

作業場であった場所は空き家として残り、中には常滑の住宅特有の空間が保存されていた。これらをもっと街に開き、工場と人との距離を近づけることはできないかと考えた。

04. Proposal1
持続更新型土壁建築

土壁内部構造…竹の中へコンクリートを流し込んだ構造体

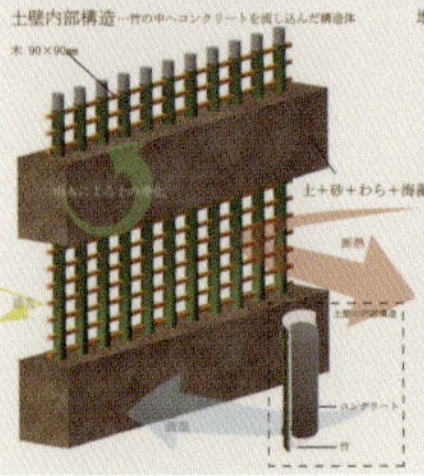

地域住民で更新していく土木建築

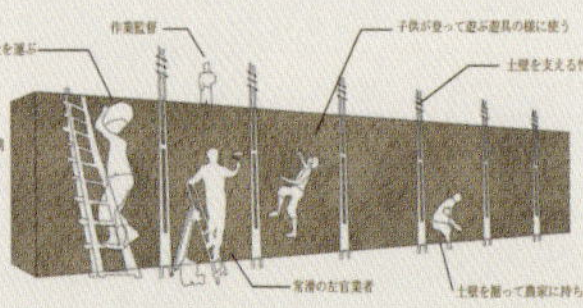

この地域の人たちが土に触れ寄り添いながら増築、改築、減築しながら作っていく建築を提案する。構造体として土壁を立てる際に内部にコンクリートを流し込んだ竹を鉛直方向に立てる。水平方向には土が崩れない様、空き家の解体材を用いた小舞を作る。地域住民によって更新される土壁の建築は流動的に形を替え、町中に土壁が張り巡らされていく風景が広がる。

05. Architecture Operation
建築操作

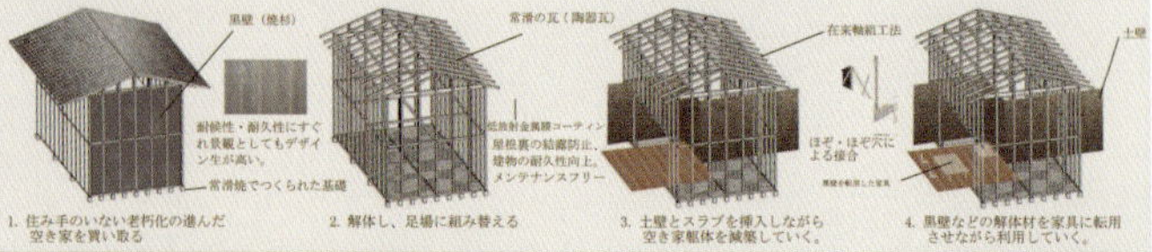

1. 住み手のいない老朽化の進んだ空き家を買い取る
2. 解体し、足場に組み替える
3. 土壁とスラブを挿入しながら空き家躯体を減築していく。
4. 黒壁などの解体材を家具に転用させながら利用していく。

1. つちかべキッチン

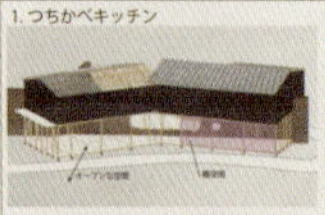

まちのキッチンを果たすこの場所では「形成」工程の空間にあったダクトが換気扇の機能を果たし、高く積まれた下板は棚として機能し住民たちの食器を保管する。水道も通っているため厨房に適している。

2. 見守りこども園

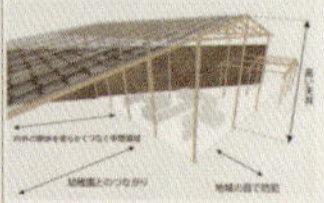

瀬木幼稚園から一番近い位置に託児所を配置する。「練り」工程の空間にあった天井の高さと低い壁でゆるやかに空間を仕切っている空間特性で学年によってエリア分けをする。

3. 知の洞穴

小学生中学生を中心に勉強のための空間になる。土の防音効果と「仕上げ」工程の空間特性である長い作業台が連続している空間は学習空間に適している。

4. 土作りの間

近隣住民のための日用品を生産する工房は土壁の中に作る。窯も土で作る事ができるためフレキシブルに数を増やしていく。余熱は地下路を通って温泉まで供給される。

5. お祭り広場

土壁の上はだんだん拡張されていく広場で、山車祭りの時には最も賑わいを見せる。先端は山車が巡るゴールであり、お立ち台になっていて祭参加者はこれを眺める。

6. 光の回廊ミュージアム

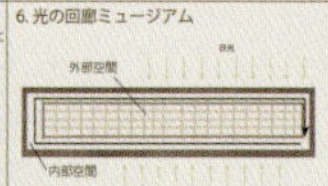

内部と外部を反転した空間と回遊式で常滑の歴史を知る事ができる。季節によってアーティストの作品を入れ替えて発信の場にもなる。「乾燥」工程の空間特性の水平連続まどで中庭から反射する光を柔らかに取り込む。

7. 職人ハウス

職人たちが住む住居であり、短期でも長期でも滞在が可能である。温泉と直結しているため仕事の汗を流しに行く事ができる。最もプライバシーを守らなくてはいけないため壁に覆われた視線の抜けない空間である。

8. 硫酸瓶の湯

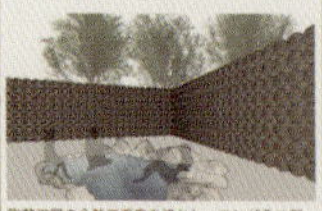

陶芸工房の余熱で温泉を沸かし、コンドミニアムを始め街のくつろぎの空間になる。周りからの視線遮るために土管壁を配置し、土壁と土管壁に囲われた地域性の強い空間になる。

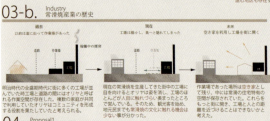

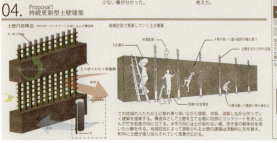

継承される土繋壁《フォークロア》
～地場産業と地域住民の共生方法～

現在の伝統産業における記憶の表面的な残され方に警鐘を鳴らしたい。常滑市では「時代に取り残された工房」が点在している。
そしてその点としてある伝統産業の生々しい現場は住宅街の中で息を潜め、消失へ向かう一方である。
そこでモノの価値を再認識するための陶器の工場を街中へ点在させ、地域の憩いの場へと変える。
一つ一つの作業工程でおこるプロジェクト、アクティビティは周辺に影響を及ぼし、日常に隠れていたモノを顕微化させる。
まちの中の繋がりを誘発させ、街全体で伝統産業を守り続けていく。これこそが常滑市における伝統産業の正しい残し方なのではないだろうか。

足場は竹で組んでいき、足場も壁の中に取り込んでいく。

土壁はハレの日には山車を際立たせるキャンバスのように並ぶ

美術館内は適度な緊張感のある廊下幅と採光と風を取り込む水平連続まどがある

竹の足場は土壁の内部まで組み込まれていて、足場が構造体にもなっていく

外部の展示スペースでは観光客も立ち寄る事ができ、プロの作品を買う事ができる

土の工房内は職人地域住民が介在する場である

配置図兼平面図

土壁により良質になった土で栽培された野菜は料理され振舞われる

Personal Award

前田賞

ID 004

北川 遼馬

Ryoma Kitagawa

大同大学

Project

0 レ trick

—1000年の智—

劣化や退化などが建築では必ず訪れる。団地も同じでやはり時に置き去りにされてゆく。あらかじめ増減築を組み込む事で次への建築的許容値が広がる。種子保存施設、既存躯体の増築減築を使ったプログラム、1000年の森のサイクル、3つを組み合わせ人工と自然のフィールドを作り1000年をかけ土地を本来の姿へとする。自然を許容し破壊を取り入れながらも未来へのメッセージを建築というツールを通して伝える。

Review

やりたいことを感じ取れて魅力的だった。1000年という時間軸で現在ある研究施設が徐々に変化し、廃墟化する中で彼がつくった建築からまた新しい生命が宿る、そういう部分に面白さを感じた（前田）

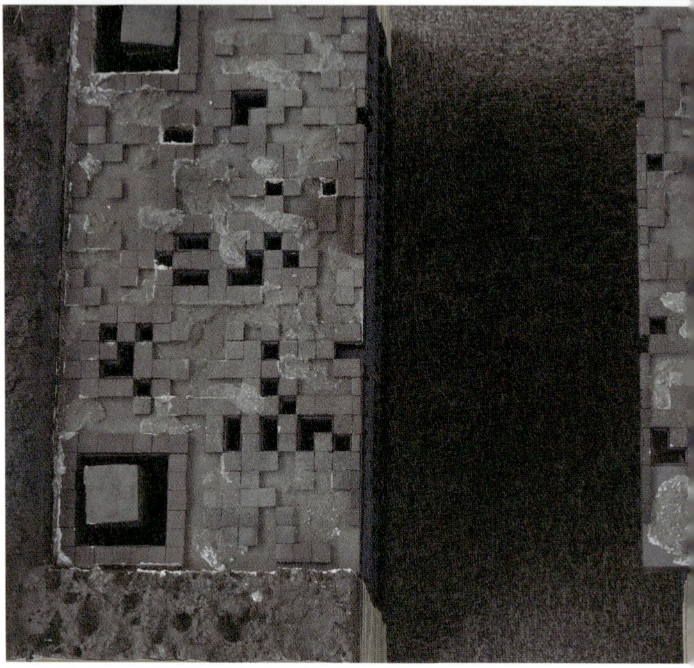

0 レ trick　ー 1000 年の智ー

A14212　北川遼馬　Ryoma KITAGAWA

CONCEPT

劣化や退化などが建築では必ず訪れる。
団地も同じでやはり時に置き去りにされてゆく
あらかじめ減築を組み込む事で次への建築的許容値が
広がる。自然を許容し破壊を取り入れながらも
未来へのメッセージを建築を通して伝える。

背景

すべての人間の生命　すべての生命は植物に依存している
食品、薬、燃料、建設工事、衣類、などの目に見えるものはすべて植物に由来する
もし植物がなかったとしたら私たちもここにはいなかっただろう
今、気候変動によって植物は危機にある
さらに、私たちのような者は植物やその生息環境を破壊するようなことをしたがる
人間の生活がすべて植物に依存しているとしたら我々がその植物を救うために努力し
種子を守り後世に種の多様性を残すことが道理であると考える

提案

種子保存施設、既存躯体の増築減築を使ったプログラム、1000 年の森のサイクル
3 つを組み合わせ人工と自然のフィールドを作り 1000 年をもって土壌種子保存と
種子保存施設の 2 つを持って土地を本然の姿へとする。
更にこの場から都心へ作物などを展開し都市の食や生活を支える事ができるのを望む。
また震災や自然災害にも活動し、研究施設として機能しなくなった際には
気配を残し廃墟と化しながらも時間を内包した文化遺産として土へ還る。

diagram

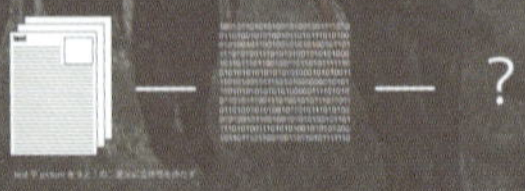
― ― ?

site

01　温室　低木専用
02　高木＆中木育成
03　種子乾燥＆木材乾燥
04　キノコ＆苔（ブラックボックス）
05　貯水＆ビオトープ
06　土置き場＆備蓄倉庫
07　地中生物生存環境
08　保管庫
09　土壌研究
10　循環施設
11　管理型農場
12　再生可能エネルギー
13　第一ビオトープ
14　第二ビオトープ
15　水質管理施設
16　温室：苔
17　温室：花＆低層果実
18　温室：果樹園
19　開放型：果樹園
20　グリーンウォール
21　昆虫飼育施設
22　鳥類人口巣箱
23　養蜂施設
24　寒室
25　既存躯体破壊

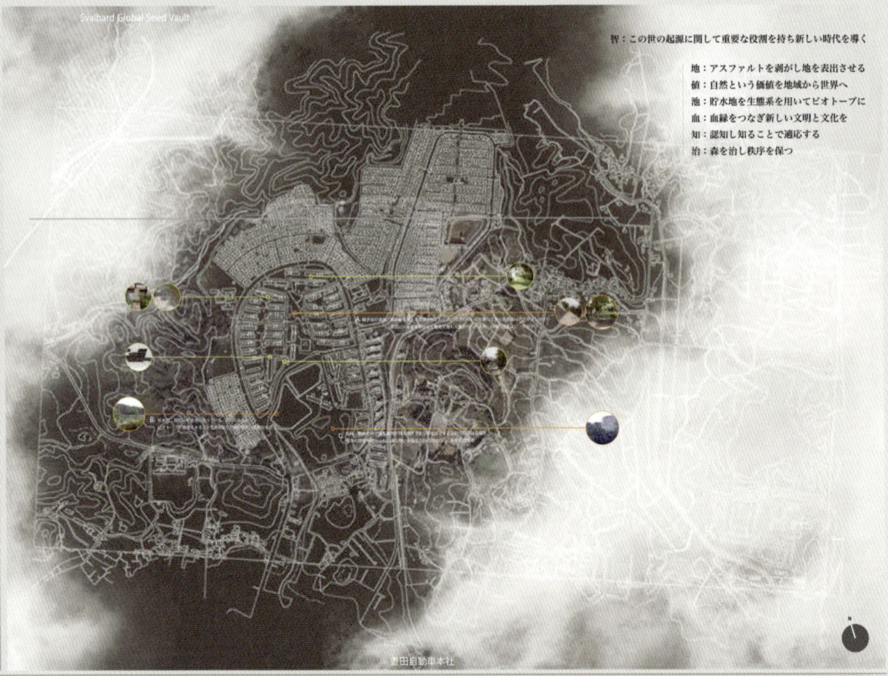
Svalbard Global Seed Vault
豊田自動車本社

智：この世の起源に関して重要な役割を持ち新しい時代を導く

地：アスファルトを剥がし地を表出させる
値：自然という価値を地域から世界へ
池：貯水地を生態系を用いてビオトープに
血：血縁をつなぎ新しい文明と文化を
知：認知し知ることで適応する
治：森を治し秩序を保つ

主な施設　Seedbank center
Research facility
Greenhouse
Coldhouse

促成栽培	ビニールハウス
原木栽培	トロンブ壁
早期栽培	フェンロー型温室
不耕起栽培	(ダッチライト型
有機農法	温室)
無農薬栽培	スリークォータ型
養液栽培	温室
有機養液栽培	促成栽培
抑制栽培	温室効果
菌床栽培	
マルチ栽培	

1963
1977
1980
1982
1987
2004
2005
2007
2010
2012
2013
2014
2016
2017

周辺環境

盆地で豊かな自然に囲まれている。
団地がなだらかに傾斜し団地の中では心地良い風が吹く場所など環境の変化により多様な空間が存在する。
外周を車道が囲い緩く内外を分けている、団地の中を通るものは団地より低く団地のスケールをより感じる。
南側には大きな貯水池があり、その奥には
団地が建設される以前から残る森が存在している。

「種子法（主要農作物種子法）」廃止

種子というのは自然のなかにあったもので、人間との関わりでいえば、どんな新しい品種もその基になる種子は数万年の歴史の中で先人たちが積み重ねてきた改良の賜だ。
本来は公のものである、さらに言うと、"誰のものでもない"
種子を、特定の誰かが所有していいものなのか。
しかも、人が生きていくのに必要な食べ物の種子が一部の企業に独占されるのを許してしまう。
人間は、食料のすべてを直接あるいは間接的に植物に依存している。
つまり、種子によって生かされている。
「種子が消えれば食べ物も消える。そして君も」by ベント・スコウマン

敷地：掘る際に出る土の利用方法

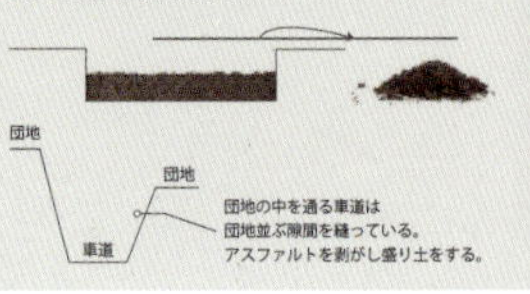
団地
団地
車道
団地の中を通る車道は
団地並ぶ隙間を縫っている。
アスファルトを剥がし盛り土をする。

□森林エリア
□水域エリア
□農業エリア

site

構成材質

地球上でもっとも多く存在する岩石の代表で、御影石と呼ばれている。地下深部のマグマが地殻内で冷却固結した結晶質の石材。
強い硬度と美しさ、他の石材にはない耐久性を持っていることから建物の外部などを中心に多く用いられている。白・ピンク・赤の色合いがあり「白みかげ石」と呼称されるものは花崗岩や花崗閃緑岩であり、「黒みかげ」と呼ばれるものは閃緑岩などを指している。

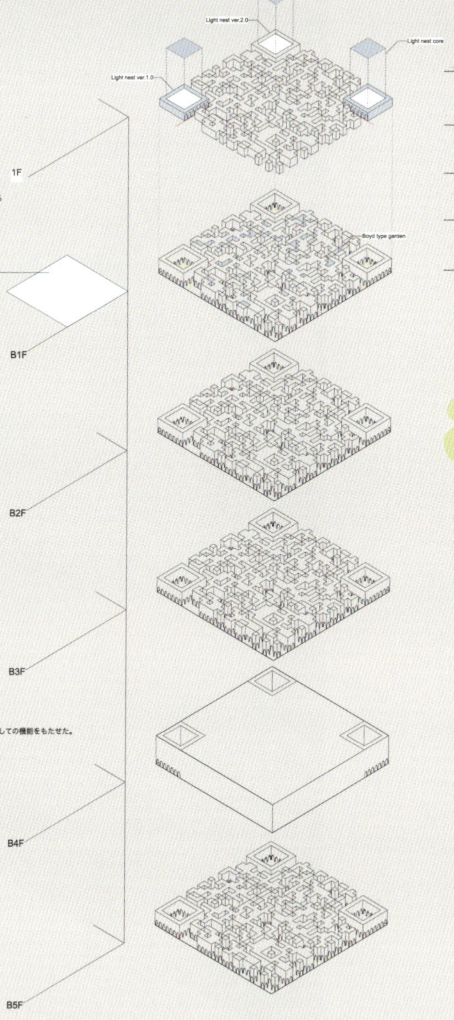

Light nest(光の巣)

地上から地下5階までの縦穴40メートル
形態1は階段の機能を有しているもので形態2は階段機能を有しない

形態1：L字型の階段とL字型の踊り場で構成されている
規則性のあるアーチが光と影を縁取り移動中に同一の場所が
開口から包囲の空間に変異をし能動性を引き出す
形態2：階段を有しないことで動線は回遊と無限性を高め横の動線が強調される
幻想的な光の列柱が空に向かって立ち上がるようにも見える

Boyd type gardenC&R

(Concentration x Relaxation)
精神集中と息抜き
研究者が研究や実験にかかる時のストレスを
軽減するため庭と周りを1つの休憩スペースとして活用する。

研究所の向かいに内庭が豊富なエリアを植物

実験室エリア X 研究室エリア

- LO一体型
- LO分離型
- LO隔離型

- バイオクリーンルーム
- バイオハザード対策室 level1~4

生物研究
植物研究

B1Fよりも光量が少なくなることで暗室や
バイオルームなど密閉性の高いフロアになる。

地熱を利用して周辺の施設（温室など）の温度管理
2m程度で外気を温度変化させる。

地下は温度変化が少なく温度が一定
ボイド空間によりフロアごとの温度も一定になる。

核攻撃、異常気象の対策として10m程度をコンクリートと石像でシェルターとしての機能をもたせた。

B5F　種子の保管庫として機能しており
-10～20で冷凍保存
light nestからの光を遮断する扉を設置

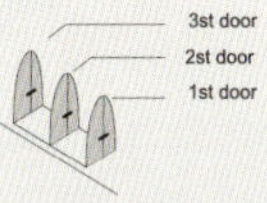

増築減築プログラム SEED BANK

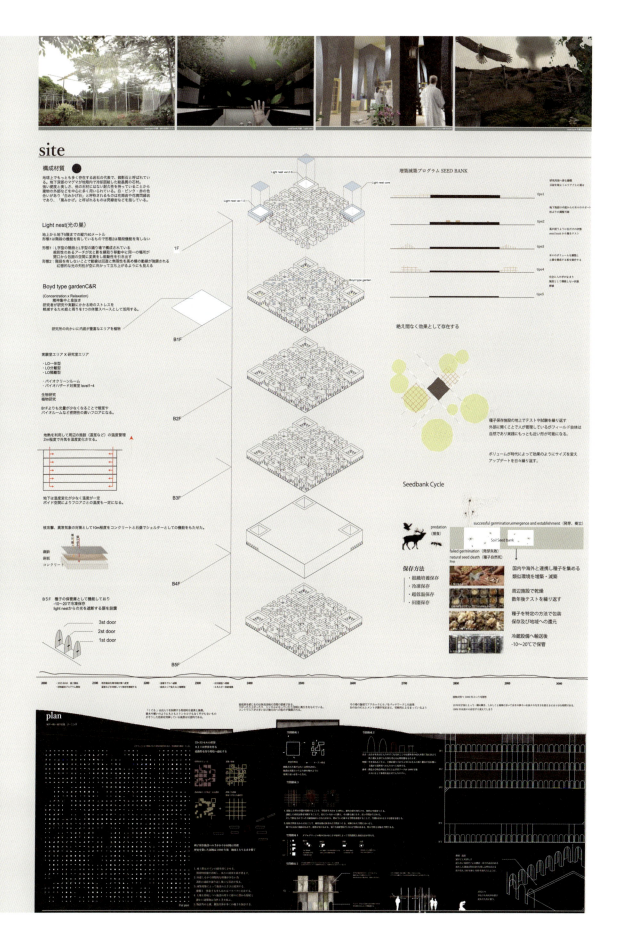

研究用畑へ移る過程
日射を程よくエリアごとに遮る

地下施設の中庭からの木々のサポート
枝ぶりの調整可能

鳥が憩うように柱だけの状態
seed bankから種をテスト

木々のボリュームを調整し
土壌を構成する根を操作する

完全に人の手が止まり
施設として機能しない状態
廃墟

絶え間なく効果として存在する

種子保存施設の地上でテストや試験を繰り返す
外部に開くことで人が管理しているがフィールド自体は
自然であり実践にもっとも近い形が可能になる。

ボリュームが時代によって効果のようにサイズを変え
アップデートを日々繰り返す。

Seedbank Cycle

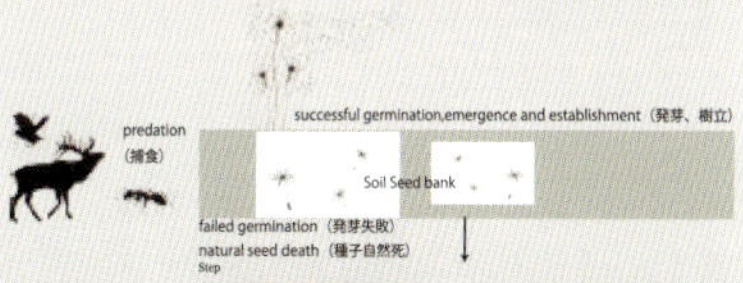

保存方法

- 組織培養保存
- 冷凍保存
- 超低温保存
- 田園保存

国内や海外と連携し種子を集める
類似環境を増築・減築

周辺施設で乾燥
数年後テストを繰り返す

種子を特定の方法で包装
保存及び地域への還元

冷蔵設備へ輸送後
-10～20℃で保管

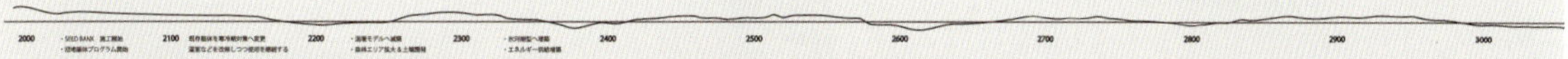

植物が持つ1000年という可能性

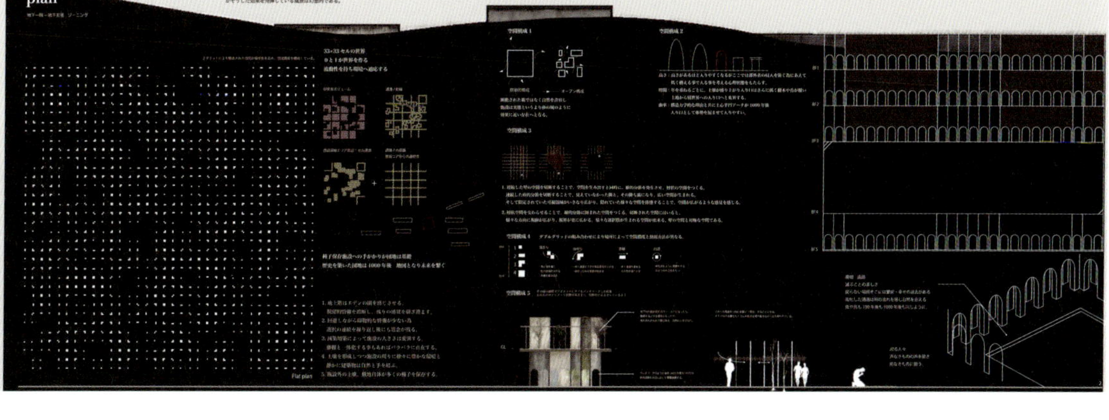

Personal Award

早川賞

ID 017

山下 陽輝

Haruki Yamashita

大同大学

Project

FREE ADDRESS CITY
単身者空間分散型居住モデル

戦後から変化していない居住形態、単身者が増加していく社会。都市の目的空間は単身者にとって生活リズムの一部となり、様々な場所に拠点を持つようになってきた。超単身者時代が訪れ、様々なライフスタイルが増えていく現在において、51Cを基盤にしたnLDKは合わなくなってきていると考え、固定座席を設けない座席配置のフリーアドレスの考えを住まいに置き換え、フリーアドレスで住むことを前提としたモデルを提案する。

Review

フラフラする、まっすぐ行く、居住型という3つのタイプの動線を設定した点は面白い（早川）

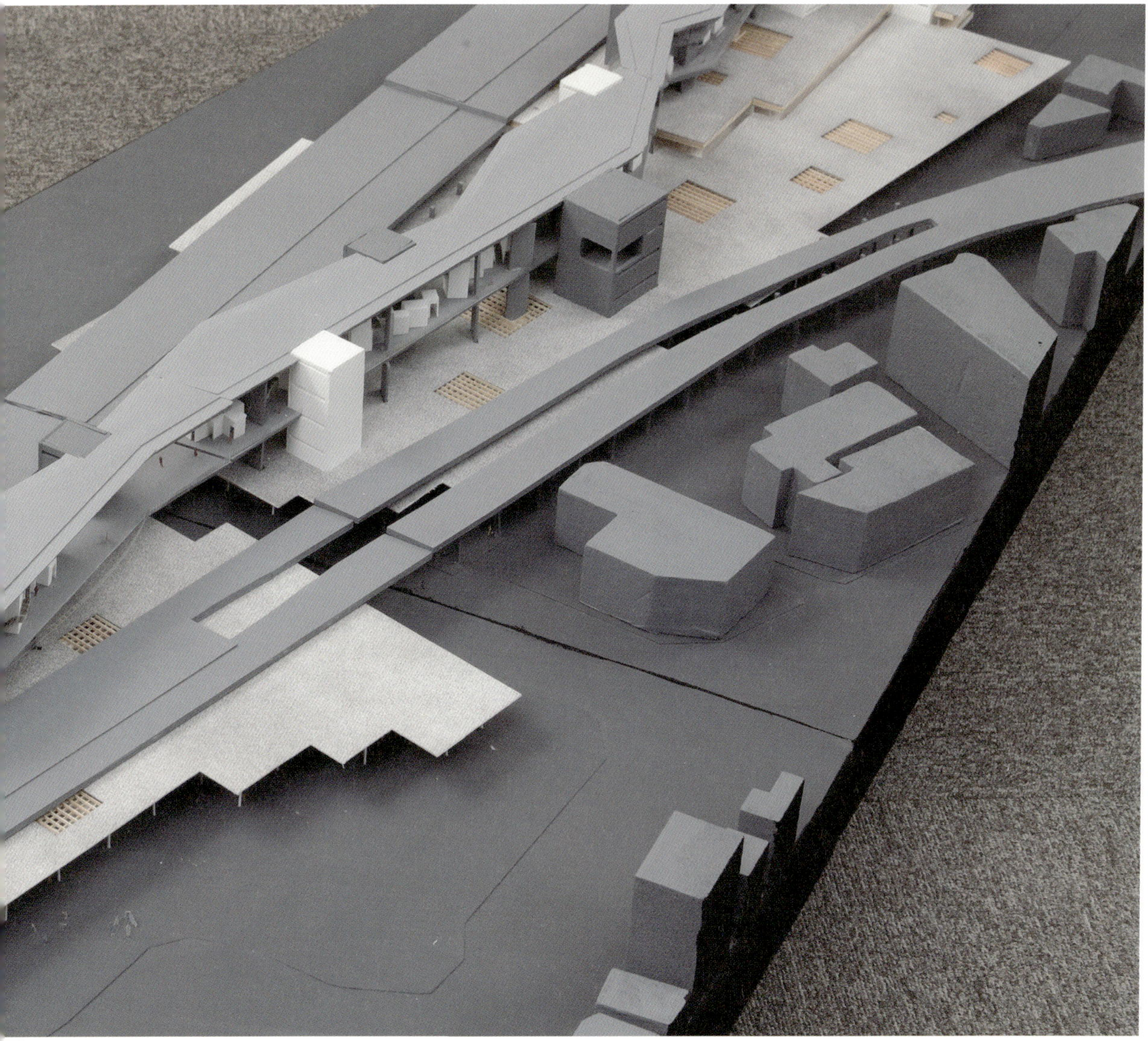

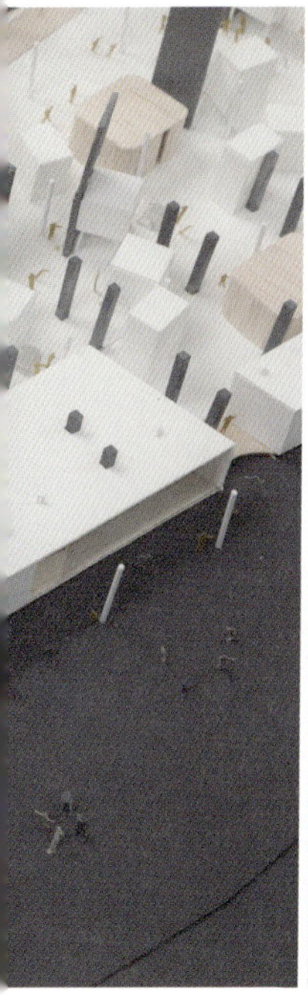

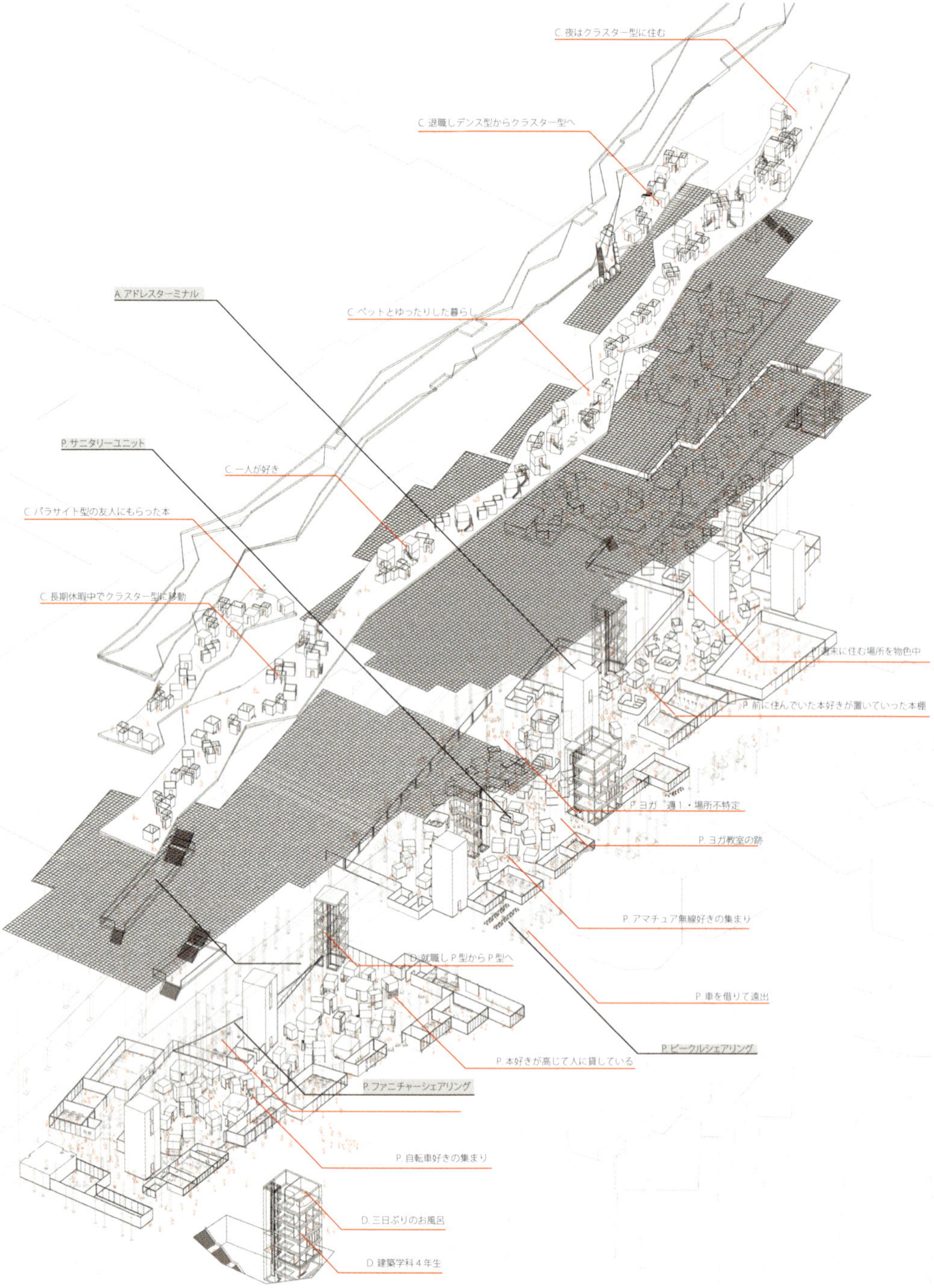

FREE ADDRESS CITY

単身者空間分散型居住モデル

戦後からの居住形態

戦後の日本の住まいは、ほとんど変化していない。戦後に誕生した標準化された間取りの「51C」、それを基盤に、現在に至るまで浸透しきった「nLDK」と言った間取りがほとんどである。

単身者の増加

これからの社会で、単身者は増加傾向にある。戦後、家族が多かった時代とは住宅そのものが変化しているべきだと考える。都市の目的空間は単身者にとって生活リズムの一部となり単身者の生活は、必ずしも住宅の中だけで完結せず様々な場所に拠点を持つようになってきている。

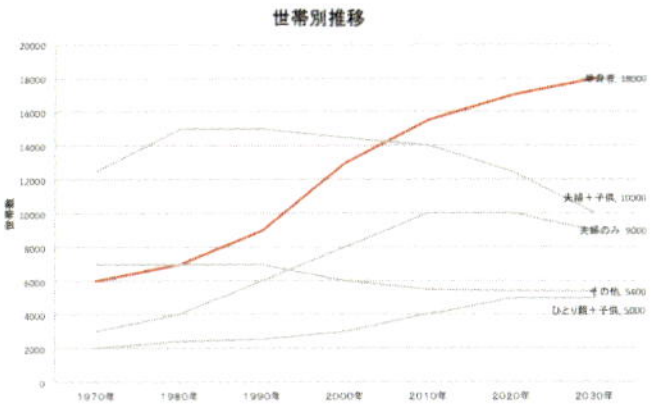

住居機能の分解

従来の住宅

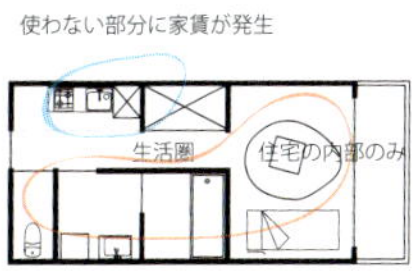

居住機能の分解

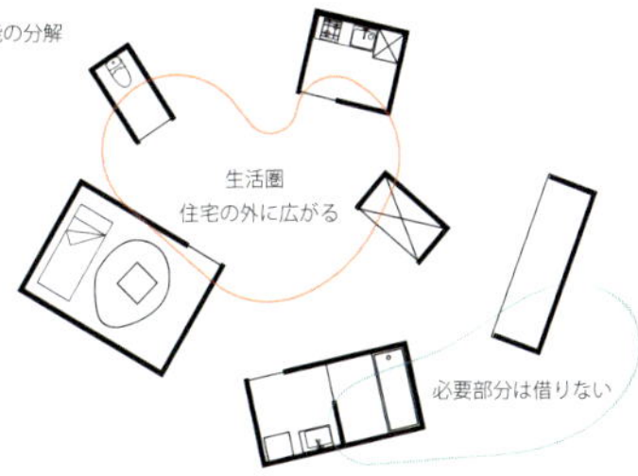

住居を所有せず携帯していく

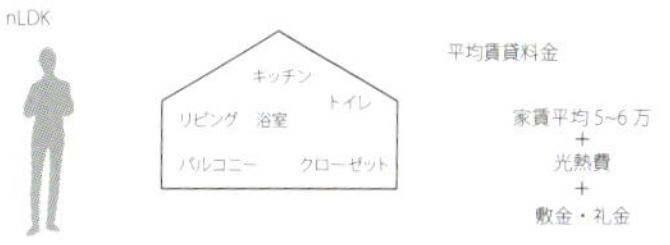

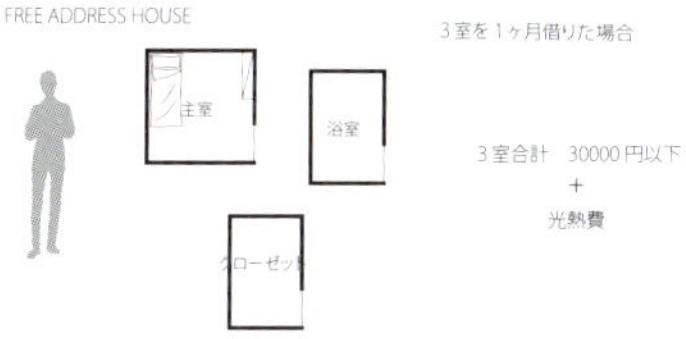

分解された空間を携帯していくかのように、1つ1つの住居機能を賃貸していく。1室を時間〜年単位で借りられ、もし1ヶ月借りると家賃は平均1〜2万程度となる。1室の家賃を減らし借りるスパンを短く設定できるため、常に居場所が交換される。

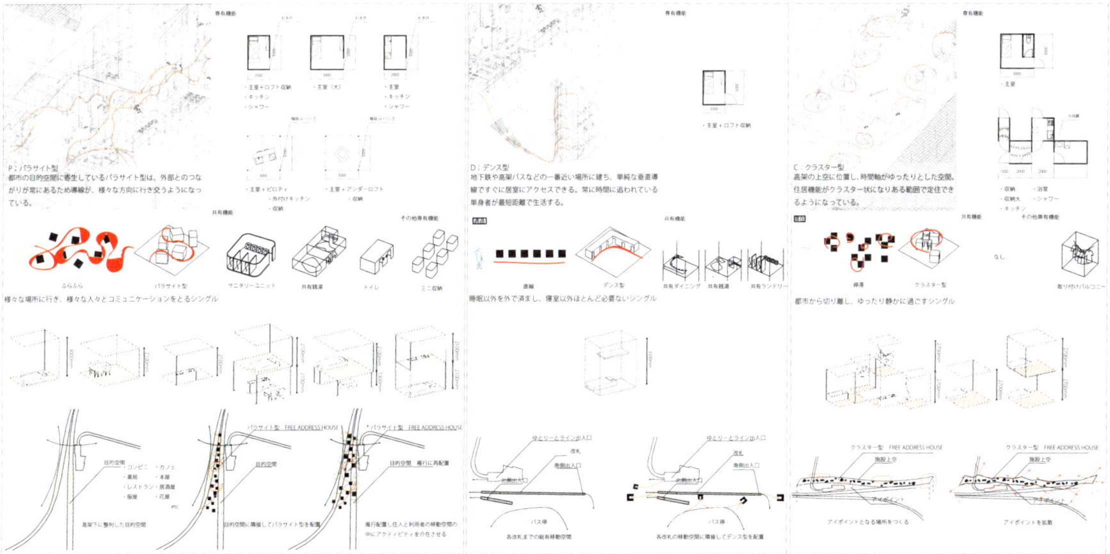

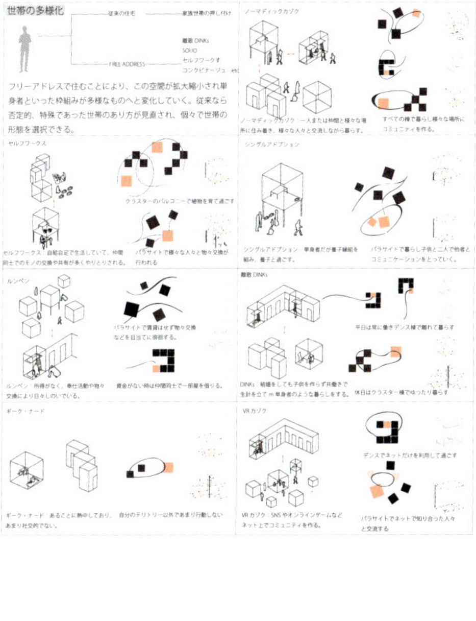

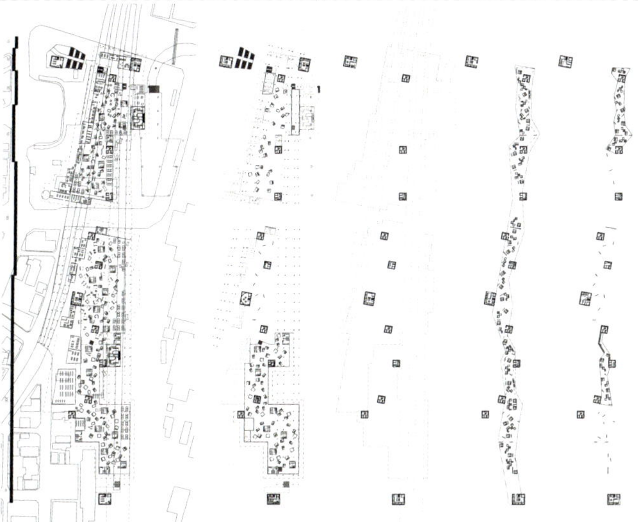

Personal Award

佐々木賞

ID 009

山本 帆南

Honami Yamamoto

名城大学

Project

町に咲く産業の塔

岐阜県可児郡御嵩町、この町の地下には空洞が眠っている。亜炭産業の遺産として残された空洞は陥没などの被害を与えている。この町の地下に醸造所を提案する。建築を挿入することで補強材となり、町に賑わいをもたらす。各機能に合わせた塔を地上に建てることにより、花が咲くように産業の広がりを感じることができる。

Review

既存の歴史的な構築物の迫力があることはわかるが、実際に地上部分にある建築のデザインと、地下の醸造所の関係性について、もう少しフォローされるとよい（工藤）

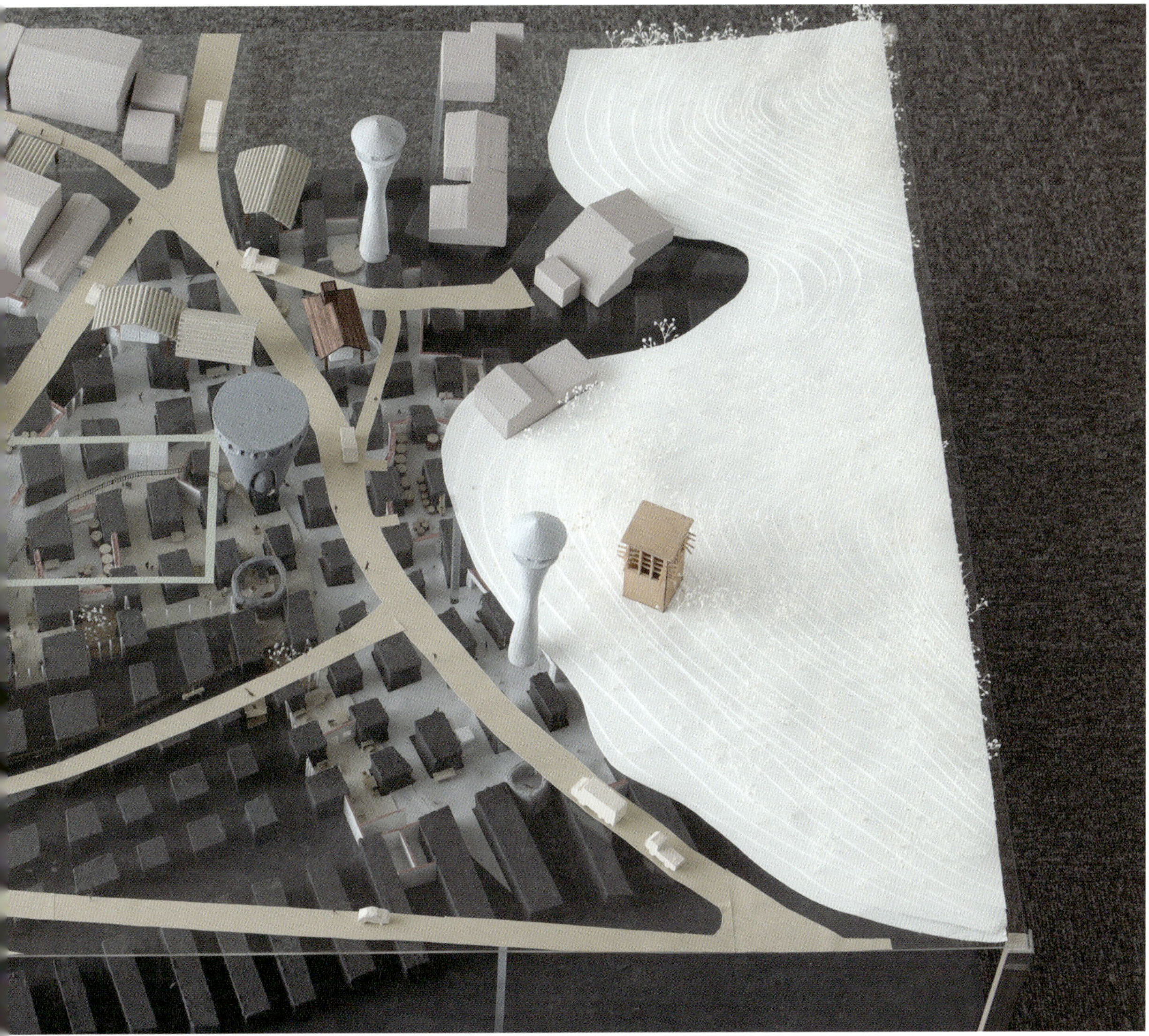

町に咲く産業の塔

～亜炭鉱跡における醸造所の提案～

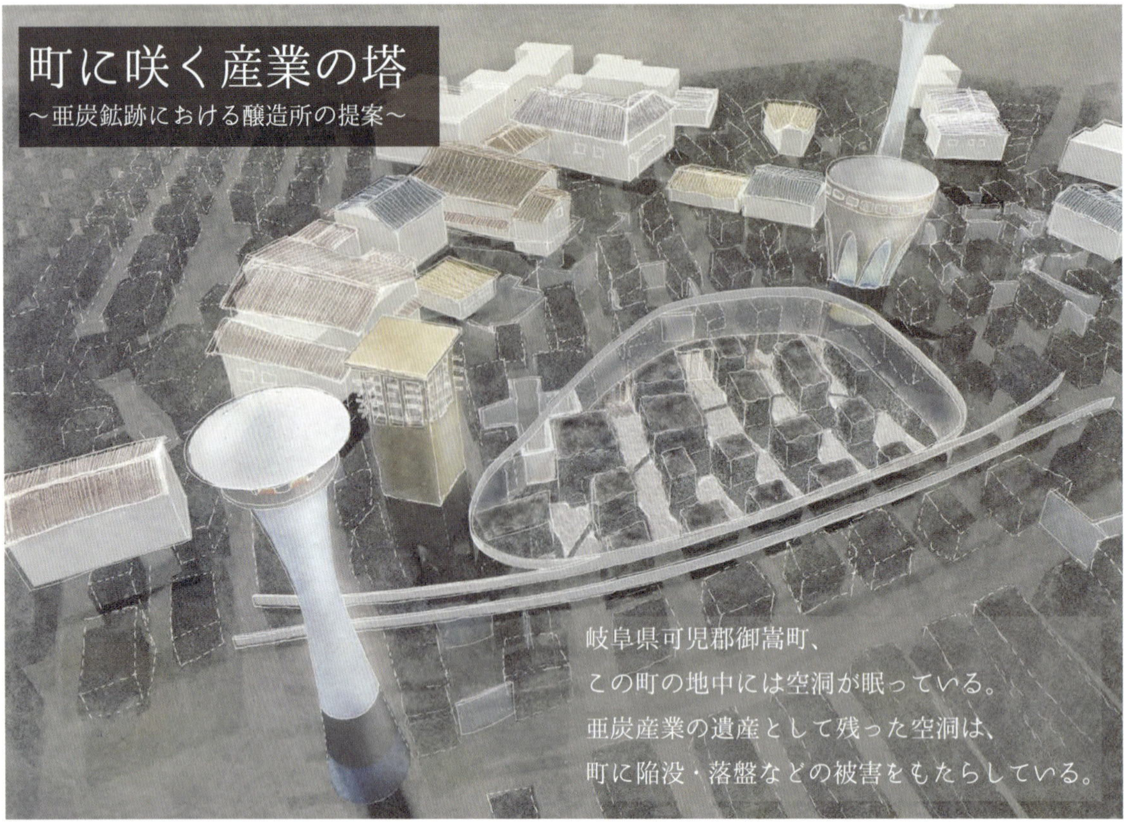
岐阜県可児郡御嵩町、
この町の地中には空洞が眠っている。
亜炭産業の遺産として残った空洞は、
町に陥没・落盤などの被害をもたらしている。

1. 背景

岐阜県可児郡御嵩町、この町では昭和 40 年ごろまで亜炭（石炭に準ずる燃料）採掘が行われていた。
この地域では、亜炭層のある部分を柱状に残す「残柱方式」を用いて採掘されたため、町全体の地下にはグリッド状の空洞が面状に広がる。残柱の老朽化や風化による影響で、年に数件、陥没・落盤の被害が起こっている。

<空洞深度分布図>

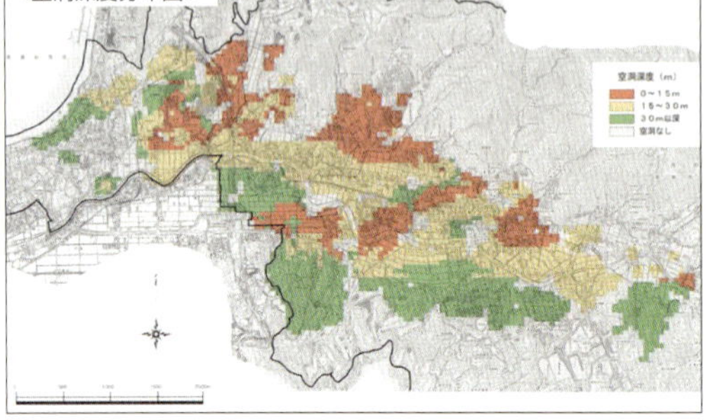
空洞深度（m）
0～15m
15～30m
30m以深
空洞なし

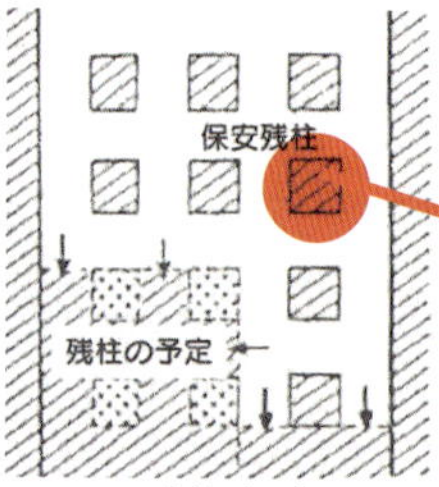
保安残柱
残柱の予定

残柱方式

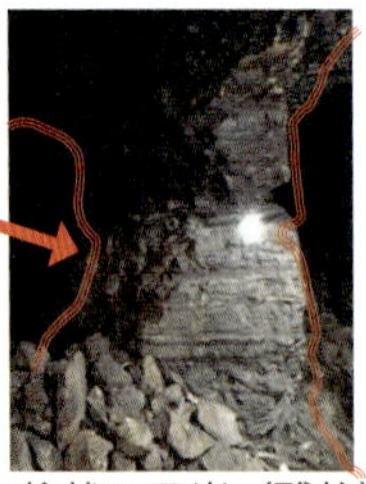

柱状の亜炭（残柱）

2. 提案

そこで、町の産業となる「酒・味噌・甘酒」の醸造所を提案する。
建築を挿入することで補強材となり、湿度が必要な麹を作製することで、坑内の乾燥による崩壊を防ぐ。
また、亜炭産業の歴史を伝え、特産品を作ることで、町を盛り上げる。

現状

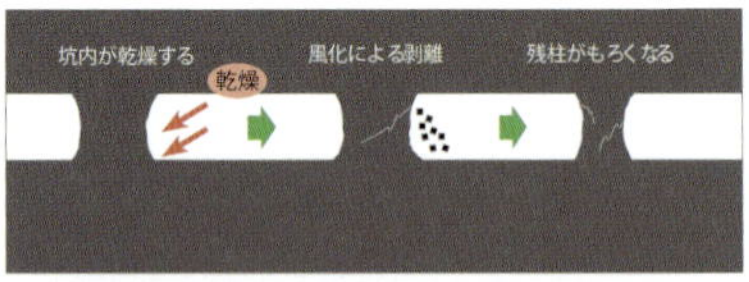
坑内が乾燥する
乾燥
風化による剥離
残柱がもろくなる

提案

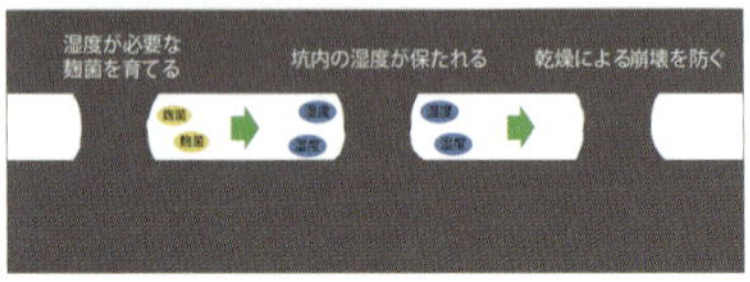
湿度が必要な
麹菌を育てる
坑内の湿度が保たれる
乾燥による崩壊を防ぐ

3. 手法

3-1. 塔を建てる

地下で行っている作業工程を地上でもわかるように、
各機能に合わせた 4 種類の塔を建てる。

塔が増えていく　→　産業の広がりを可視化
　　　　　　　　　　ランドマーク的な存在になる

3-2. 地下の空洞に醸造所を挿入する

過去に陥没や落盤などの事故が起こったのは、
主に田畑や道など建物がない所
→住宅以外の地下に補強をし、醸造所を挿入する。

diagram

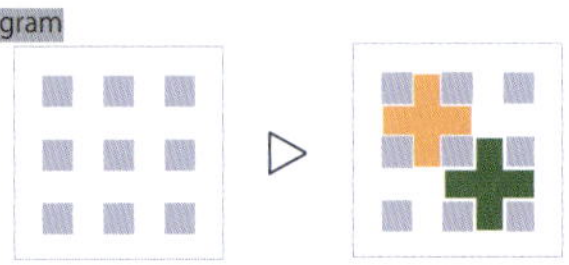

面状に広がる地下空間　　醸造所を挿入

<火の塔>

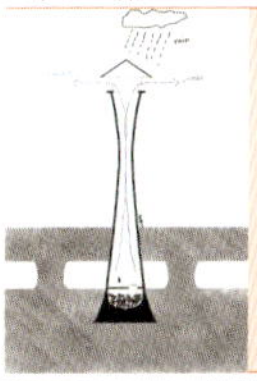

亜炭は可燃のため、
火を使うことが出来ない。

→火を使う工程を行う。

排煙のため、細長い形状にし、
上部に窓を設ける。

<風の塔>

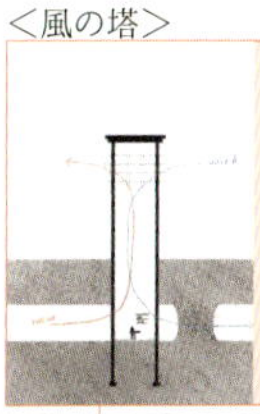

米・大豆を冷ます工程を行う。

外気と触れる面積を
大きくした形状

→内部に空気の流れを作り、
冷ましやすくする。

<食の塔>

醸造所で作製された、
酒・味噌・甘酒を調理・食事する塔。

採光用の大きな窓・上部に排煙窓を設ける。

<運搬の塔>

地上と坑内で、
原料や完成した製品を
入荷・出荷するための塔。

かつて亜炭の巻揚げに使用していた櫓を模した形状により、
歴史を伝える

Personal Award

大室賞

ID 045

横山 理紗

Risa Yokoyama

椙山女学園大学

Project

卆寿の家 住み繋ぐということ

生まれ育った家のルーツを知り、家族の一員として誇りと愛着を持って住んでいくにはどうしたらいいのか。今年で卆寿(90歳)になる実家の改修を例に、過去から未来へ歴史や思いを繋いでいく方法を考えた。改修の方法として家族を対象に9つの調査を行い、その結果を調査分析することにより、「残す部分・無くす部分・機能変更する部分・新規挿入する部分」をより家族の希望や思い出、それまでの歴史に沿う形で整理した。

Review

拾い上げた情報がプランやボリュームに反映されているのはわかるが、例えばディテールや素材感にまで反映できればよかった。9つの調査で、自分が考えた今の時代にとっての空間の使い方に対しての提案があってもいいのかなと感じた(前田)

卆寿の家　住み繋ぐということ

01　背景

―結婚し子供が生まれて実家に出戻り、
　家族と一緒に住む家を建てる
―両親が亡くなり、実家を改修して
　新しい家族と住む
そんな時「これから未来に住む人の生活」
ばかりに目がいってしまう。
しかし実は、その家族にとっての本当の
使いやすさや家族団らんができる方法を
知っているのは設計者ではなく、それまで
その土地で暮らしてきた家族だけなのではないか
家族が愛着を持っていた扉が、自分の行動の癖が、
新たな間取りを決めることにおいて
大事な材料と成り得るのではないか。
家族と同じ土地に住み、歴史を、
思いを繋いでいくとはどういうことか。

02　提案

岐阜県の郊外に位置する私の実家は244年前から同じ土地で住み繋いでおり、現存する一番古い建物は今年で90年（卆寿）になる。
過去を見ずに建て替えてしまったら、
そこに住む家族しか持たない思い出や出来事は
どこへ行ってしまうのか
家族の持つ記憶や住んできた事実をまとめ、
建築的に住み繋いでいくための方法を、
実家の改修を例に考える。

03　対象敷地

岐阜県羽島郡岐南町
岐阜県南部、愛知県に程近い住宅地

04　調査内容

04-1. 現在この家に住む祖父、祖母、母、父、兄　の５人を対象に次の９つの調査をおこなう

過去の写真 約3500枚 (60年分)	現在の写真 1人10枚×5人	認知地図 1人10枚×5人
インタビュー 5人×2h	生活行動記録 5人×1週間	日常会話記録 5人×5回
過去の図面 過去改修時	実測調査 敷地内建物全て実測	動画 5人×2h

04-2.
以上の調査の結果をまとめた情報を、9つの調査法ごとに「現在の状態のまま残す、形態を変更して活用する、新規挿入する、減築する」の4つのカテゴリーに沿って分類した。

04-3. 9種類の調査方法から出てきた結果を同一のフォーマットにプロットし、レイヤーを積層させていく

04-4.
9パターンのレイヤーを重ね、住み繋ぐことを軸とした設計条件を洗い出した。

05　既存図面

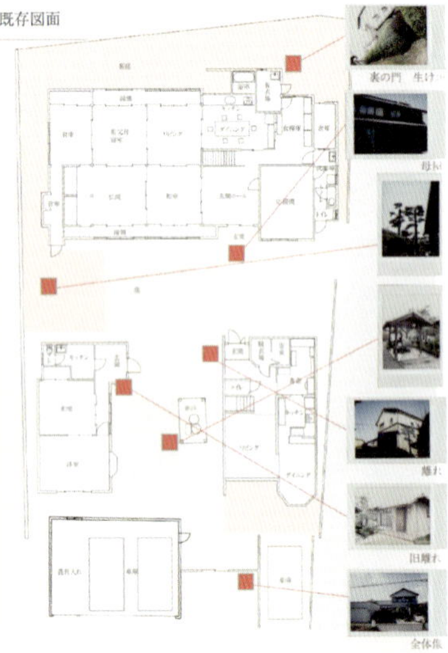

06　調査

1　過去の写真

過去60年分のアルバムの中で敷地内で撮られたものを収集。スキャンしてデータ化した後場所ごとに分類しまとめる。

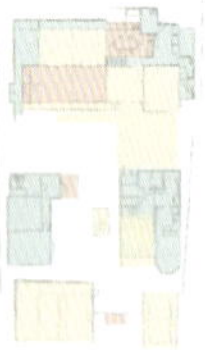

2　現在の写真

「家を解体するとしたら無くしたくない場所はどこか」について、カメラを渡し、1人につき10箇所ずつ撮影してもらう

3　認知地図

アンケート調査をおこない、配置、母屋、離れ、旧離れについてどのような間取りの配置

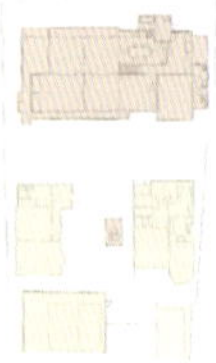

4　インタビュー

会話形式で質問し、回答を記録。同じ時代の話を聞けるよう、世代ごとに分けて行う

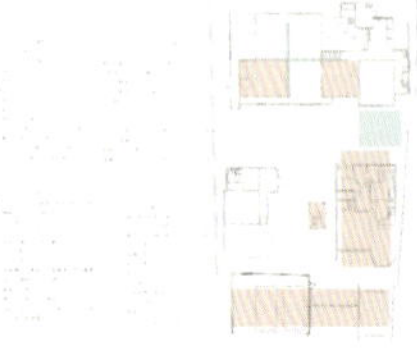

5　生活行動記録

アンケートとして、家族5人全員に同じフォーマットの記録用紙を渡し、1週間分の生活記録を日記のような形で取ってもらう
起床の時間から就寝の時間まで、どこでなにをしていたかを取る。

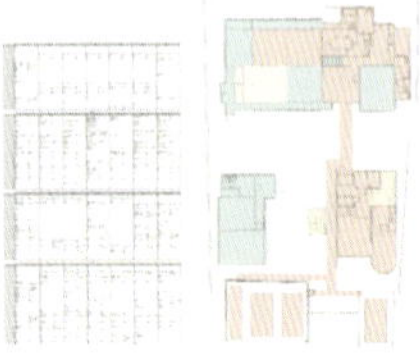

6　日常会話記録

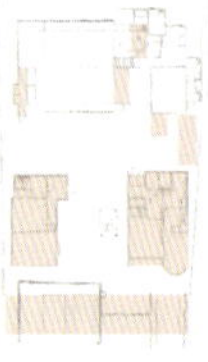

7　過去の図面

前回の改修時の図面で残されていたものをデータ化する。

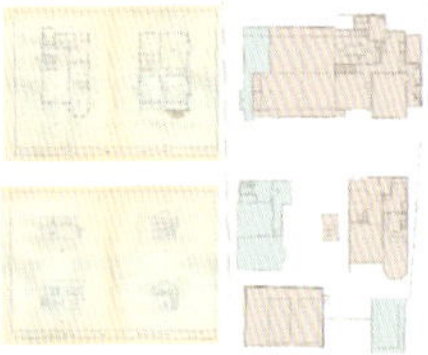

8　実測図面

部屋の内寸、窓の外寸、植栽部分をメジャーやレーザー距離計で測り、記録する
記録を元に、現状の展開図、平面図を作成する

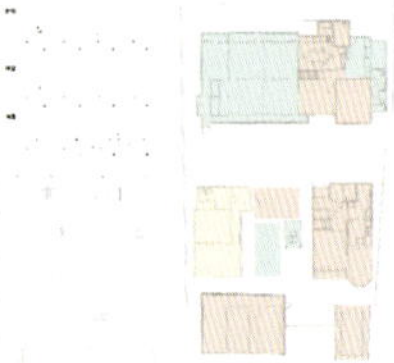

9　動画

インタビュー中の様子を撮影

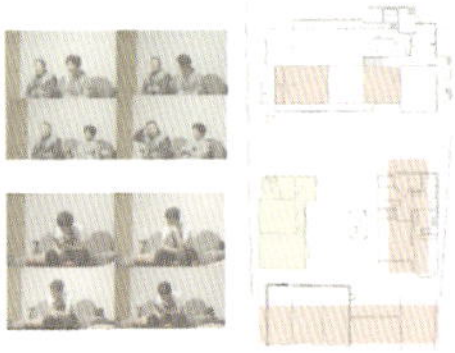

07 結果

残す部分 / 機能変更する部分 / 無くす部分 / 新規挿入する部分

08 提案図面

配置図兼一階平面

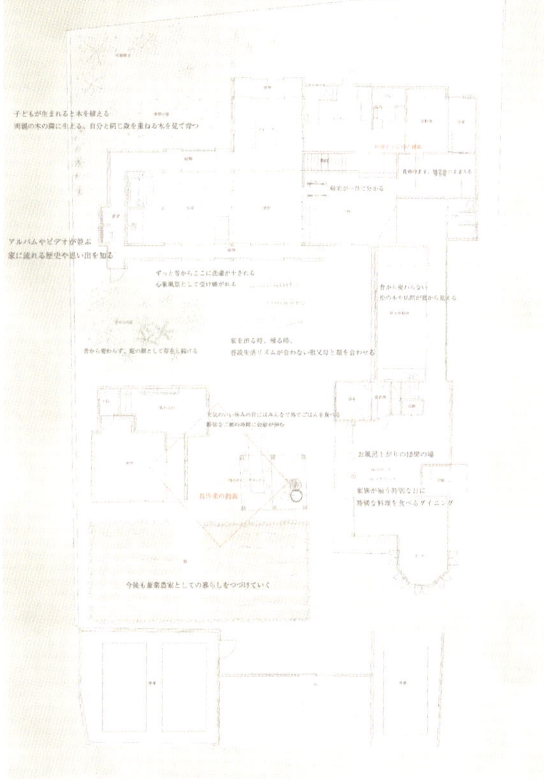

屋根伏図兼二階平面図

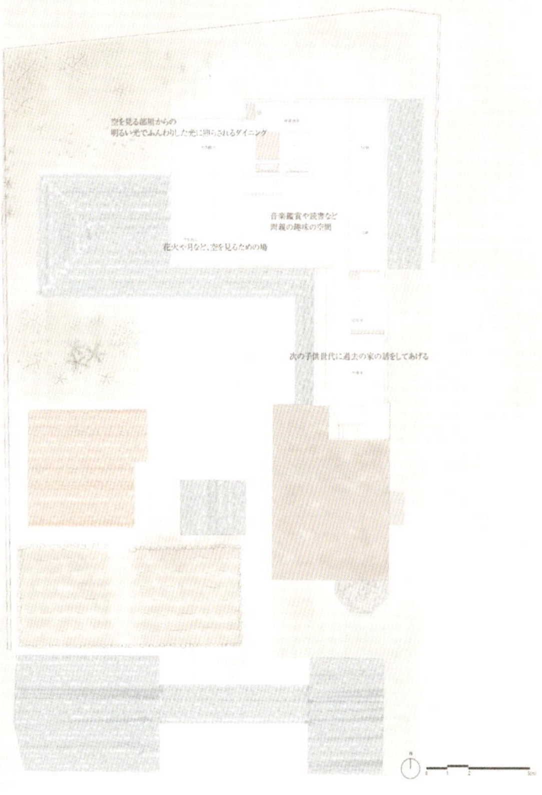

Personal Award

橋本賞

ID 022

髙橋 仙実

Hitomi Takahashi

金沢工業大学

Project

ウチウラ再紡

舞妓という生業を共有することで「ウチウラ」と呼ばれる非常にクローズ性の高い疑似家族関係で結ばれていた花街宮川町。時代は流れ、生業の共有は薄まりながらもクローズ性が負に働き、外部の大人を受け付けず、町は衰退の一途を辿っている。生業の共有ではなく、町の補完関係を必要とする子供とその親を呼び込み、子供を町で育てるという新しい形の疑似家族関係を紡ぎ、もう一度クローズさゆえの豊かさを持った町に再編する。

Review

難しいテーマ。新しい物をつくる時は、元の物を壊さないといけない。そういう時はすごく葛藤があり、できれば残したいと思うが、時代の流れなどの中で壊さなくてはいけない時、どうやって丁寧に壊すかとか、どのようにそれを継承するかとか、どこに建てようが建築をやる以上は葛藤が、ずっと付きまとってくる（工藤）

ウチウラ再紡

近年、国内外からの旅行者増加により、急速に町を「開く」観光化が進む都市。無計画にお

本研究は、「開く」が進む都市の１つ

独自の調査から、花街であるからこそ生まれたかつてからの「疑似家

クローズだからこそ生じる町の豊かさを継承するため、新しいヒトという資源が必要なこ

プログラム

01　町の空白に棲まう

敷地を歩いてみると、町の空白は目に見えないところにまであることに気づいた。ここで、パーキングや路地などを、「町としての空き地」として、人は住んでいるが、空き部屋、未使用の離レなどといった使用されていない各自の住宅の「部分空き家」として、プロットし、「総合空き場」を算出した。この空白に童が棲まうことができないかと提案する。

町の空き地をプロット

部分空き家をプロット

総合空き場

上記全ての空き場を合計すると、まち全体の40%が未使用であり、まちが空っぽであることが判明した。

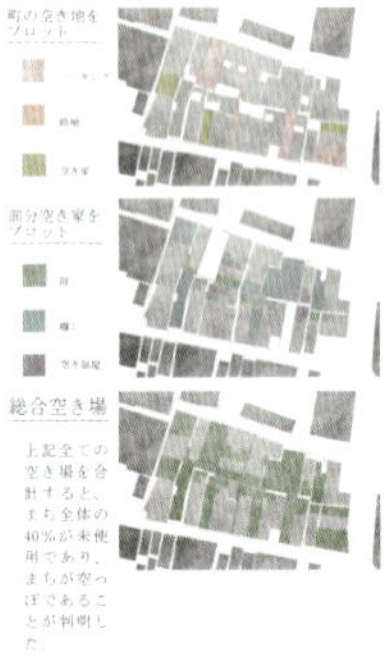

02　町を侵食するノマド童

この町にあたらしく棲まう子供、そしてその親が町に溶け込むために、まず生活を分解する。分解された生活は、まちの空き地や部分空き家にそれぞれ分散される。棲まう童は町全体が大きな家となり、町に依存するように徐々に溶け込んでいく。

侵食される家達

かつての町はウチウラにより、家に鍵をかけることはなく、客間（ミセ）の空間は開けられ、それぞれが自由に家を往来していた。だが、観光化により、外部の人間も町を歩くようになり、玄関には鍵がかかるようになった。閉じられた家やビルの空白に童は侵食する。侵食されることは、それぞれの家が童のみが入れる施錠知らずの玄関を持つことが再び起きたり、オモテではない部分に再びオモテが再編される。

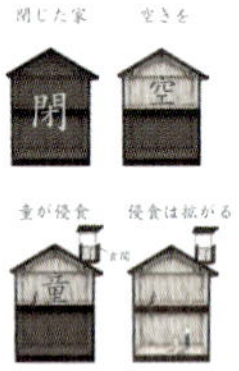

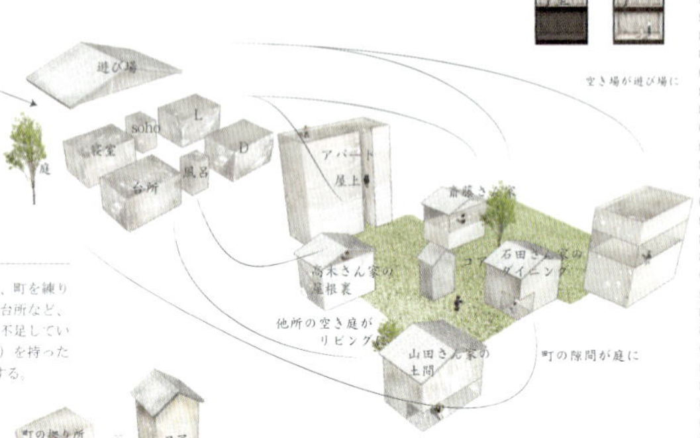

相互扶助のコア

ノマド童は、コアを拠点とし、町を練り歩く。拠点となるコアは寝床や台所など、必要最低限の機能に加え、町に不足している拠り所となる機能（ex. 食堂）を持った相互扶助を誘発するコアを提案する。

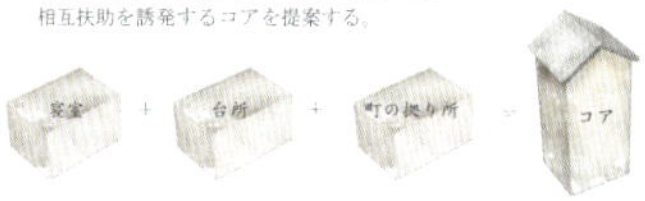

03　設計手法

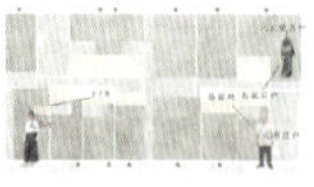

左記の町の空き場にそれぞれの住民のアイデンティティ、ポテンシャルを抽出し、中のプログラムを選定する。

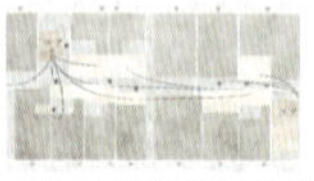

コアと、町に点在する童屋をつなぎ、動線を確保する。空き場が裏に多く見受けられることから、動線は町の裏側に計画する。

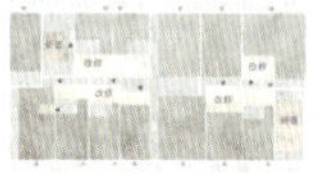

それぞれの受け入れ方、周辺環境に合わせて、空き場を改修、減築、増築を行う。

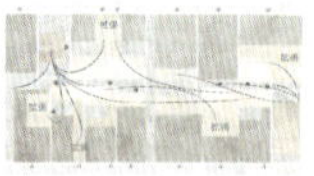

侵食部分から更に侵食が進み、徐々に町の暮らし方は変貌し、町に新しいウチウラが再編される。

1750　**起**　2000　**承**　2018

くつろげる居間のような花街

京都には上七軒、祇園甲部、祇園東、先斗町、宮川町これら５つの花街があり、これら総じて五花街と呼ぶ。その中でも、柔らかな雰囲気を感じ取ることができ、「気楽に楽しめる宮川町、くつろげる居間」と称される宮川町。

お茶屋や置屋が並ぶ中に普通に生活をする人の姿が見受けられ、芸舞妓が地元の人にも挨拶を交わす場面も多く見受けられる。

「富乃ちゃんおべべかわいいなあ」
「おかあさんおおきにい」

どこか「別世界」というイメージがある花街の中に
「人情」を垣間見ることができる町。

-ウチウラ-極めて深い疑似家族関係

かつてより、宮川町には芸妓舞妓になる少女を地方から輸入していたこと、花街を支える小売商業の完全分業制による支え合いのコミュニティの形、家族の形の特殊性、極めてクローズな地域性などから、深い「疑似家族関係」文化が根付いている。
これは、血縁を超えた縁であり、相互に足りないものを補完し合う関係であった。
親元を離れた舞妓は、置屋に第二のお母さんとお姉さんができた。
子が独り立ちしたおじいちゃんは、近所の子供が孫に思えた。
お父さんがいない子供は、酒屋のおじちゃんがお父さんだった。

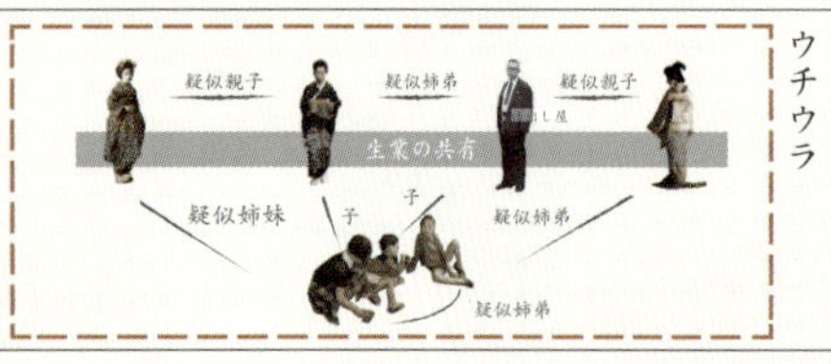

■ただの美しい街へと成り下がる

花街、また、花街を取り巻く住民においての、補完しあう関係について述べた。
この関係性は、それぞれの生活を支え、そしてそれぞれの「質」を保ちあっていた。

ここで問題となるのは、この街のバランスが崩れ始めていることである。

近年、日本国内の景気回復により、少数ではあるが芸舞妓の数が前年度に比べて、増加傾向にある。
しかし、それに反比例して、しつらえ業者や住民の数は少子高齢化により減少している現状である。

店と家の機能をあわせもつ町家は、主人を失い、
店の機能を失い、その空間は生かされることなく、閉じられた。
花街は、横の商店街ではなく、その他の地域の店にサービスを求めるようになった。住民は花街に住みづらくなり、住処を変え、自らの家を業者に渡した。

空き家となった家はその美しい外観のみを残し、中には外国人や観光客が毎日入れ替わるようになった。
知らない顔が街に増え、施錠することを知らなかった住民たちは鍵をかけるようになった。

■本当の価値は-ウチウラ-

ここで、この町の失われつつある歴史的空間は整備された街並みや舞妓芸妓の文化のみではなく、それをとりまく地域の深い疑似家族関係【ウチウラ】であると解釈し、再編する。

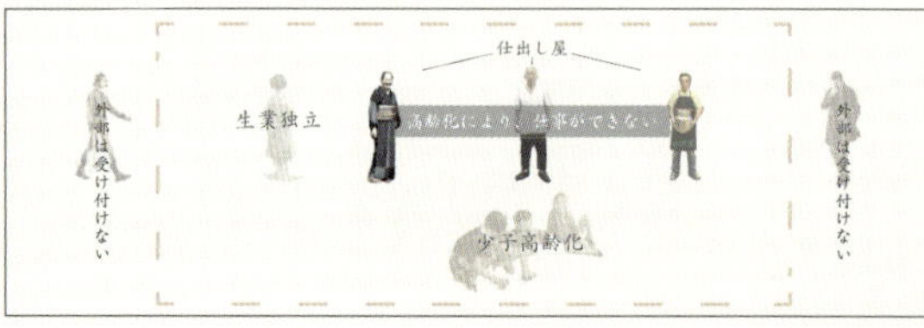

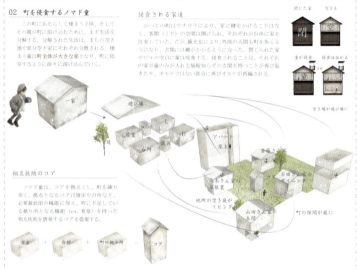

-鎖国を侵食するノマド童-

きる「開く」現象は市民を置き去りにし、都市をかえって無表情にさせているのではないか。
である京都市東山区宮川町を対象に、
族関係」「クローズさ」が町のアイデンティティであると定義した。
の町で、その住まい方、受け入れ方、そしてこの町にあるべきクローズの形を再考する。

建築操作

00　家の中の目に見えない境界について

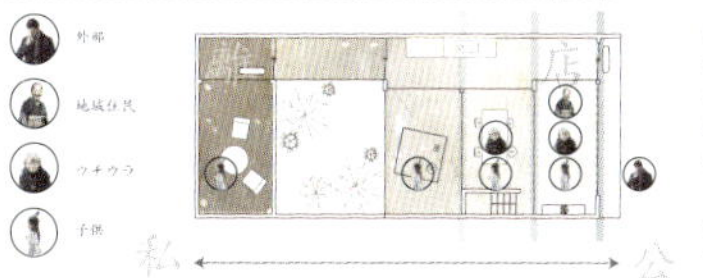

かつては鍵がかけられていない戸は勝手に開けられ、仕出し屋や、地域住民は他人の住宅へと足を踏み入れていた。ここで興味深いのは「住民と侵入者がどれほど仲がいいか？」各住民が持つ複雑なメンバーシップによって各部屋に足を踏み入れる領域が語らずとも明確に分かれていた。

02 エッセンスを境界化し、人を遮ったり迎えたり

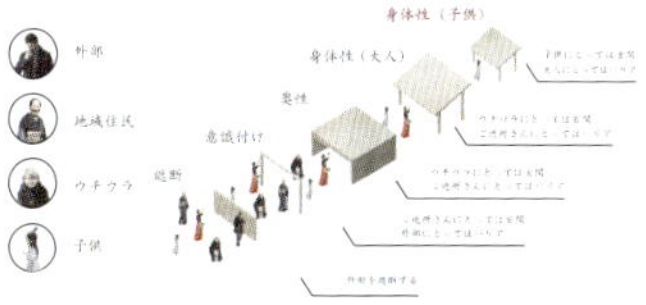

「鎖国」状態であるこの町へ、ゆるやかに童、ウチウラを挿入するために、左記のエッセンスを使用し、人を遮ったり、繋げたりを計画する。知らない人にとっては入りにくい小さな玄関は、ウチウラにとっては親密な玄関であり、大人にとってはただの隙間が童にとっては入り込みたくなる入り口となる。町中に、様々な境界が現れることによって、奥行きのある町へと変換する。

03　空き場へ境界を落とし込む

00 既存の建築から空き場を抽出　01 空き場に境界を付加する　02 空き場を境界に変換する

前述で抽出した空き場へと上記の境界を落とし込む。この境界の挿入方法は、主に、空き場への付加、そして空き場を境界へと変換の2つである。これは、それぞれの周辺環境や空き場の状態により選定する。

空き場を開放するに至って、空き場にそれぞれのメンバーシップのための境界を付加する。

空き場を童のために改修する際に、空き場の中に上記の境界となり得るエッセンスがある場合はそれを継承し、境界へと変換させる。

01　境界を具現化する

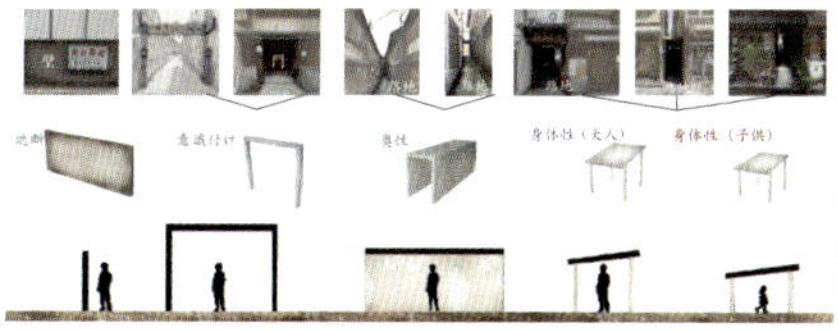

本計画において、ただ大っぴらに空き場を開放するのではなく、この町のアイデンティティであるクローズ性を担保することを基本とした。そこで、童やウチウラへ部屋を明け渡すため、左記の見えない境界を具現化する。

木造密集地である本敷地付近では、路地が多く、入り口部分に公道から私道への境界を意識づけるフレームや、外部から視線が通らない奥に伸びる道などの風景が見て取れた。これらの風景全てが境界として働き、京都の奥性的な空間を作り出しているのではないか。これらの風景から境界を収集し、エッセンスを抽出、本計画へと利用する。

04　奥行きのある町へ

上記 00 で考察したかつての住まいのグラデーションを、空き場に境界を付属することで、町へと落とし込む。各住居は、ささやかな人を迎える境界を持つ。境界は重なることで、様々な許容領域が町に生まれる。町は完全に開かれるのではなく、そのクローズ性を生き残らせ、京都ならではの"奥行き"のある町へと生まれ変わる。

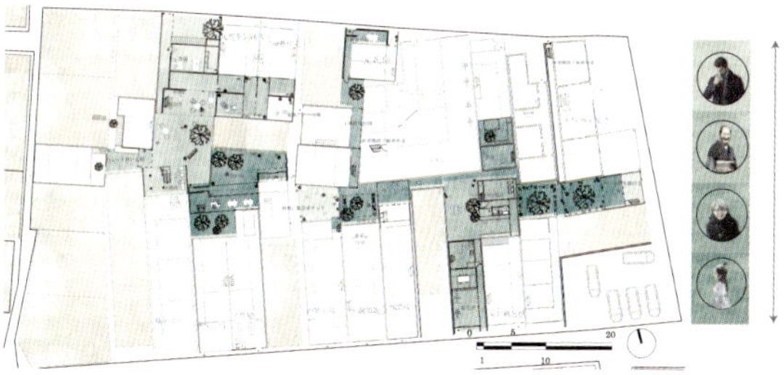

転　2030　承　21xx

■誇り高き宮川町は、鎖国状態

美しい街並みや、花街のブランド力から、宮川町は誇り高き町である。
この誇りの高さは、宮川町を極めて閉鎖的な町へと形成していった。

住民たちはかつてからの疑似家族関係にない人が空き家に住まえば、排他的に扱う面がある。
この側面は、家に鍵をかけない町を守ってきた重要な思考である。

しかし、クローズで町は時代に置き去りにされ、
本来、守りたかった地縁を自らの手で薄めていることに町は気づかない。

時代と共にクローズの形を再考し、現代に沿ったクローズの形を提案する。

■宮川町だからこそ、セミクローズのカタチ

外部が受け入れられない、誇り高き町。
だが、町は花街ゆえの訳あり家族が多いことから、助けを求める人には非常に優しい町である。

この町には今、このウチウラを継承するヒトという資材が必要である。
そこで、町の補完関係を必要とする人たちがいるのではないかと考えた。
それは、血縁のみに縛られない家族を必要とするコドモというヒト
働きながらも愛をもってコドモを育てたい親であるヒト

観光でもない。文化でもない。
この街の暖かさを求めるヒトにだけ心をひらく、セミクローズな町を提案する。

■生業の共有から子育ての共有へ

かつては生業を共有し、ウチウラを築いていたこの町で今すぐにもう一度同じ生業を始めることは難しい。そこで生業に代わり、子育てを町で共有することを提案する。

それは大それた教育ではなく、子供と共に本を読むだけ、共にご飯を食べるだけ、おつかいを頼むだけ、ささやかな時間を同じ空間で過ごすだけで子育ては成り立つ。

住民の身近な時間を共にする子供はいつしか皆の子供となり、
希薄化するウチウラを、町を、住民を、繋ぐ媒体となっていく。
町が子供を育てているはずが、いつしか町が子供に育てられている。

子供は、宮川町を只の育った場所ではなく、

故郷としてこの町を思い馳せ、大人になってもウチウラを継承し、
大切に育んでくれることを願う。

■子供を端緒として、ウチウラは拡がる

子供が紡ぐウチウラは、住民のみでなく、子供の親、親の家族、様々な疑似家族がこの町へと巻き込まれ、結ばれる。ウチウラは個人と個人の間に限定されたものでなく、町の中で新陳代謝を繰り返し、時代に寄り添いながら形を変えながら継承されていく。

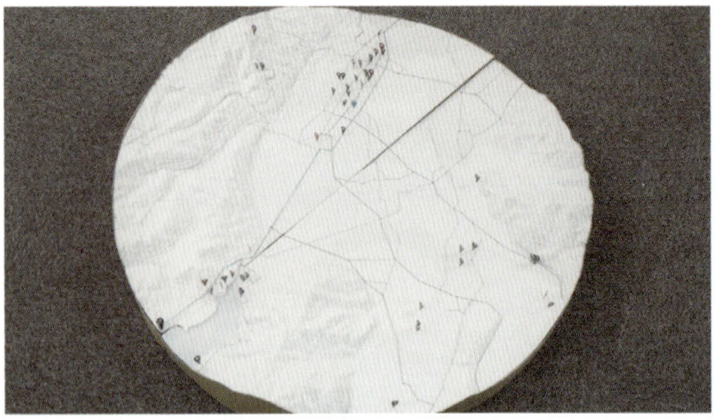

Sheet Award

シート賞

ID 058

齋藤 裕

Yutaka Saito

信州大学

Project

MoSA,Omachi

現代アートに関する環境は今、変革の時期を迎えている。従来の保存を目的としてきた環境は芸術祭によってアートを消費するようになり、それに伴い芸術祭開催地と開催側との齟齬が生じている。そこで主に芸術祭で製作されるサイトスペシフィックアートの分析からアートを街に還元する提案を行う。

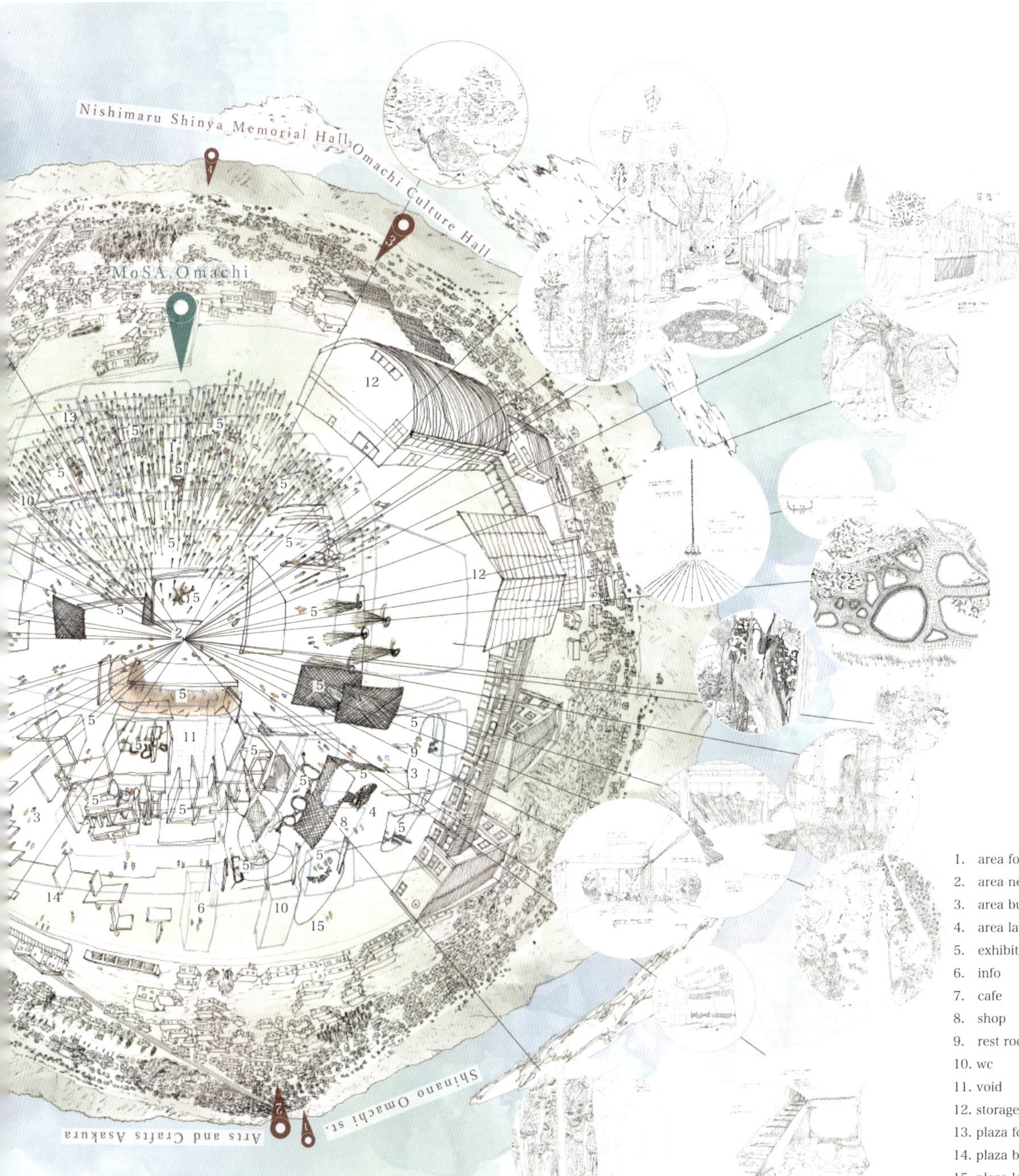

oSA, Omachi

um city of Site-specific Art

1. area forest
2. area neutral
3. area build
4. area lake
5. exhibition zone
6. info
7. cafe
8. shop
9. rest room
10. wc
11. void
12. storage
13. plaza forest
14. plaza build
15. plaza lake
16. plaza entrance
17. parking

Model Award

模型賞

ID 016

稲垣 好美

Konomi Inagaki

名古屋工業大学

Project

本のやどり木

—大高に根付くまちの図書館—

「大高に暮らすすべての人の居場所となる図書館」。力強い歴史が根付き、豊かな緑のあふれる町、大高。私が共に育ってきた大高の、町のすべての人のための建築を考える。本を介した様々な「出会い」を育むことで誰もが、自分だけの「居場所」を見つけられる図書館を提案する。

木

Participation Designs

NAGOYA Archi Fes 2018

ID 001
渡邉 有

Yu Watanabe
名古屋工業大学

Project
繕い紡ぐ

伝統をつむぎながらも郊外化が進む愛知県名古屋市有松。工芸品を作ることをとおしてまち、くらしをみつめる場を提案する。周辺コンテクストを「集いの場」としての建築に対応するよう読み替え、細部を周辺環境に呼応させた。屋根となった塀は人のふるまいをきりとる「窓」となる。生業の風景が「窓」を通して周囲に滲みだし日常に溶け込む生業の舞台がうまれる。舞台はまちを見下ろす「窓」となり生業とまちの関係を紡いでいく。

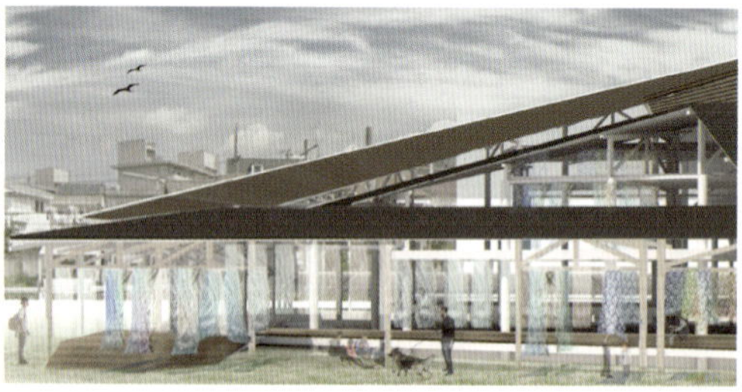

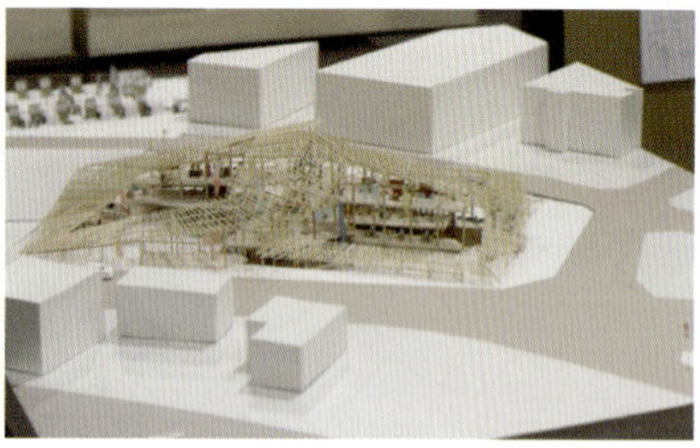

ID 002
中村 詩織

Shiori Nakamura
名城大学

Project
救われた命の居場所
–医療ケア児とその家族のための暮らし方の提案–

医療の進歩によって救われる命が増えた一方で、救命できたものの様々な障がいが残った子どもたちが増加した。知的障がいはなくとも医療ケアが常に必要な子どもたちの増加である。しかし、彼らに対しての支援や理解は少なく、母親がつきっきりで介護しケア児とその家族は孤立した環境に置かれている。本提案では、実際の5人のケア児を対象とし、彼らが社会から孤立することなくゆとりをもって暮らし、成長できる、まちの居場所を設計する。

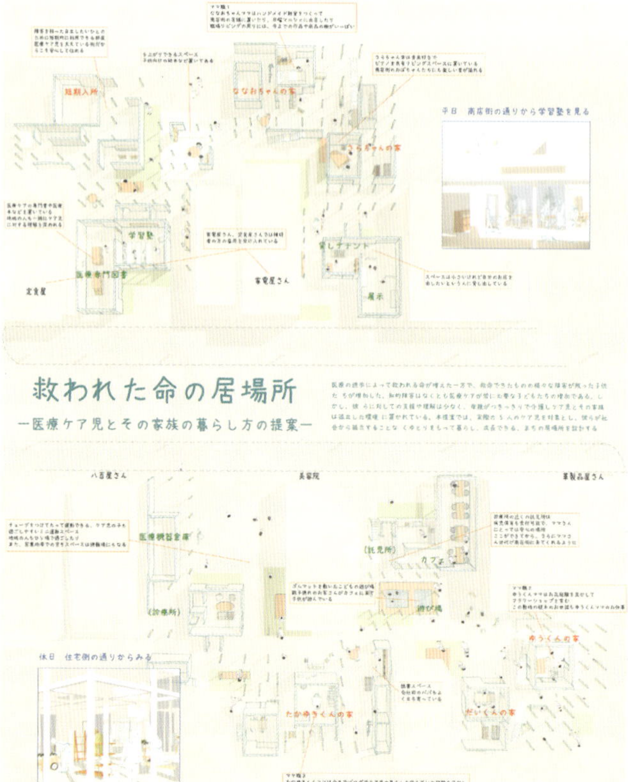

ID 003

伊藤 時也

Tokiya Ito

愛知産業大学

Project

廃棲記島

日本では、憲法九条の改正についてが問題になっている。その為この施設を通して改めて戦争の悲惨さなどを再認識してもらいたい思いで戦争についての資料館を設計する事にした。要塞として使用され、現状廃墟化した猿島は負の遺産でもあり平和の象徴でもあると考えられたので、この猿島を計画地に選ぶ事にした。また、廃墟化してしまった要塞跡地から新たに作る資料館に対して行き来できるようにする事で時の流れを感じられる計画とした。

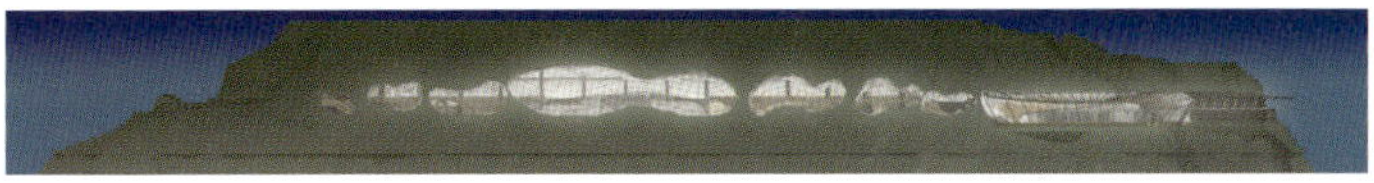

ID 005

井戸田 莉菜

Rina Idota

名古屋工業大学

Project

溶脈する境界

～鉄が彩るランのまち～

「鉄とランのまち」と呼ばれる愛知県東海市。しかし、鉄・洋ラン・住民の三者にははっきりとした境界が存在する。地理的に明確に現れた境界と、人々の心に存在する境界を溶かし、脈を張り巡らすようにつないでいくことで「鉄とランのまち」と呼ばれるにふさわしいまちを目指し、現在出荷量が県下2位である洋ラン栽培において、全国1位を誇る製鉄業に劣らない勢いをつけ、まちのさらなる活性化へとつなげる。

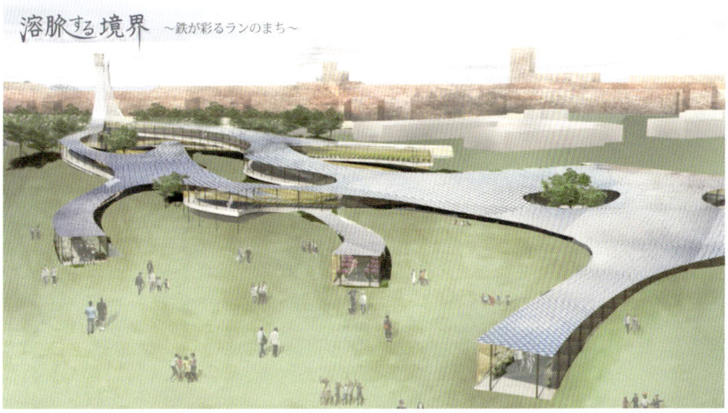

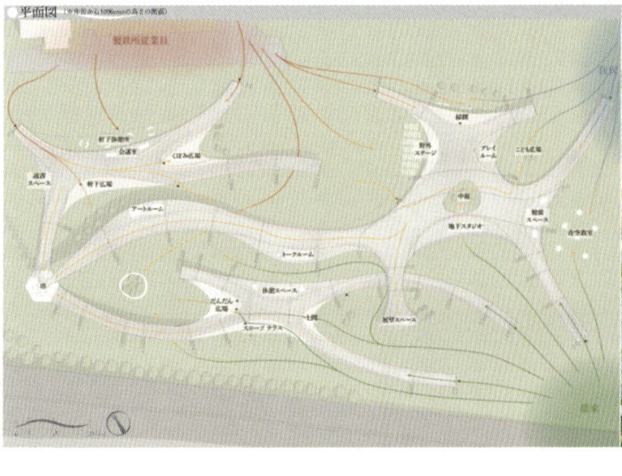

ID 006

前田 真里

Mari Maeda

名城大学

Project

やさかガッコウ

縮小する町で最後まで存続するガッコウの提案

子どもたちと町の人たちが通う小さな町にふさわしい『ガッコウ』を提案する。今回の提案では、「小学校」と言われてイメージするものではなく、「地域の"ガッコウ"」を考える。この「ガッコウ」は既存に存在する6歳から12歳の児童が通う教育機関という役割を超え、年少からお年寄りまでの地域の住民に開かれ、地域住民と児童が互いに関わり合うことができる小さな町にふさわしい施設の空間・風景を提案したい。

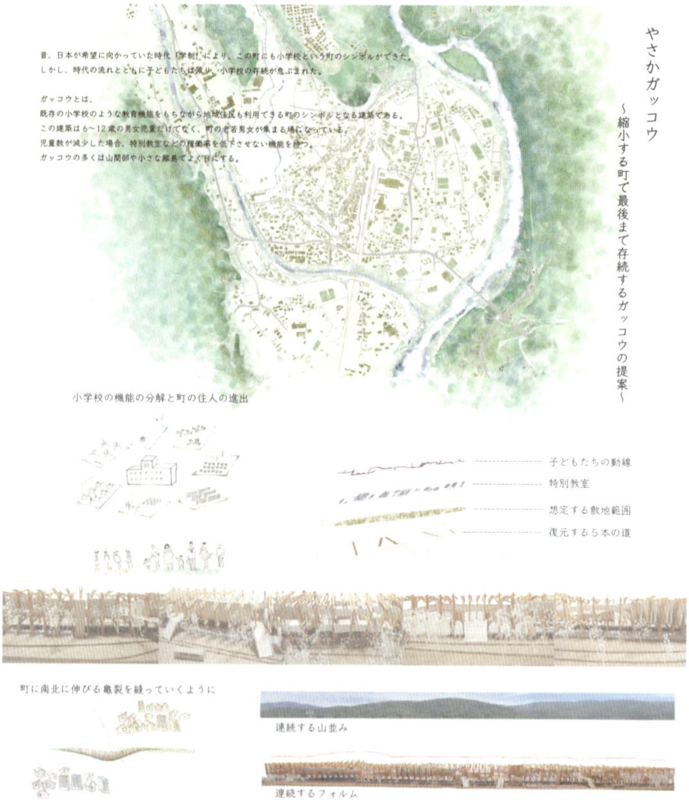
やさかガッコウ
～縮小する町で最後まで存続するガッコウの提案～
昔、日本が希望に向かっていた時代「学制」により、この町にも小学校という町のシンボルができた。
しかし、時代の流れとともに子どもたちは減り、小学校の存続が危ぶまれた。
ガッコウとは、
既存の小学校のような教育機能をもちながら地域住民も利用できる町のシンボルとなる建築である。
この建築は6～12歳の男女児童だけでなく、町の老若男女が集まる場になっている。
児童数が減少した場合、特別教室などの稼働率を低下させない機能を持つ。
ガッコウの多くは山間部や小さな離島でよく目にする。
小学校の機能の分解と町の住人の進出
子どもたちの動線
特別教室
想定する敷地範囲
復元する5本の道
町に南北に伸びる亀裂を縫っていくように
連続する山並み
連続するフォルム

ID 007

龍 駒敏

Kubin Ryu

名古屋工業大学

Project

墻・壁

–多文化共存を多文化共生に–

グローバル社会に、異文化に対する偏見と不理解により、異なる文化人の間に無形な墻壁（しょうへき）が生じ、多文化共生の形成を妨げる。多文化共生社会の形成はよく提唱されているが、結局その無形な壁の存在で「共生」ではなく、ただの「共存」のままになっているという現状がある。本提案は、建築的操作を行うことで、壁・人間・空間の三者の関係を問いながら、敢えて「壁」の存在を強調させると同時に、「通れる」可能性を建築空間にいる人間に意識させ、多文化共生社会の形成を促進するための設計である。

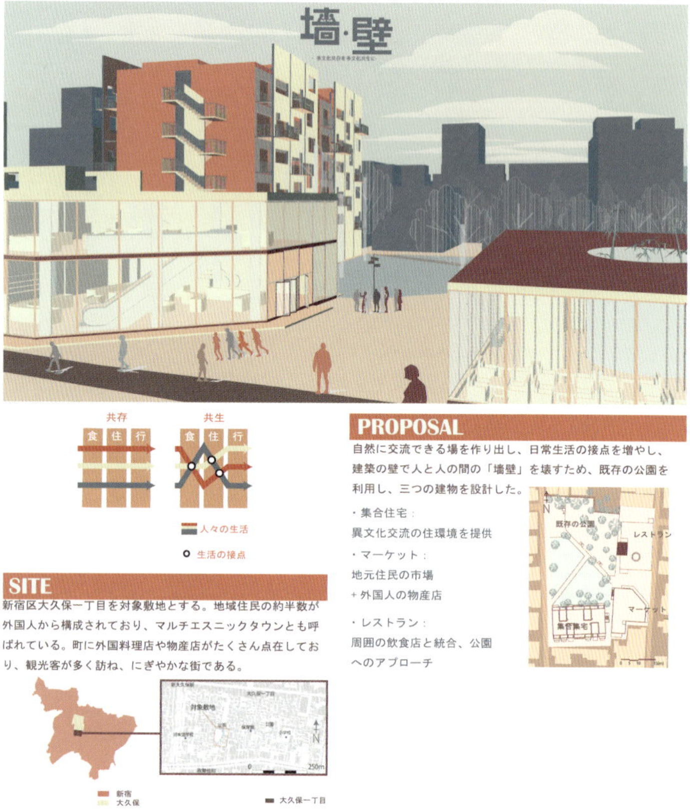
墻・壁
共存
共生
食
住
行
人々の生活
生活の接点
PROPOSAL
自然に交流できる場を作り出し、日常生活の接点を増やし、建築の壁で人と人の間の「墻壁」を壊すため、既存の公園を利用し、三つの建物を設計した。
・集合住宅：
異文化交流の住環境を提供
・マーケット：
地元住民の市場
+外国人の物産店
・レストラン：
周囲の飲食店と統合、公園へのアプローチ
既存の公園
レストラン
マーケット
集合住宅
SITE
新宿区大久保一丁目を対象敷地とする。地域住民の約半数が外国人から構成されており、マルチエスニックタウンとも呼ばれている。町に外国料理店や物産店がたくさん点在しており、観光客が多く訪ね、にぎやかな街である。
対象敷地
N
250m
新宿
大久保
大久保一丁目

ID 008

EA LIMSEANG

豊田工業高等専門学校

Project

カンボジアにおける新教育システムに対応する小学校

The Revolutionary School

フィンランド、日本、アメリカの3つの先進国の教育システムから学び、調査する。その中で、カンボジアにおける適用可能なシステムを選択する。さらに、利点である気候を利用し、新しいタイプの小学校を設計する。主な材料はコンクリート、竹、ガラスを仕上げとして使用し、学校の雰囲気を新鮮に見せ、できる限り自然と触れさせる目的がある。学校全体の環境はリラックスできる空間であり、誰もが新しい学校で楽しむことができる。

ID 010

天野 亮平

Ryohei Amano
金沢工業大学

Project

日常への懐疑

建築を閉じることで人間に解釈の変換を与える建築の提案。死後の世界は誰もわからない。そこには無限の解釈がある。そんなイメージから作られたのが私の集合住宅である。

1.背景

現代においては、ある一定の場所に固定され、家という中心を作って暮らしている。この現代の日常生活の繰り返しの中で人間は日常の知識、体験を記憶の中に取り込むことで、日常の些細なことに気づくことが時間を重なることになくなっていく。このような、人間の生活はルーティン化され、新しい日常生活の可能性を模索することはしない。自分の生き方は社会のシステムによって決定され、ただ何も考えず日常生活を送るだけになってしまう。

2.目的

日常はもっと何にも囚われることなく、新しい日常生活を求め続けてもよいと考える。この現代の日常生活は、固定された場所での日常を相対化することで気づきや発見が生まれる。そんな人間は自由を感じ、豊かさを取得すると思う。

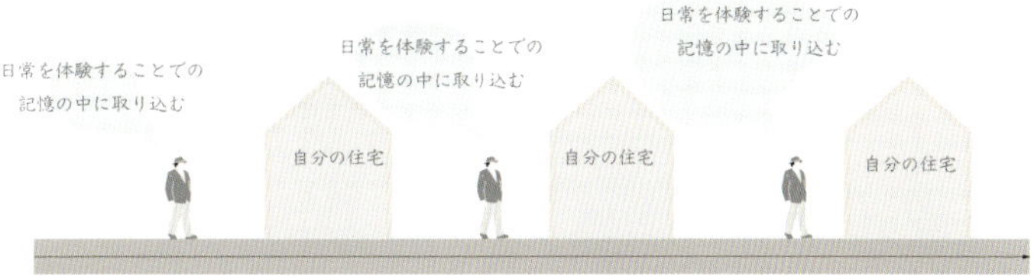

3.敷地

計画敷地は武家屋敷跡であり、嘗ての藩士が住んでいた屋敷跡である。土塀の続く町並みの中では現在も日常生活が営まれている。石畳の小路を散策すれば、当時の様相を感じることができる場所であり、観光地としても有名である。

グレーに塗られていないのが武家屋敷跡

fig.1　計画敷地

fig.2　計画敷地

fig.3　敷地沿いの道

fig.4　野村邸

ID 012

降籏 賢人

Kento Furuhata
名古屋大学

Project

MoAT line

総合公園である松本城公園を拡張･再整備する公園計画である。埋没している堀の復原と、それを活かした現代的な公園にVisitor Centreはじめ諸施設を設計する。歴史的な町割が色濃く残りつつも、城下町としての姿は消失した旧城郭域を計画範囲とし、駐車場の集約化によりできた敷地を公園化し、松本城と東西の山々への視点場に観光客のみならず地域住民の集える憩いの場を構築する。

ID 013

筒井 伸

Shin Tsutsui
信州大学

Project

漁村スラムノ築キカタ

エクアドルのchamanga地区は、2016年エクアドル地震被災地の漁村スラムである。犯罪の温床とされているスラム地区にはこれまで見たことのない生業と建築の生々しい関わりがあるように感じた。今残さなければ失われてしまう彼らの生業と生活風景。政府の高台移転に対抗するように、沿岸部に住み続ける人々に着目し、生業と共にある再建を考える。

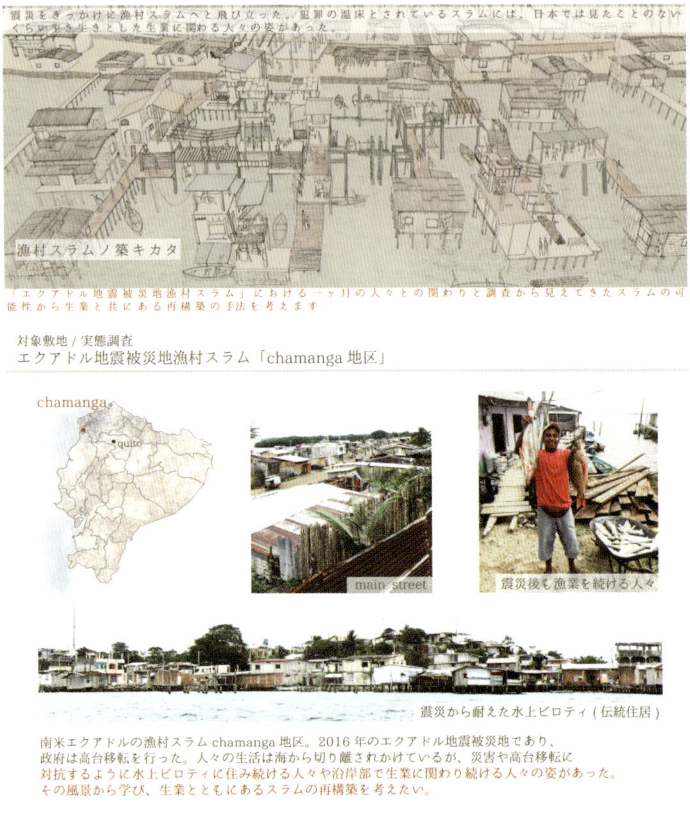
震災をきっかけに漁村スラムへと飛び立った。犯罪の温床とされているスラムには、日本では見たことのないくらい生き生きとした生業に関わる人々の姿があった。
漁村スラムノ築キカタ
「エクアドル地震被災地漁村スラム」における一ヶ月の人々との関わりと調査から見えてきたスラムの可能性から生業と共にある再構築の手法を考えます
対象敷地 / 実態調査
エクアドル地震被災地漁村スラム「chamanga 地区」
chamanga
quito
main street
震災後も漁業を続ける人々
震災から耐えた水上ピロティ (伝統住居)
南米エクアドルの漁村スラム chamanga 地区。2016 年のエクアドル地震被災地であり、
政府は高台移転を行った。人々の生活は海から切り離されかけているが、災害や高台移転に
対抗するように水上ピロティに住み続ける人々や沿岸部で生業に関わり続ける人々の姿があった。
その風景から学び、生業とともにあるスラムの再構築を考えたい。

ID 014

塩原 拓

Taku Shiohara
日本福祉大学

Project

スラムに住まう。

スラム。子供達は無邪気な笑顔で駆け回り、親は彼らを暖かく見守る。地域全体がひとつの家族のような関係を構築し、助け合いながら暮らしている。しかし、地域のいたるところに問題が表出しており、一番の問題は住民自身がそれらの問題に対し深刻に感じていないことである。地域の維持/改善のためにも住民の意識改革は不可欠である。この地で住民自らが創りあげる地域の拠り所と、暮らすことで拓かれる地域の未来を提案する。

ID 015

徳嵩 諒

Ryo Tokutake
日本福祉大学

Project

みらい

『住民の記憶からこの土地の文脈が失われつつある。』亀崎町の丘の上。かつて、ここは墓地であった。祖先を敬い、想い、家族が集まる場であることに加えて、高台にある墓地は、まちを見下ろすことで、今を生きる者を見守るという役目もある。しかし、今では、墓地と聞くと、「不気味」「怖い」などと、敬遠されている。地域の子供から高齢者がまちを想い、自然と集まる、地域幼老統合ケアを用いて新たな「みらい」を提案する。

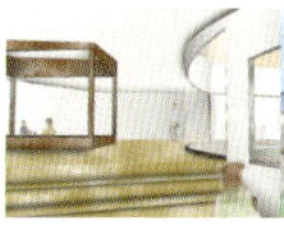

ID 020

鈴木 巧

Takumi Suzuki

信州大学

Project

DEPARTMENT STORE2.9

-既存スケルトンを用いたラウムプラン型百貨店-

衰退の著しい地方百貨店は売場面積を重視した空間構成を採用しているが、これは現代の消費と噛み合っていない。ながの東急百貨店を敷地とし、既存スケルトンをベースにしながら、百貨店立面構成の類型化で得た知見によるファサードと、ドミノシステム型内部空間からラウムプラン型へ改変によって時代に即した新たな百貨店空間を提案する。

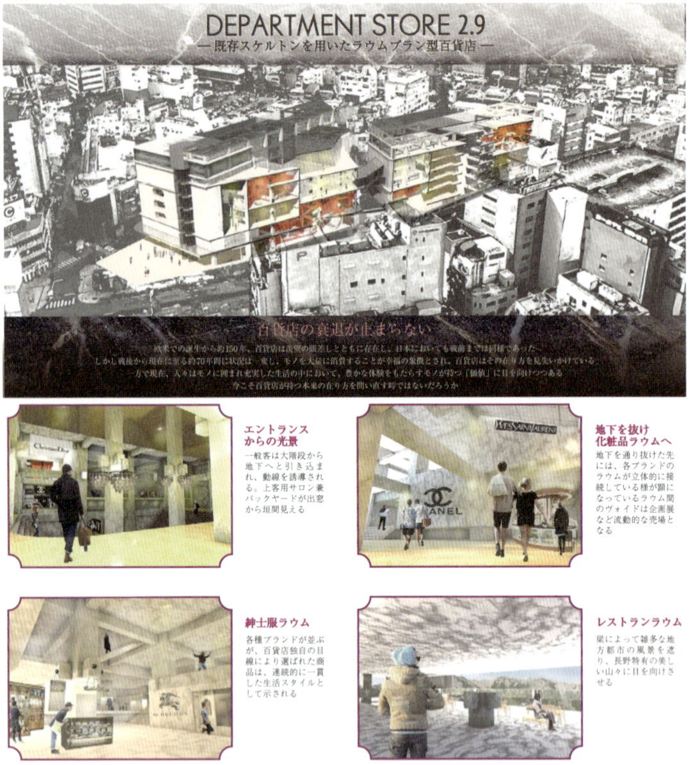

ID 021

小野 圭織

Kaori Ono

名古屋工業大学

Project

実りのあるふるさと

岡山県倉敷市船穂町は、マスカットとスイートピーの栽培が盛んな農業地域である。どちらも加温栽培が行われているため、丘陵地に連なるビニルハウスは地域の風景である。町の出荷場では年間を通して様々な農作物が出荷されている。ここに出荷場に併設する「道の駅」を提案する。6次産業化を確立させ、地域ブランドの発信を行うだけでなく、地域住民に親しまれ、子どもたちに故郷の魅力を伝える場になる。

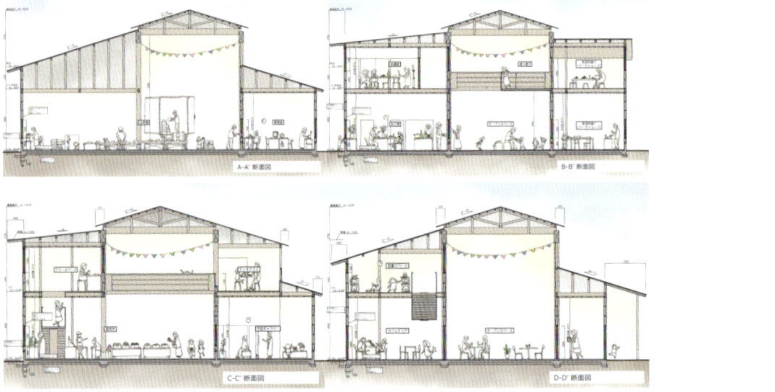

ID 023

藤井 佳帆

Kaho Fujii

名古屋工業大学

Project

眺望と暮らす街 千代

空き家が増加する中であるにも関わらず、豊かな暮らしができる郊外として、建設される長久手の住宅。しかし豊かな暮らしを求めて郊外へと流出してきた人にとって、実際に豊かな暮らしは実現しているだろうか。現状は、隣家との間隔は狭く、車が家の前に駐車してあり景観としても良くない。効率的に区画化された宅地ではなく、美しい眺望を持ち、本来の郊外の魅力である緑ある豊かな暮らしの実現を目指す宅地を提案する。

眺めと暮らす街 千代《ちしろ》

多くの分譲地は直線で区切られ、より多くの住宅を詰め込むために必要最低限の広さであることがあります。
これでは郊外のメリットである「ゆとりある暮らし」は実現されません。

そこで、美しい眺望を持ち、また街並みが美しくなることをコンセプトとし、「ランドスケープ」「地形」「農」「歴史」を読み込み計画します。

畑の様子

公園からの景色

家の正面の様子

芝すべりの様子

帰り道に見える景色

ID 025

樋口 圭太

Keita Higuchi

名古屋大学

Project

海上のオープンスペース

～防波堤の新たなあり方と潮吹き防波堤の空間～

東日本大震災での津波被害の影響で、沿岸に巨大な堤防や防波堤の建設計画が進行している。しかし、巨大な構造物を造る時、それはただの壁でいいのだろうか? 私は、防波堤がオープンスペースとして人の居場所になっていくような提案をしていく。巨大な壁である防波堤は三重県の重要文化財である潮吹き防波堤を模し工夫をすることで陸から海に突き出す居場所となる。海と人を隔絶していた構造物が海と人を近づけ海の上の新たなオープンスペースを生み出す。

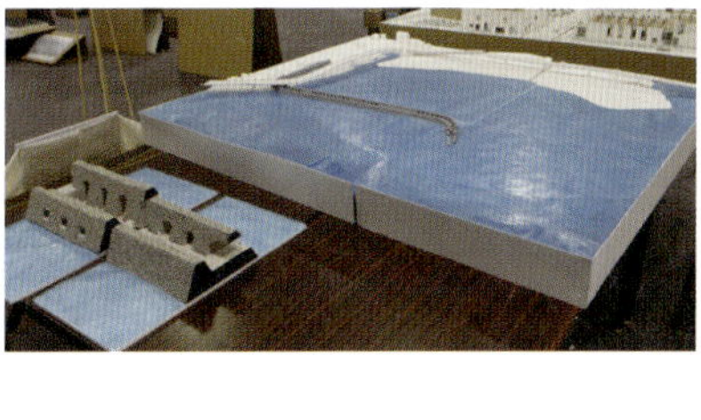

ID 026

加藤 葉月

Hazuki Kato

椙山女学園大学

Project

篠島の聲 霽の再興と褻の復興

今日、地方は衰退が目立っているが、長い年月をかけて築かれてきた独自の文化や生業、また歴史を内包している魅力的な場所である。篠島を舞台にし、その土地に根付いた文化や生業を守るために3つの建築操作を提案した。劇的に島が変化するようなテーマパーク的な建築ではなく、小さな3つの変化が島の未来を大きく変えるきっかけになると考え、「暮らし」「生業」「文化」を開くことで島の中に新たな関係を作ることを目指した。

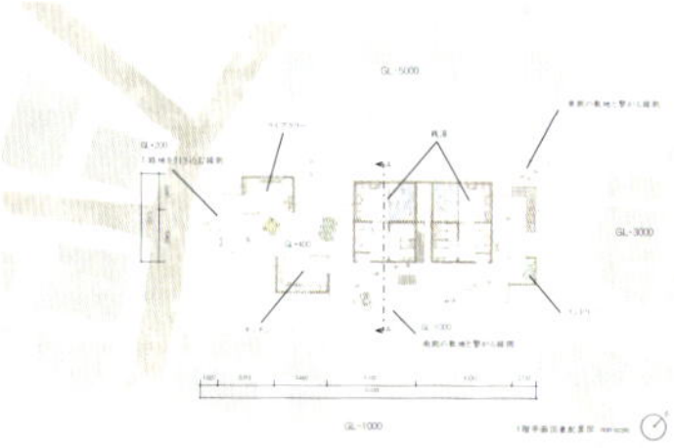

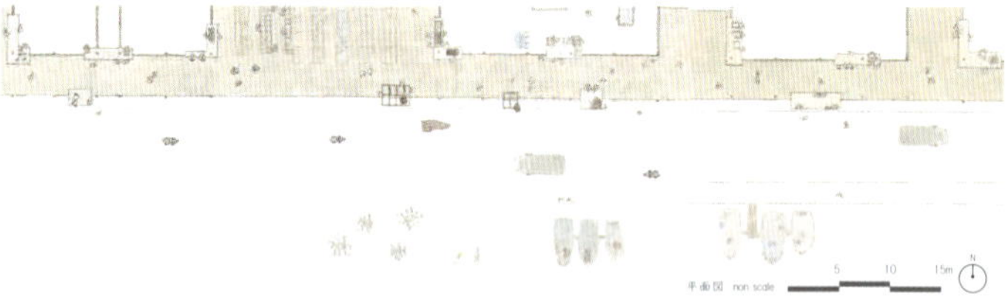

ID 027

酒井 禄也

Rokuya Sakai

信州大学

Project

工自混同

日本有数の紙のまちとして知られる愛媛県四国中央市川之江町の臨海部埋立地を対象敷地とし、断絶されてしまった生活空間と工業地帯をつなぐ建築を提案する。敷地内に存在する水引工場と隣接する公園内の「見晴らしの丘」から生成した2つのチューブを編み込むように構成することにより、多様な半屋外空間が人々の居場所を創出する。地域に根付く「紙」の文化や産業が住民にとって身近に感じられる場所のあり方を提示する。

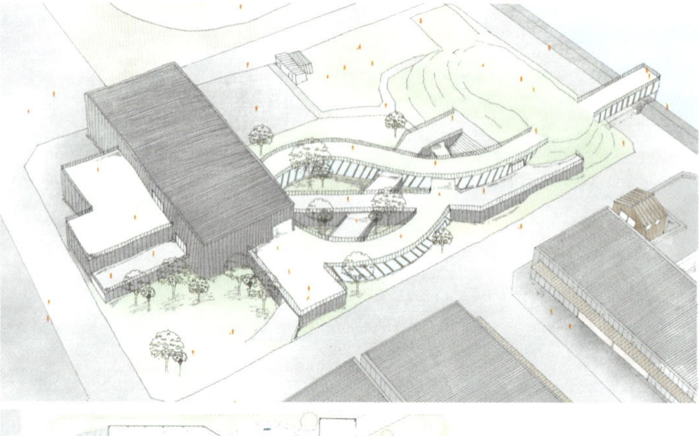

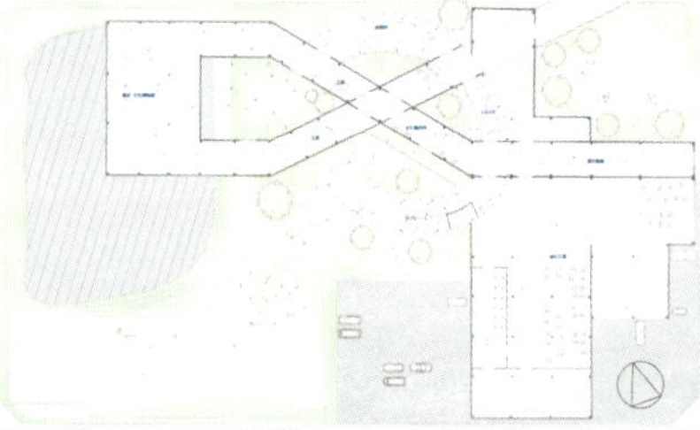

自然を感じる生活のチューブ

町を象徴する風景を眺める

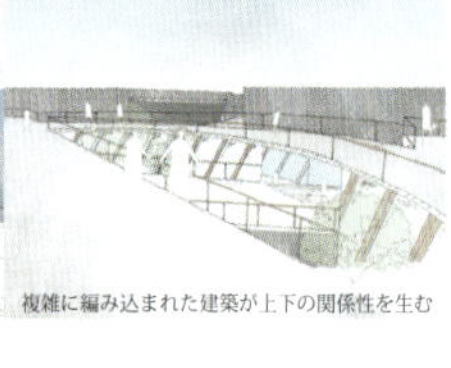

複雑に編み込まれた建築が上下の関係性を生む

ID 028
高木 里美
Satomi Takagi

椙山女学園大学

Project
若年性パーキンソン病の母へ贈る沖島での暮らし

私たちにはまだ遠い話。身近なひとには起きているかもしれない変化。当たり前のことをするために誰かの力をかりたいとき、病をもつ家族を支えるとき、本当に必要なものは何だろうか。病の症状により隠れてしまう、その人自身の人間性。先の見えない治療を続けるなかで、他者と関わりを持ちながら自立し、支える住環境を考えることが建築にできることなのではないか。パーキンソン病に必要な空間条件から設計を行なった。

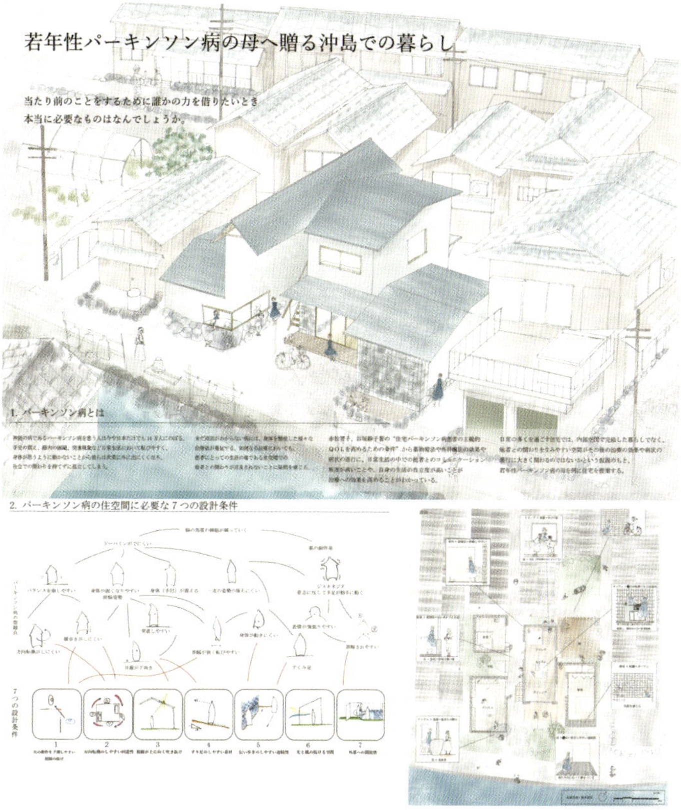

ID 030
中嶋 優生奈
Yukina Nakashima

愛知産業大学

Project
光と影

光は人間が操作できない動的なものであるが、建築においては空間の印象を左右するはたらきを持つ構成要素の一つである。そのため、建築を考える上で光の影響は少なからず考慮されると考える。しかし現在では照明の技術が発達したことで、光は生活の中で空間を明るくすることのみの役割となり、静的な状態で取り扱われる場面が多い。本研究は、建築にとって根源的な要素である光を見直し、照明とは違った本来の光の姿を意識的に感じられる空間、また光が建築空間に与える影響についての知見を得る事を目的とする。

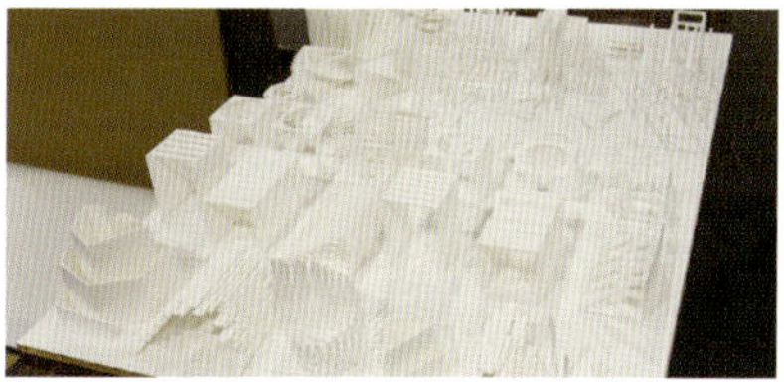

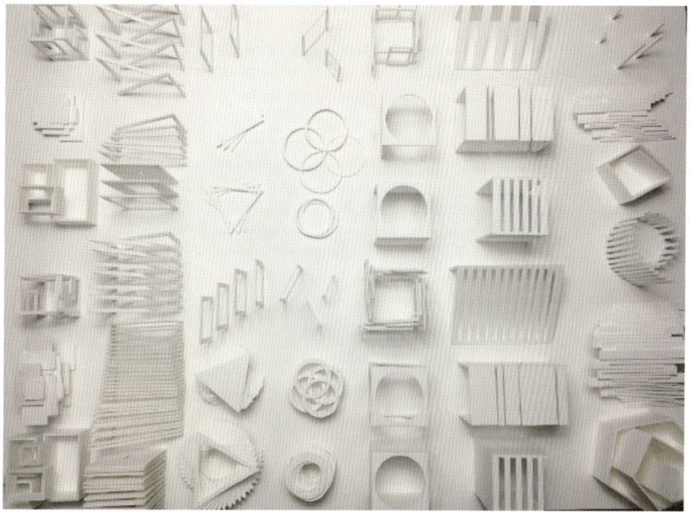

ID 031
松本 健太郎
Kentaro Matsumoto

信州大学

Project
ひしめく空箱

都市にひらいた建築空間の周りに広場を設ける。広場によって領域性が生まれ、開きつつも閉じた空間はそこでの活動の溜まり場となり、多様性のある空間群によって様々なアクティビティを誘発する。劇場を中心に芸術文化活動が広がり、訪れた人々が思い思いに巡ることのできる環境をつくる。市街地中心部における公共空間のあり方として周辺施設との関係より機能を想定しながらも、実際の活動を利用者に委ねた公園のような空間。

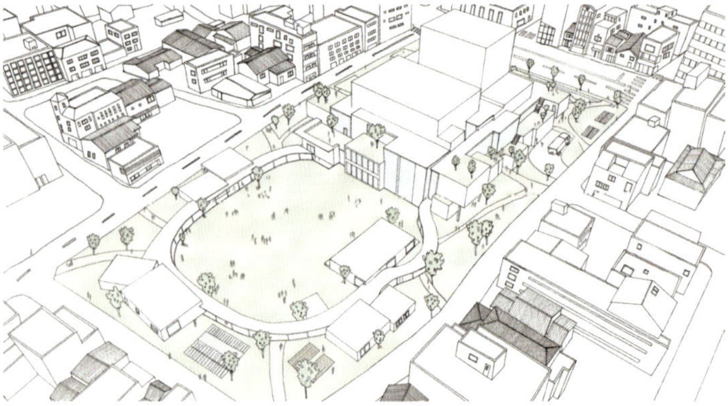

様々なアクティビティが見える風景

都市にひらいたポケットパークの風景

中央の広場に活動が溢れ出る風景

ID 032
井上 真奈
Mana Inoue

名古屋工業大学

Project
織り園

『織物の街』として発展した愛知県一宮市。主に毛織物を生産する「尾州産地」の中心地に、地域に散らばる各工程の工場を集積させ、新しい工場群を計画する。かつて栄えた繊維工場と、商店街の商業施設に合わせ、この地で生活する親子のための産業文化交流施設を織り交ぜることにより、織物の街であることを再認識するきっかけを与え、未来へ誇りをもって受け継いでいける、まち全体で産業を考える建築を設計する。

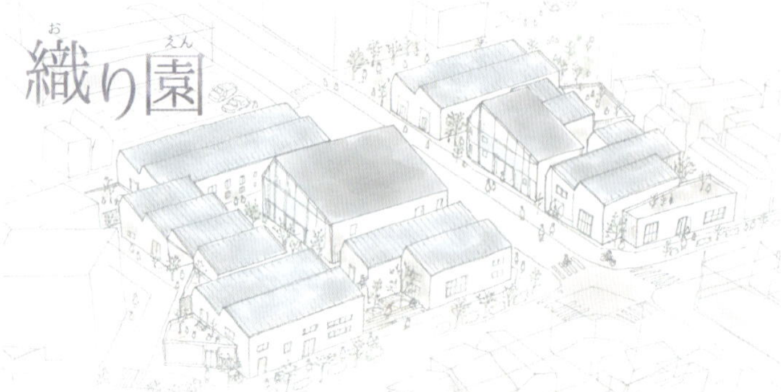

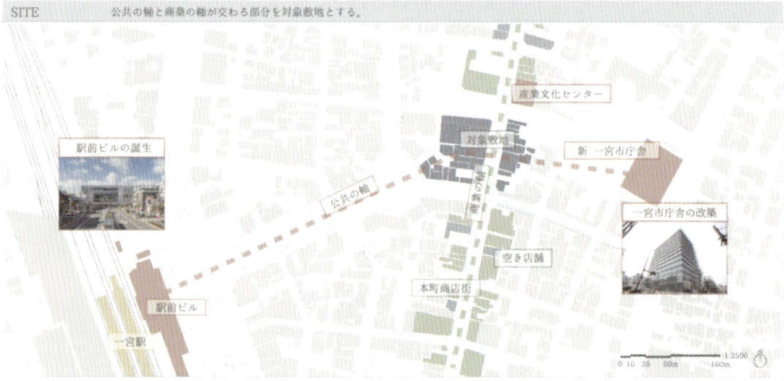

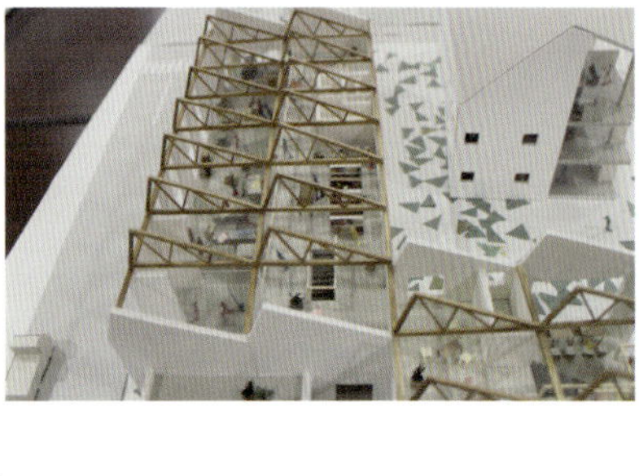

ID 033

鈴木 陽介

Yosuke Suzuki

名古屋工業大学

Project

十楽都市

～桑名駅複合施設化計画～

桑名駅。かつて、「十楽の津」といわれ、伊勢の玄関口、宿場町として栄えた桑名の現代の玄関口は、人の居場所がない空虚な空間となっている。そんな桑名駅の「上」に人々や電車の賑わいを可視化する建築をつくることで、現代の桑名の玄関口である駅を、かつての賑わいを想起させる空間とする。

形態ダイアグラム１：　周辺街区との接続

1. 駅西土地区画整理事業により新たに造成される街区

2. 角度の異なる東西の街区の軸線を線路上で交錯させる

3.東西の街区の軸線と周辺建物の規模からヴォリュームを設定

4. 近鉄と JR の軌道線もとに2か所に抜けを設け、活動の展開される空間（コア）とそれを伝える媒体（抜け）のある構成をつくりだす

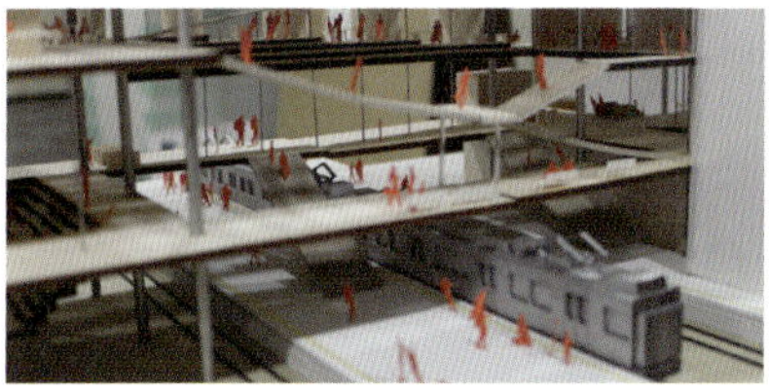

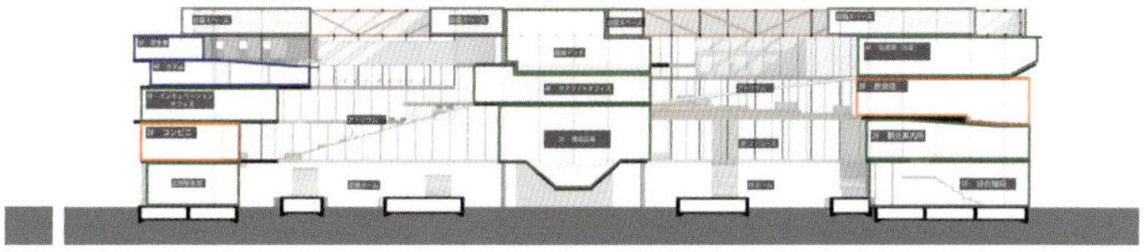

ID 035

遠藤 大輔

Daisuke Endo

名古屋工業大学

Project

共創街彩

この地で生まれ、役目を終えこの地に戻る。閉ざされてしまった刃物産業の風景を再び顕在化させ街と共生することで伝統産業を継承する。この建築は伝統産業の誇りを象徴する建築。刃物生産量日本一を誇る岐阜県関市は刃物が生み出される場と同時に、20年前から開催された刃物供養祭により刃物が役目を終える場となった。産業構造の変化により刃物の生産場は閉じられた工場で行われ人々の生活からはかけ離れたものとなり、刃物を供養する受け皿もまだない。人々の生活と共にある新たな生産場所の提案。

ID 037
川村 隼弥
Syunya Kawamura
名城大学

Project
弔の境界

川や橋は古くから生と死の境界として多くの言い伝えが残ってきた。外堀もその中の一つである。今回敷地とした大垣城外堀は、歴史性より観光地として整備され、街との関係が分断されている。過去の遺産が作り出したこの空間を現代の機能と掛け合わせることで、街にとって欠かせないものとなる。また、現代では人が亡くなると親族は対応に追われ、別れを惜しむ間もなく葬祭を終える。外堀という空間で弔うためだけの空間を作り出す。

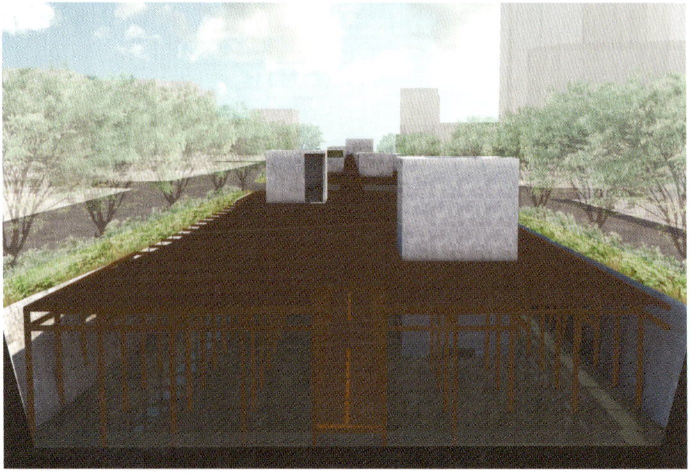

ID 039
太田 将司
Masashi Ota
名古屋市立大学

Project
街のえんとつ

これは衰えつつある伝統産業をもつ街に対して、それを支える大地や材料工場との関わりを包括するフィールドミュージアムの提案。敷地である瀬戸市の赤津は赤津焼が有名な町。昔は象徴的だった黒い煙、白い川も現在では失われている。本提案の構成は案内場と3つの展示場。敷地北側はバス停として働き、ここを始点として各展示場である瀬戸を見渡すことのできる物見台、採集した土を加工する工場、山の遊歩道へと展開していく。

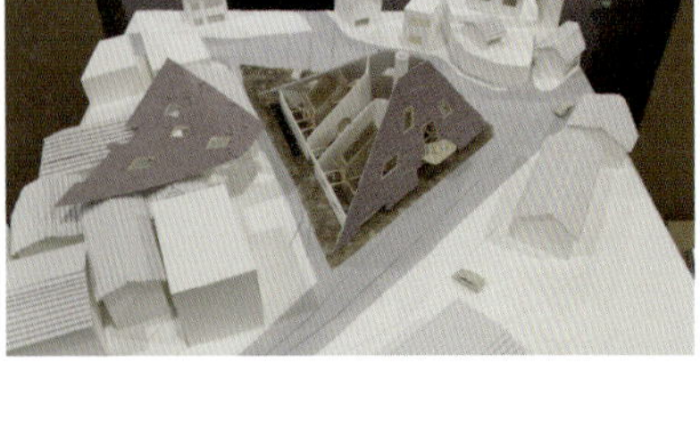

『街のえんとつ』　『物見の塔』　『陶土の道』　『森の散歩道』

ID 041
鎌田 景志朗
Keishiro Kamata

東海工業専門学校

Project

木材建築

「木材」は日本に古くから馴染みのある建築素材である。山から木を伐り製材し生活環境を構築してきた。日本の木を扱うことは山を整備し、水を綺麗にして豊かな生態系を維持することに繋がる。しかし近年、輸入の増加により木材の自給率は3割ほどで、この数値は危機的状況といえる。木材産業について調査をして学んだことを卒業制作の題材として取り上げることで木の魅力を多くの人に知ってもらい木材産業の復興を目指す。

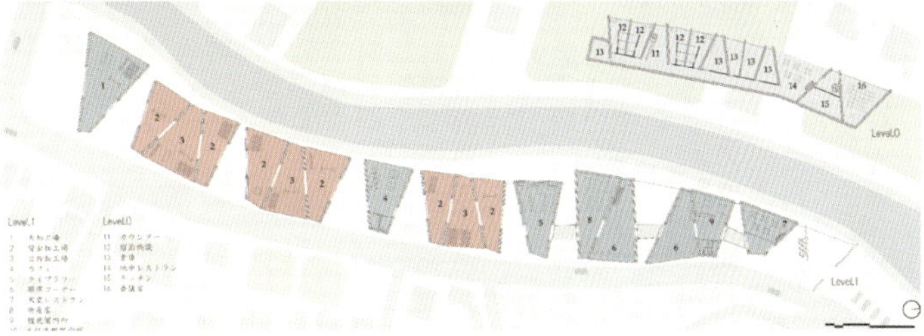

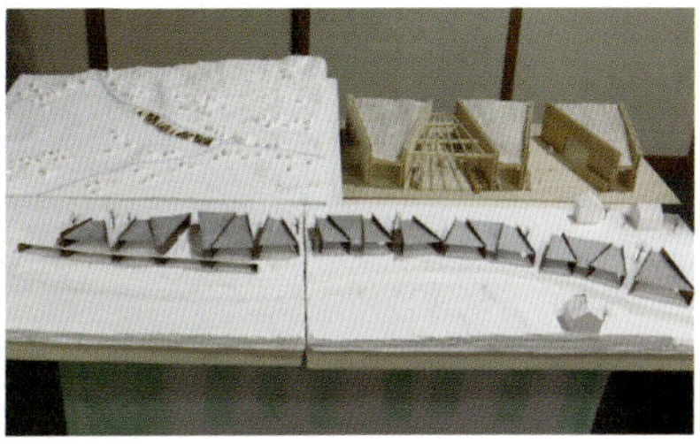

ID 044
沓名 修平
Shuhei Kutsuna

愛知工業大学

Project

芽吹く建築

名古屋市中区丸の内は名古屋城の城下町だった場所である。碁盤割りの街並みに残る都市の隙間「閑所」の多くには現在ではタワーパーキングが建ち、かつてのコミュニティスペースとしての役割を失っている。また、建築性能の向上によって暮らしの質は上がったが、建築の一軒一軒は独立し都市のコミュニティは希薄化している。タワーパーキングを立体農地としてコンバージョンし、独立した建築群を立体的に繋げることで、新たな都市のあり方を提案する。

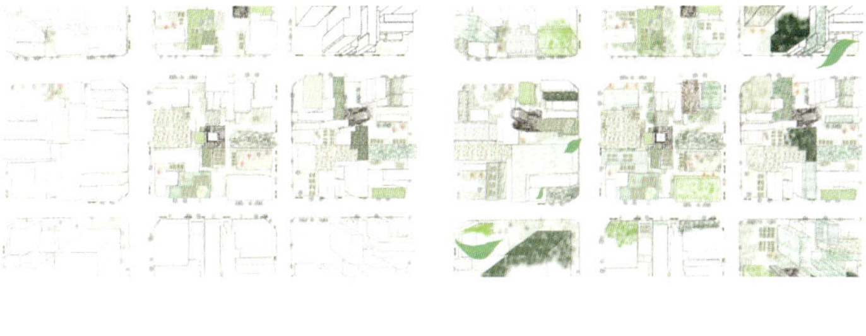

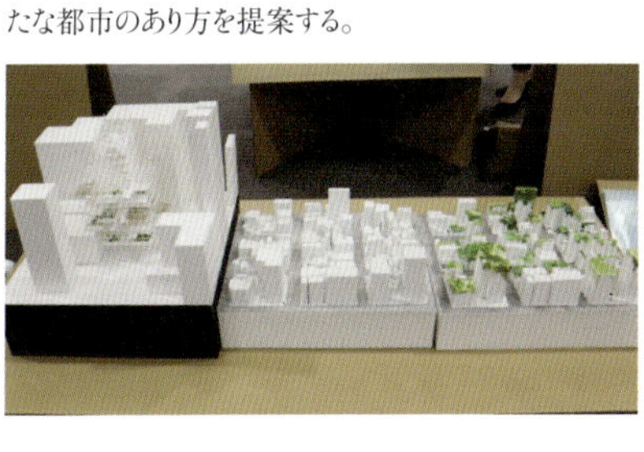

ID 046

吉田 夏稀

Natsuki Yoshida

名古屋工業大学

Project

カバタのすゝめ

滋賀県針江集落。そこには豊富な湧き水を利用した「カバタ文化」がある。水と生き、水への感謝が根付いている。提案するのは、針江集落に住む人と訪れる人とが共存する「カバタ文化」伝承のための建築。

お風呂上りの人たちと水路の鯉が交わる玄関。

水路の上の客室。水路の水を使った植物の栽培体験ができる部屋。

ID 047

奈木 仁志

Hitoshi Nagi

大同大学

Project

キメラ建築の生成

–名作住宅の建築的操作のデータバンク化を基にした建築設計–

これまでに数多くの設計手法が考案されてきた。これから創造すべき新しい建築は体系化された建築的操作を配合することにより生成されるのではないかと考える。名作住宅の建築的操作を収集し、体系化を行い、それを基に配合を繰り返し、まだ見ぬ建築を生成する。

これから新しい建築を創造するにあたり、
これまでに様々な建築家によりなされてきた建築的操作を
体系化しておく必要を感じる。何がこれから必要な新しさか知りたい。
と同時に、これから創造すべき新しい建築は体系化された建築的操作を構成すること、
つまり編集することにより生成されるのではないかと考える。

必要に応じて異空間の統合系、
中間領域系の祖型を付加させ、
住宅群を構成する。

空中階段
屋上連続テラス
裏路地

立面図

ID 048
大橋 陽
Hinata Ohashi
名城大学

Project
祭り纏う常景

非日常の祭りを日常に溶け込ませ日常的に祭りを感じ、日常と非日常の結節点となる場を作る。

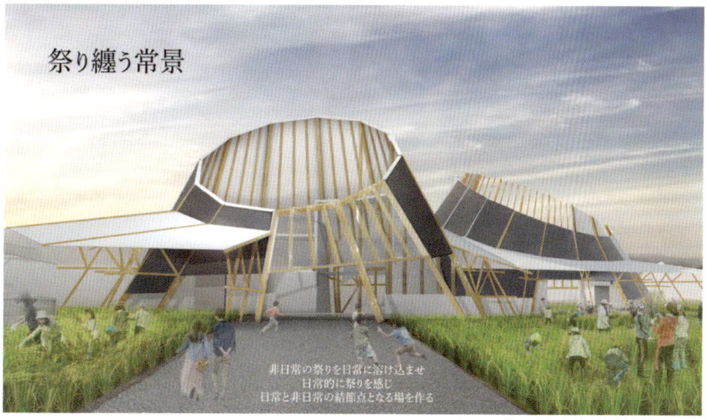

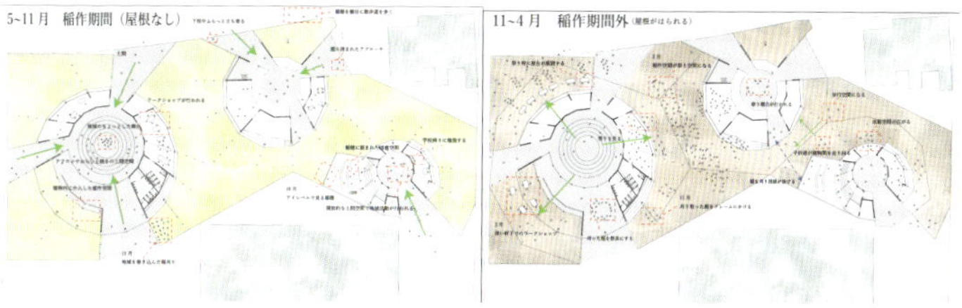

ID 050
奥村 健一朗
Kenichiro Okumura
名古屋工業大学

Project
くらしを分つムラ

高蔵寺ニュータウンの団地では、かつての賑わいは薄れ、団地という箱に「くらし」が閉じ込められている。最も原始的な暮らしである、「集まって住む」とはどういうことなのか、この卒業設計で改めて考えてみたい。

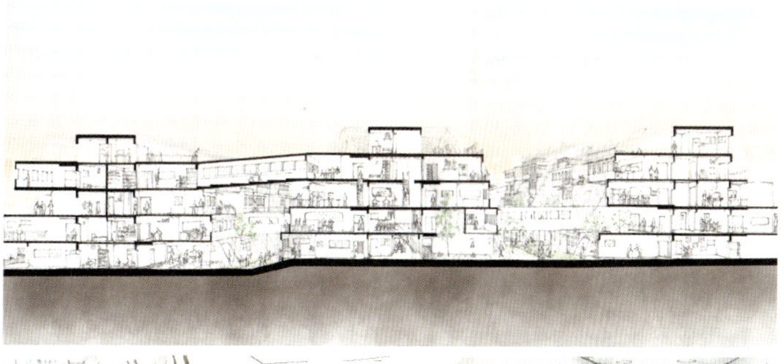

ID 052

石川 弘憲

Hironori Ishikawa

名古屋工業大学

Project

文化振興のテマエ

現在人々に親しまれている『抹茶味』を開拓した愛知県西尾市の『茶』と我が国の伝統である『茶道』。西尾茶と茶道、我が国の『茶』の文化の振興を促す施設を計画する。伝統と現在が融和しとけあった空間こそが異なる世代の人の橋渡しとなり、我が国の文化振興のテマエとなる。

茶室空間（大空間）

茶室空間（二人席）

茶室空間（四人席）

ID 053

山崎 有香

Arika Yamazaki

名城大学

Project

坂の宿場町の再構成

馬籠宿は平面的に展開される一般的な宿場町とは違い、山の尾根に沿ってひらかれた全国でも珍しい坂の宿場町である。現在、街道沿いの店舗などがオーナーの高齢化や後継者不足に伴い、空地や空家に変わって観光客と地域住民との接点としての役割が失われつつある。本設計では、街道沿いの町並みだけではなく、伝統的な木造建築を保存しながら営まれる生活や周辺に広がる景色や生活の魅力を再認識し、暮らしの継続と活性化を目指す。

背景

坂の宿場町、馬籠

馬籠宿は、山の尾根に沿ってひらかれた全国でも珍しい坂の宿場町で、街道の両側に伝統的な木造建築を保存しながら景色が受け継がれている。
シーズン（4 月〜11 月）中は、アメリカ・フランス・ドイツ・台湾・中国など各国から来る外国人観光客（バックパッカー、トレッキング）や子供連れで賑わうが、オフシーズンは観光客もまばらになり、積雪に伴って休業する店舗もある。

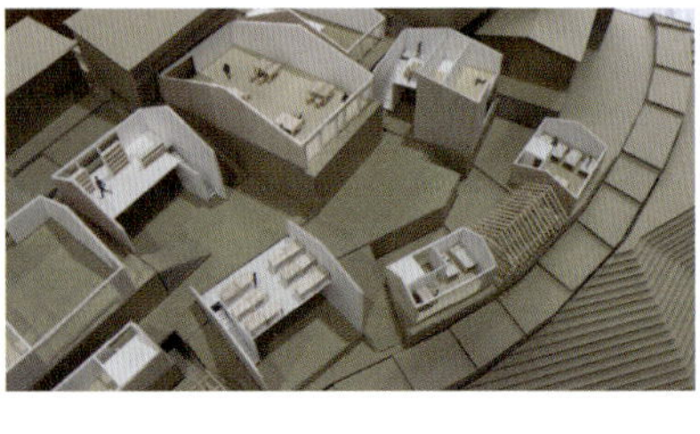

ID 054

山岡 恭大

Yasuhiro Yamaoka

名古屋大学

Project

Layered Arena

東西軸方向断面図

名古屋の中心地にアリーナを積層させる。日本において、アリーナはその規模の大きさから郊外に立地する傾向にある。そこで、アリーナを都心部に建てることによって、スポーツを中心とした都市を形成する。アリーナは積層され、都市機能を持ったスラブが貫入することで賑わいを可視化する。

アリーナ外観：賑わいのファサードを魅せる。

アプローチ兼ホワイエ：都市景観を眺めながらアリーナの外周を回遊する。

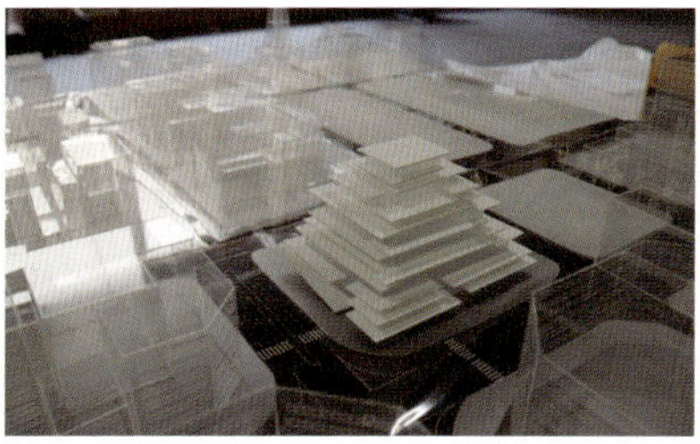

大アリーナ F3：都市機能をもつスラブからスポーツを眺める。

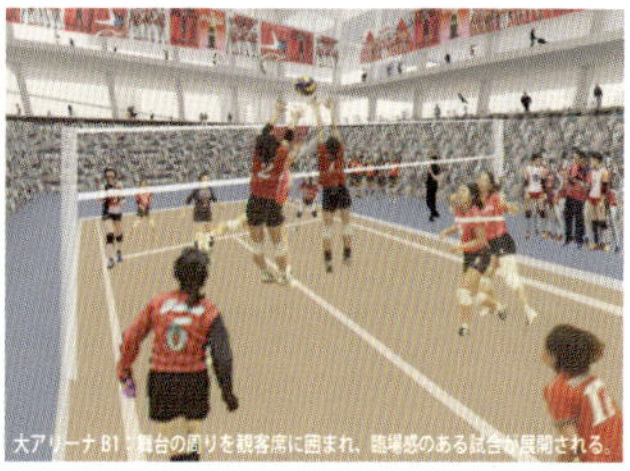
大アリーナ B1：舞台の周りを観客席に囲まれ、臨場感のある試合が展開される。

ID 055

高岡 遥樹

Haruki Takaoka

日本福祉大学

Project

淵源の壁

半田ソーラー発電所。かつて空襲で大きな被害を受けた場所である。かつてこの敷地に存在した、中島飛行機製作所では多くの学生が労働していた。1945年には半田空襲の際、工場が全壊する被害を受けたが、約270万㎡の面積に太陽光パネルが覆うこの敷地からは土地の記憶が窺えない。かつてこの地にあった建屋の位置を手掛かりに「淵源の壁」を立ち上げた。これは土地の記憶をつなぎ、人をつなぐ居場所を取り戻していく提案である。

この敷地がもつ海面の記憶や半田の繁栄を支えた運河を連想させる大きな水盤がある空間。射し込む光に照らされた水面が揺れるこの空間は訪れる人たちの憩いの場となる。

この空間はこの地にかつて工場があり、産業で栄えたことを表現した空間である。中島飛行機製作所でつくられていた飛行機に使われていた鉄材の時間経過、飛行機がもつ曲面を表現した壁面はこの地がもつ歴史を伝えるだけでなく考えるきっかけをあたえる場。

この空間はこの地に新たな生命が育つ場所として設計した。光が与えられたこの地に新たな命が芽吹き、子どもたちのあそびの場と豊かな緑が広がる空間である。

ID 057

藤城 太一

Taichi Fujishiro

名城大学

Project

無宗教の肖像

何度か宗教とすれ違った。宗教を聞かれれば、自分は無宗教だと答える。ここでの無宗教は消去法により生まれた選択肢で、無意識に選択された無宗教だと考えた。これを意識したとき、この無宗教建築を建てられると考えた。動線を長くし風景と人の緩急により土地と建築を巡ることのできる迷路空間を作る。無宗教者にとって映画や本のように心の空間の広がりの中に溶け込む時間や余地を持つことができるものの一つになればいいと思う。

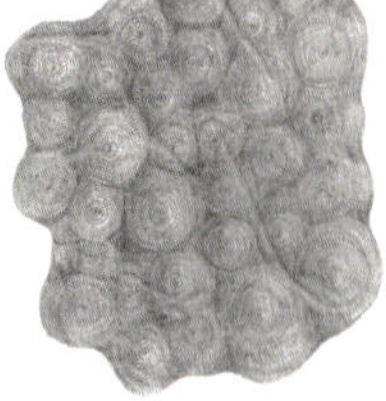

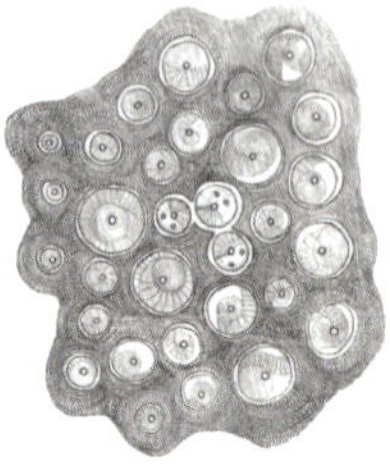

ID 059

久田 佳明

Yoshiaki Hisada

名城大学

Project

再起の術

日本はかつて木と共存してきた。しかし、生産地である山間部と消費地である都市部と関係性が希薄になっている現在において、都市部においても木材が見えるかたちで現れ、木材が生活の中にあることが重要ではないかと考える。名古屋城は耐用年数の関係から木造再建される予定である。そこで、この名古屋城の木造再建を機に山間部で行われる木材流通を都市部に誘導することで、都市の木材利用を促すシステムを提案する。

水中貯木場と水上デッキ

大工の加工を眺める

ID 060

木下 亮

Ryo Kinoshita

名古屋大学

Project

LINKING HOUDE

かつて一般的であった標準家族から単身世帯や高齢者などへと世帯の構成が変化してきている。これらに対して集合住宅はかつての標準家族を対象として作られており、住戸ごとで閉鎖的である。団地の空間構成の可能性を生かし、今の家族構成やライフスタイルにあった集合住宅の形へと転換していく。

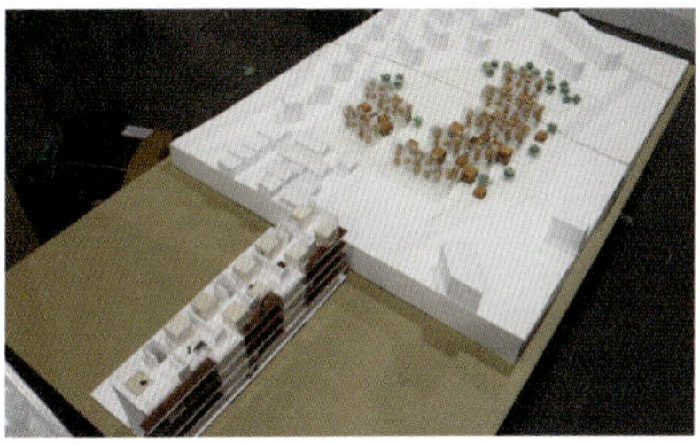

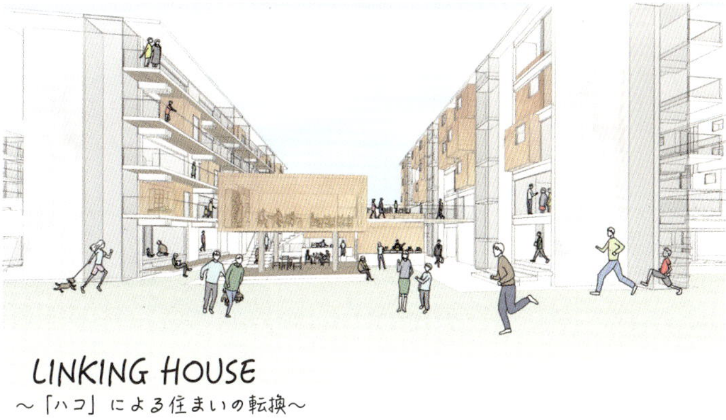
LINKING HOUSE
～「ハコ」による住まいの転換～

ID 061

大平 萌夏

Moeka Ohira

豊橋技術科学大学

Project

Waterscape as Hiroba

池の周りで活動する人の流れが緩む位置から池の中でしたいことをして集う人たちの様子を窺い知り、自分の居場所となる所を目指し流れ、集う。偶然居合わせた人や自然とつながったり、薄いつながりを感じながら一人の時間を過ごす。やがて、人は"自分の居場所"を見つけていく。まちに自分と自然の居場所が増えていくことで、人と人·自然と人を結ぶ機会を生み、整然とした現代社会から抜け出して自分を解放する空間を提案する。

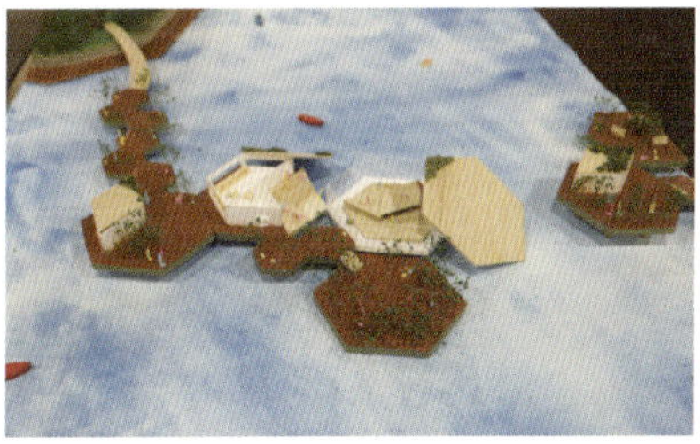

Waterscape as Hiroba
心癒され、人が思い思いに居合わせる場所

ID 062

井上 和樹

Kazuki Inoue

福井大学

Project

送材所

-家墓という文化創造-

手入れのされた綺麗な空き家、忘れ去られ廃墟となった空き家の二つが存在する。前者は愛情が残され様々な用途で使い続けられる。後者は空き家問題の一つの要因となる。そして前者は後者にも成り得る。私は家墓文化を提案する。人は愛情が残っている間に礼儀として家を看取り、家墓を建てる。送材所を設計する。製材所(生まれる場)、墓所(眠る場)が存在する。人々に家の新たな価値を示す、文化創造の場である。

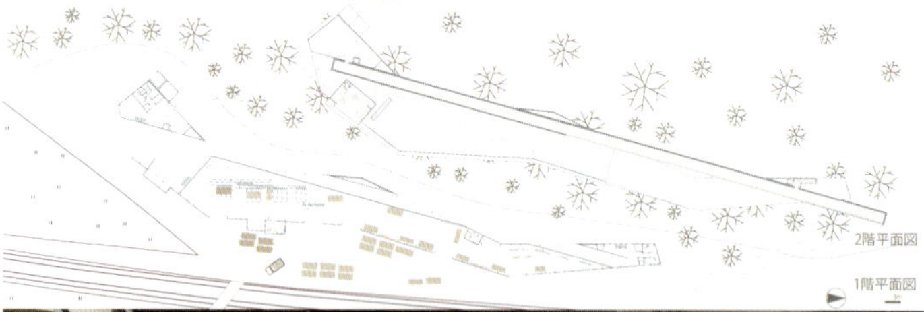

ID 063

藤沢 玲衣

Rei Fujisawa

日本福祉大学

Project

住宅のめばえ

新興住宅地の区画をほぐすことによりできる、新たな住宅地のカタチを提案。境界をほぐすことで、無意識のうちに空間や音などを共有し、様々な出会いが生まれる。そんな、小さなコミュニティの輪が広がることにより、何気ない日常こそが大切で、当たり前だけど当たり前じゃない、普通の暮らしの幸せを生み出す。また、1階を共有空間とし、庭から緩やかに室内へと引き込み、住宅の間取りを変えていく。

ID 065
塚越 喬之
Takayuki Tsukagoshi
金沢工業大学

Project
半解都市

人の価値観が多様化し、家族形態までも多様化している現代。しかし、都市には戦後普及した核家族を対象とした住まいが建ち並ぶ。社会の状況と建築物の建ち現れ方の齟齬に大きな疑問を覚える。一つの事象を一義的には捉えられない現代に対し、曖昧な状態を考える。建築を建てることで生まれる「私と他」「機能と空間」「内と外」の関係性を曖昧にすることで、一義的には捉えられない状態を作る。多様化した価値観や家族形態を掬い取るような器としての集合住宅。

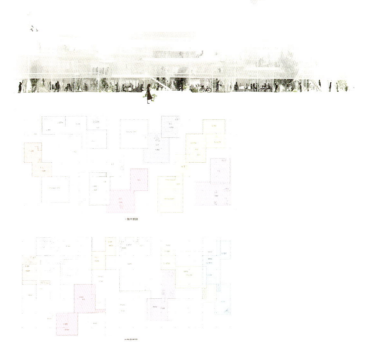

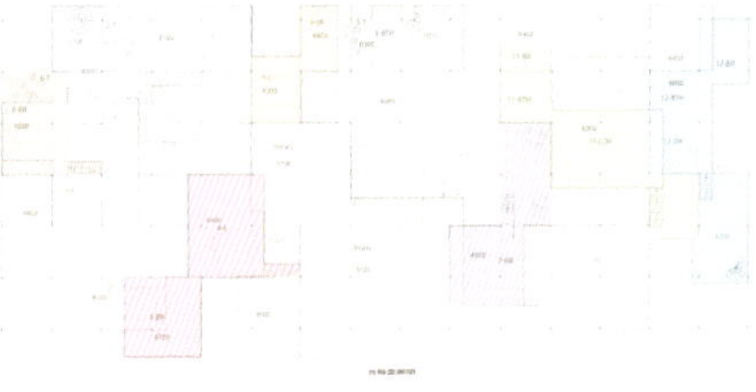

ID 066
福田 拓哉
Takuya Fukuta
愛知産業大学

Project
Alternative

日本の森林率は国土の66%であり、木材資源がとても緑豊かな国である。歴史を辿って見ると縄文時代から今日まで森林を活用し生活を行なっていたことや戦争やエネルギーとしての利用などからこれまで何回も伐採・植林を繰り返してきた。だが、現在の日本は森林蓄積が増え続け森林が使用されないということが問題点となっている。その理由として1970年代以降に始まった外国産材との競争や日本における木材の流通システムの複雑さ、建築基準法による木材利用の法整備、森林や木の知識・情報の広告等、他にもたくさんの理由が挙げられる。この設計では、森林や木の知識・情報の広告と木材流通システムの改善と仕組みをテーマとして取り上げ、これまで普及されていた木の使用に加えハイブリッドな構法、表層材としての利用など木材利用の幅を示す計画とした。木材利用の幅が広がっていくことにより、木は様々な可能性を持ちこれからの時代のオルタナティヴな素材となる。

Design
原木市場＋工場
格子建具の木の交差から着想
交点に梁が乗るよう 6 m 間隔で一列に配置
搬出入車のため有効 4 m 以上取れるよう変形
伝承館
日本の伝統構法である和小屋空間の活用
梁材を無駄なく使用することができる渡り顎構法を採用し、流通材を効率的に使用
和小屋組や渡り顎の梁組みを強調させるため、長方形のロングスパンで設計
Alte
木々の立ち並ぶ並木道から着想を経る
120 角の流通材で構造体ができる
構造体の上に大屋根を架けて間に

ID 069

佐原 輝紀

Akinori Sahara

名古屋市立大学

Project

緑と道ばた

多くの学校境界はフェンスや柵などで過剰に守られ、学校は地域から閉ざされている。いくつもの学校が集まる豊橋市の文教地区を対象に、学校境界を地域施設に置き換える提案である。フェンスに挟まれ、ただ通るだけの空間であった道の両側に地域のにぎわいが生まれ、地域施設を介して学校がまちに開かれる。にらみ合っていた学校は地域に開かれ、ひとつの大きな地域施設として一体的に使われる。

両側の屋根が歩道に抑揚をつけ、道が広場のような空間となる

ID 070

西松 直樹

Naoki Nishimatsu

名古屋大学

Project

assemble near the sea

-名古屋港再生マスタープラン-

海底の地形から得られた曲線軸で海岸線を構成し、水辺を人々にとって魅力のある空間にするためのオープンスペースを中心としたマスタープランを提案する。交通・防災・土地利用・緑地計画を設定した曲線と絡めて整理した。都市と川と海の結節点となるウォーターフロントにおいて、都市スケールではオープンスペース、ヒューマンスケールでは滞在する空間となるような建築空間を提案する。

ID 071

渡邉 祐大

Yuta Watanabe
名古屋大学

Project

瀬戸内マナビの島

愛媛県上島町の島々の小中学校を統合するため、船着き場とともに考えた新校舎の提案。敷地は弓削島の山の端及び弓削港である。学校の教室群を周辺の住宅とスケールに合わせ、島の風景の一部として溶け込む。集落全体が学の場となるように空き家を活用しながら、地域に解放する。また、山の端の地形を操作することで巨大なヴォリュームの体育館を地面の仲間とし、自然地形に馴染むように設計した。

ID 072

松井 勇介

Yusuke Matsui
金沢工業大学

Project

残余を編む

保存地区における一つの更新手法を提示する。まちが既存の状態でもっている魅力的空間要素を踏襲し、学習施設とゲストハウスを現代的に再編することで、活気あるまちの拠点を創出する。2つの拠点はこのまち特有の建ち方、使われ方を示し、新しいながらもまちの歴史的価値を継承した風景を生み出す。そしてその風景が卯辰山麓寺院群の新たな原風景として更新され、後世へと残り続ける。

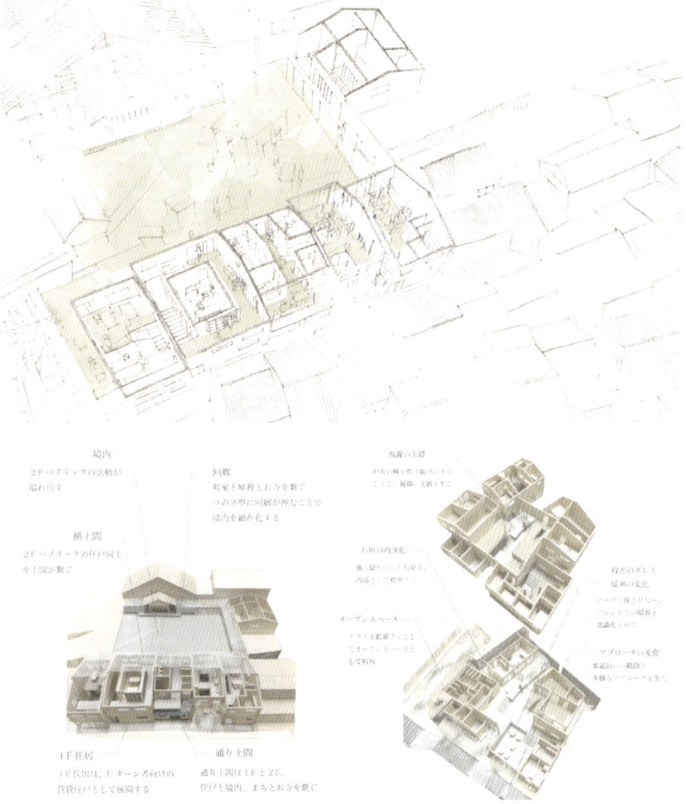

ID 073
柴田 樹人
Tatsuto Shibata
名古屋大学

Project
移ろいを導く

昔から葭と共に暮らしを営んできた西ノ湖界隈。葭産業は農業の副業として行われ、人々の暮らしの一部であった。そのことが葭原の維持につながっていた。しかし戦後の湖の干拓、農業の大規模化により葭原と人の暮らしが乖離してしまった。葭と新たな関係をつくるために公園の道空間として、葭を扱う場を提案をする。作業は季節によって変わり、それに伴い葭原の景観も移ろう。葭を扱う場が西ノ湖にしかない新たな空間を創り出す。

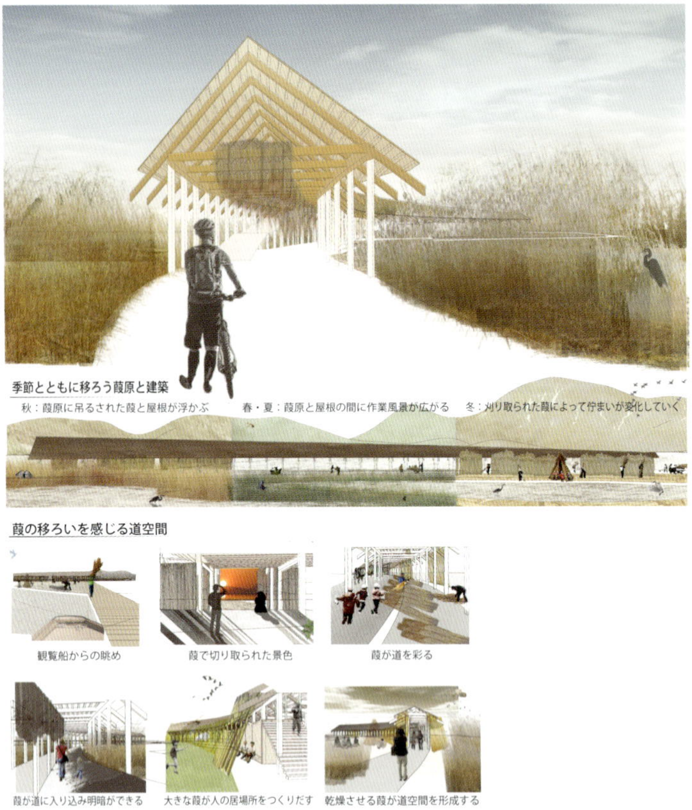
季節とともに移ろう葭原と建築
秋：葭原に吊るされた葭と屋根が浮かぶ
春・夏：葭原と屋根の間に作業風景が広がる
冬：刈り取られた葭によって佇まいが変化していく
葭の移ろいを感じる道空間
観覧船からの眺め
葭で切り取られた景色
葭が道を彩る
葭が道に入り込み明暗ができる
大きな葭が人の居場所をつくりだす
乾燥させる葭が道空間を形成する

ID 074
嶋田 貴仁
Takahito Shimada
愛知工業大学

Project
街に開く地場産業
-漁業システムの再編-

産業は生活と分断されている。その中で地域は高齢化、空き家の増加、産業も衰退の波にのまれている。生活と産業の関係を取り戻すことがこれからの地方の、産業の未来を築いてゆくことになる。

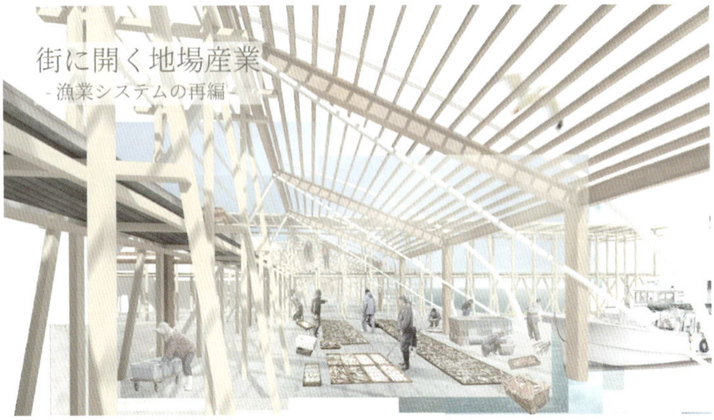
街に開く地場産業
-漁業システムの再編-

ID 075
岡倉 慎乃輔
Shinnosuke Okakura
金沢工業大学

Project
街の接続詞

ニュータウンは、竣工当時が最も美しい。その後、時間が経つにつれ、衰退の一途を辿る。この予定された結末に対して打ちたい。高齢化していくニュータウンの各家にできた余剰に対して、増築、減築を行うことで、街の接続詞としての新たな価値を与える。接続詞は高齢化したニュータウンの家族と家族、家族と家、家と家の関係を再構築し、ニュータウンをRenewtownへと導く。

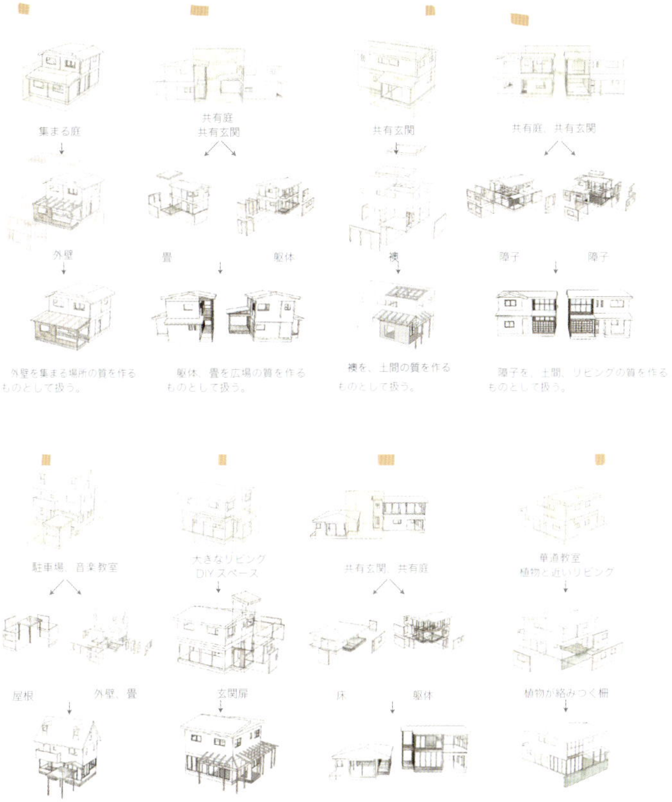

ID 076
黒山 夕輝也
Yukiya Kuroyama
名城大学

Project
都市に波紋を
～公園を中心とする都市核の形成～

都市の中心で孤島と化している久屋大通公園を都市に解放する。周囲は公園に溢れ出し、公園は街に溶けていく。広がりは重なり合ってここに見たことのない空間を生むだろう。地下はひとつながりの空間として公園を繋ぎ、人は地下から街へと溢れていく。

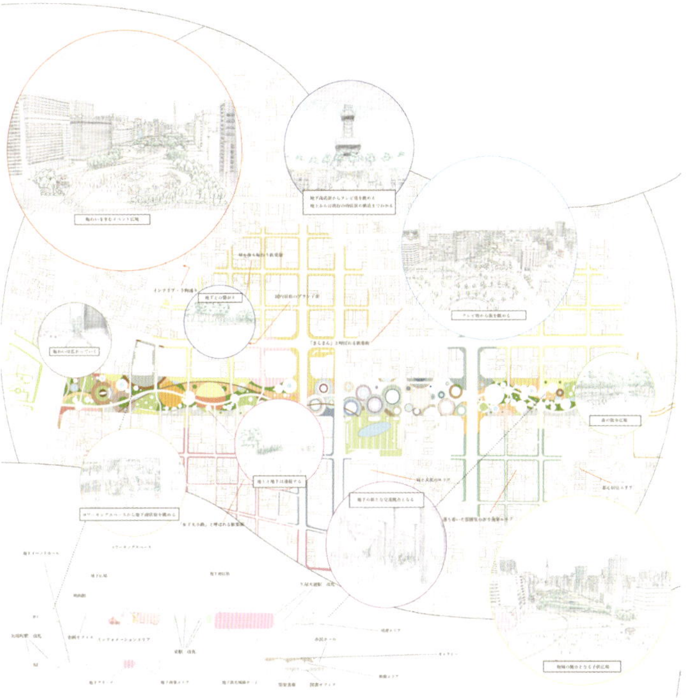

This design exhibition was created
with two concepts in mind:
"Activation of Chubu Architectural Industry"
and "Diversification of the Evaluation Axis."
It is our hope that reviews of the exhibited items
be made available to the people
who will be leading the next generation
of the architectural industry
to help them bring about new architectural possibilities
The theme of this exhibition is
"View,charm and be attract"

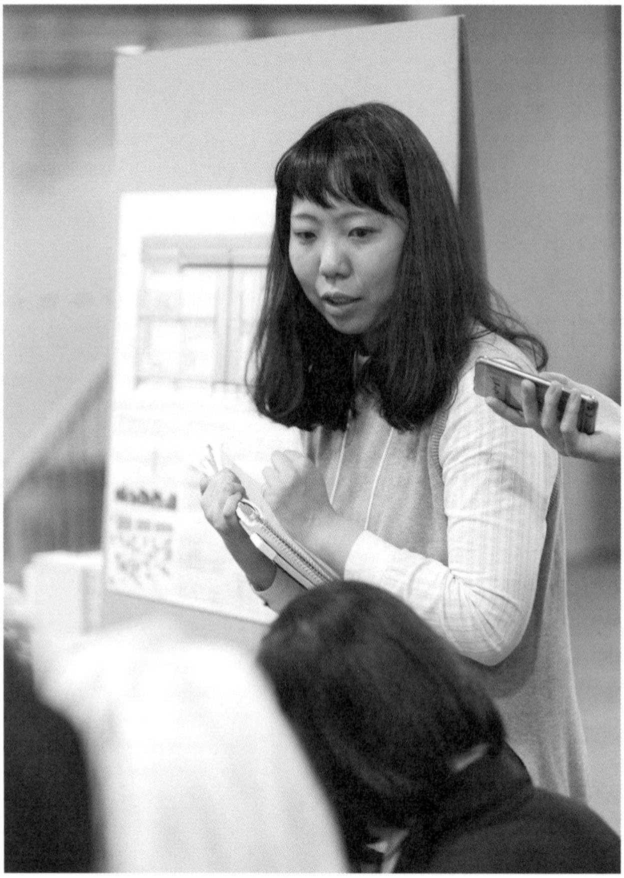

Backstage Document

NAGOYA Archi Fes 2018

NAGOYA Archi Fes 2018
実行委員会 活動紹介

この作品展を手がけたNAGOYA Archi Fes実行委員会は、すべて学生の有志による団体。プランニングから当日の運営まで行った実行委員会の、立ち上げから開催当日までをまとめました。

2017.05.14
KICK OFF

KICK OFF

これからたくさんの仲間たちとの出会いを楽しみにNAF2018が始まりました

2017.
09.04-05
即日設計

即日設計

一日で設計・模型作り・プレゼンまでを行ってしまおうという企画。複数の班に分かれてのグループワークや1／1スケールでの模型作りなど、普段の学生生活ではなかなかできない体験をすることができました。

お題は鶴舞公園内に木造のベンチを作ること。敷地調査も行い、とても楽しい即日設計となりました

みなとまち空き家プロジェクト

2017.10.14
みなとまち
空き家
プロジェクト

今年から始まった取り組み。名古屋市港区を舞台に、空き家問題、建築活動、まちづくりを行い、蘇った空き家では、活動紹介の展示や座談会、音楽コンサートなどのイベントを行いました

2017.06.11
Meeting #01

Meeting #01

それぞれの委員会の委員長よりこれからの活動について説明が行われました

2017.08.21
連続レクチャー

連続レクチャー 米澤隆さん

「これからの建築の話をしよう」というテーマのもと、先生の学生時代から現在までの活動とそのベースになる思考についてお話いただきました

真剣に耳を傾け、未来の建築の姿について考えました。貴重なお時間をありがとうございました

2017.10.01
Meeting #02

Meeting #02

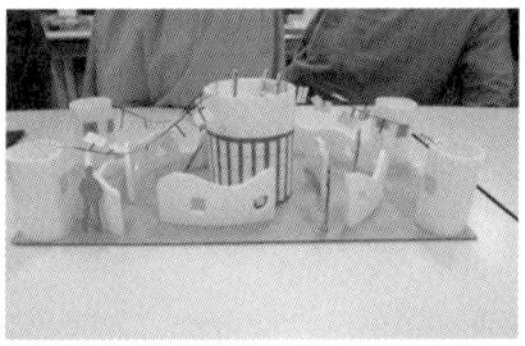

ミーティングではワークショップも行います。今日は模型作りで「子どもの作品の展示空間」をそれぞれの班で考えて最後にみんなで発表しました

今年度の会議の目標は様々な大学でミーティングを行うこと。名城大学にもお邪魔しました

学祭展示

名古屋市立大学の芸工祭にてNAFの展示を行いました。たくさんの方にNAFを知っていただきたいと思い今年から始めた催し物です

2017.10.28
学祭展示

NAGOYA Archi Fes 2018

設計展当日、朝早くに集合したスタッフたちはそれぞれの委員会で最終確認を行った後、各々の持ち場へとついていきました。１日目の企画審査、２日目の公開審査ともに大勢の来場者で賑わいを見せました。その裏では審査員の先生方と打ち合わせをしたり、ファイナリストの模型を搬出したりするスタッフの姿がありました。彼らは自分たちの仕事に誇りを持って２日間の卒業設計展のスタッフとしての役目を果たしました。

2018.3.12〜
当日
(設営 3/12、開催 3/13〜15)

渉外班の大事な仕事、受付！ 当日はたくさんの方々にご来場頂き大盛況となりました。会場に足を運んでいただいた皆様ありがとうございます

緊張した面持ちで開会宣言をする代表。今日からNAF2018中部卒業設計展の開幕です！

設営日はどの委員会も大忙し！ 会場委員会が着々と模型を運び入れています

広報班では今年はアンケートに答えていただいた方にボールペンをプレゼントしました。NAF2018のロゴ入りです！

一日目終了後ミーティングをする審査班。真剣な面持ちで明日に備えます

カメラを構えて模型の細部を撮る会場班。縁の下の力持ちとして中部卒業設計展を支えてくれました

2017.11.20
連続レクチャー

連続レクチャー　加藤比呂史さん

「住むということを考える」というテーマのもと、国内外で活躍する加藤さんの貴重なお話を聞くことができました

学生の質問に対してわかりやすく真摯に教えていただきありがとうございました

2018.3.6
リハーサル

リハーサル

本番に向けて最終リハーサルを行いました。綿密に打ち合わせをして、本番はみんなで連携して成功させたいという思いを高めました

2018.3.19
反省会

反省会

その後近くのお店で送別会をし、代表と副代表、各委員会の委員長に感謝の言葉とプレゼントが渡されました。一年間お疲れ様でした

総合資格学院さんに学校の教室をお借りして最後の反省会を行いました。よかったところ悪かったところを話し合い、来年に生かそうと思います

「見る、美せる、魅せられる」のポーズ

NAGOYA Archi Fes 2018 中部卒業設計展
学生実行委員会

代表	森木 創一朗	名古屋工業大学(3年)	
副代表	山口 裕太	名古屋工業大学(3年)	
会場委員会	伊藤 遼太	名城大学(3年)	委員長
	林 哲朗	名古屋工業大学(3年)	
	渡辺 悠介	名古屋工業大学(3年)	
	神谷 姿維多	愛知工業大学(3年)	
	安藤 龍也	愛知工業大学(3年)	
	中村 勇太	愛知工業大学(3年)	
	上島 尭史	愛知工業大学(3年)	
	平松 侑真	愛知工業大学(3年)	
	水野 杏子	椙山女学園大学(3年)	
	中嶋 聖奈	椙山女学園大学(3年)	
	内川 和泉	三重大学(3年)	
	門脇 寛子	三重大学(3年)	
	服部 美衣	名古屋工業大学(3年)	
	曽我 麻由子	名古屋工業大学(3年)	
	志岐 祐	名古屋工業大学(3年)	
	市川 和樹	名城大学(3年)	
	加藤 光永	名城大学(3年)	
	江原 央	名城大学(3年)	
	小松 はるか	名城大学(3年)	
	岩田 佳子	椙山女学園大学(3年)	
	松島 凪	中部大学(2年)	
	山口 真未	名城大学(2年)	
	吉田 茉由	愛知工業大学(2年)	
	神戸 千穂	金城学院大学(2年)	
	三吉 奈々未	金城学院大学(2年)	
	杉浦 玲奈	椙山女学園大学(2年)	
	白濱 彩音	椙山女学園大学(2年)	
	樋口 真央	椙山女学園大学(2年)	
	沖田 真菜	中部大学(2年)	
	梅田 なのは	中部大学(2年)	
	伊藤 菜奈子	中部大学(2年)	
	大信田 竜翔	名古屋工業大学(2年)	
	西尾 菜歩子	名城大学(2年)	
	安藤 映里奈	名城大学(2年)	
	竹本 調	三重大学(1年)	
	西野 浩史	三重大学(1年)	
	稲垣 恵亮	大同大学(1年)	
	林 夕紀子	大同大学(1年)	
	髙井 梨那	中部大学(1年)	
	中村 衣里	中部大学(1年)	
	東 明里	名古屋工業大学(1年)	
	加納 健一	名古屋工業大学(1年)	
	田島 雅隆	名古屋工業大学(1年)	
	伊藤 翼	名古屋工業大学(1年)	
	清水 将喜	名古屋工業大学(1年)	
	沢田 ゆうき	名古屋工業大学(1年)	
	小嶋 里佳	名古屋女子大学(1年)	
	辻 仁紀	名城大学	
審査委員会	川越 まり	名城大学(3年)	委員長
	池本 祥子	名古屋市立大学(2年)	副委員長
	阿部 宥太郎	名古屋工業大学(2年)	副委員長
	山本 実穂	金城学院大学(3年)	
	伊藤 桃花	金城学院大学(3年)	
	櫻井 睦弓	名城大学(3年)	
	小島 あかね	名城大学(3年)	
	足立 潮美	名城大学(3年)	
	大河内 優	名城大学(3年)	
	小出 遥貴	名城大学(3年)	
	柴田 湖々	名古屋工業大学(2年)	
	杉本 夕佳	名古屋工業大学(2年)	
	金子 竜太郎	信州大学(2年)	
	藤井 一貴	名古屋工業大学(2年)	
	松下 凌子	名古屋市立大学(2年)	
	杉光 萌衣	名古屋市立大学(2年)	
	小笠原 隆	名城大学(2年)	
	澤田 留名	名城大学(2年)	
	石塚 万純	名城大学(2年)	
	大久保 聡平	名城大学(2年)	
	桑原 崚	愛知工業大学(2年)	
	五十嵐 ゆき乃	三重大学(1年)	
	男鹿 智哉	三重大学(1年)	
	坂部 祐友	三重大学(1年)	
	濱口 優介	三重大学(1年)	
	木村 勇貴	信州大学(1年)	
	横田 勇樹	信州大学(1年)	
	臼井 優真	信州大学(1年)	
	木下 紗英	大同大学(1年)	
	西原 祐太	名古屋工業大学(1年)	
	掛布 竣也	名古屋工業大学(1年)	
	今岡 智輝	名古屋工業大学(1年)	
デザイン委員会	吉田 結衣	名古屋工業大学(3年)	委員長
	佐々木 佳乃	名古屋造形大学(2年)	副委員長
	高原 ゆり	名古屋造形大学(2年)	副委員長
	今井 建太	名古屋工業大学(3年)	副委員長
	牧 将太郎	名古屋工業大学(3年)	
	原田 佳苗	名城大学(3年)	
	柴垣 有希穂	名古屋工業大学(3年)	
	佐藤 稜	三重大学(3年)	
	炭 日出規	三重大学(3年)	
	近藤 広隆	名古屋大学(3年)	
	駒田 浩基	愛知工業大学(3年)	
	中城 裕太郎	愛知工業大学(3年)	
	川北 翔	名城大学(2年)	
	板倉 知也	愛知工業大学(2年)	
	三矢 沙和	日本福祉大学(2年)	
	片岡 愛里	日本福祉大学(2年)	
	松本 綾佳	日本福祉大学(2年)	
	松原 成佳	大同大学(1年)	
	渡邉 ゆか	大同大学(1年)	
広報委員会	家田 若葉	金城学院大学(3年)	委員長
	下岡 真夕	椙山女学園大学(2年)	副委員長
	小出 孟	名古屋工業大学(1年)	副委員長
	片桐 咲子	金城学院大学(3年)	
	玄馬 優香	名古屋工業大学(3年)	
	今野 晴美	愛知工業大学(3年)	
	高坂 政慶	愛知工業大学(3年)	
	村瀬 唯	椙山女学園大学(2年)	
	久野 雄平	中部大学(2年)	
	長屋 敬大	中部大学(2年)	
	川瀬 侑平	中部大学(2年)	
	近藤 宏樹	名古屋工業大学(1年)	
	阪野 美悠	愛知工業大学(1年)	
	北川 佑亮	名古屋工業大学(1年)	
	加藤 駿	名古屋工業大学(1年)	
渉外委員会	関戸 建太	名古屋工業大学(3年)	委員長
	山田 末紅	中部大学(2年)	副委員長
	加藤 愛理	中部大学(2年)	会計
	安江 亜姫奈	金城学院大学(3年)	
	御喜田 早帆	金城学院大学(3年)	
	堀田 夏生	椙山女学園大学(2年)	
	藤村 奈央	中部大学(2年)	
	藤田 奈緒	中部大学(2年)	
	長妻 昂佑	名古屋工業大学(1年)	
	山本 隆平	名古屋工業大学(1年)	
	柴田 章一郎	名古屋工業大学(1年)	
	横田 太志	名古屋工業大学(1年)	
	平山 龍太郎	名古屋工業大学(1年)	
	松本 育也	名古屋工業大学(1年)	
企画委員会	加東 豪	名古屋工業大学(3年)	委員長
	田中 千椰	名古屋工業大学(2年)	副委員長
	中原 采音	名古屋造形大学(2年)	副委員長
	石原 康生	名古屋工業大学(3年)	

在学中から二級建築士を！

技術者不足からくる建築士の需要

東日本大震災からの復興、公共事業の増加、さらに 2020 年の東京オリンピック開催と、建設需要は今後さらに拡大することが予想されます。しかし一方で、人材不足はますます深刻化が進み、特に監理技術者・主任技術者の不足は大きな問題となっています。

使える資格、二級建築士でキャリアの第一歩を

「一級建築士を取得するから二級建築士はいらない」というのは昔の話です。建築士法改正以降、建築士試験は一級・二級ともに内容が大幅に見直され、年々難化してきています。働きながら一度の受験で一級建築士を取得することは、非常に難しい状況です。

しかし、二級建築士を取得することで、住宅や事務所の用途であれば木造なら 3 階建て 1000㎡まで、鉄骨や RC なら 3 階建て 300 ㎡まで設計が可能です。多くの設計事務所ではこの規模の業務が中心となるため、ほとんどの物件を自分の責任で設計監理できることになります。また住宅メーカーや住宅設備メーカーでは、二級建築士は必備資格となっています。さらに、独立開業に必要な管理建築士の資格を二級建築士として取得しておけば、将来一級建築士を取得した際に、即一級建築士事務所として開業できます。二級建築士は実務的にも使える、建築士としてのキャリアの第一歩として必須の資格といっても過言ではありません。

大学院生は在学中に二級建築士を取得しよう

大学院生は修士 1 年（以下、M1）で二級建築士試験が受験可能となります。在学中に取得し、入社後の早いうちから責任ある立場で実務経験を積むことが、企業からも求められています。また、人の生命・財産をあつかう建築のプロとして、高得点での合格が望ましいといえます。

社会人になれば、今以上に忙しい日々が待っています。在学中（学部 3 年次）から勉強をスタートしましょう。M1 で二級建築士を取得しておけば就職活動にも有利です。建築関連企業に入社した場合、学習で得た知識を実務で生かせます。大学卒業後就職する方も、就職 1 年目に二級建築士資格を取得しておくべきです。

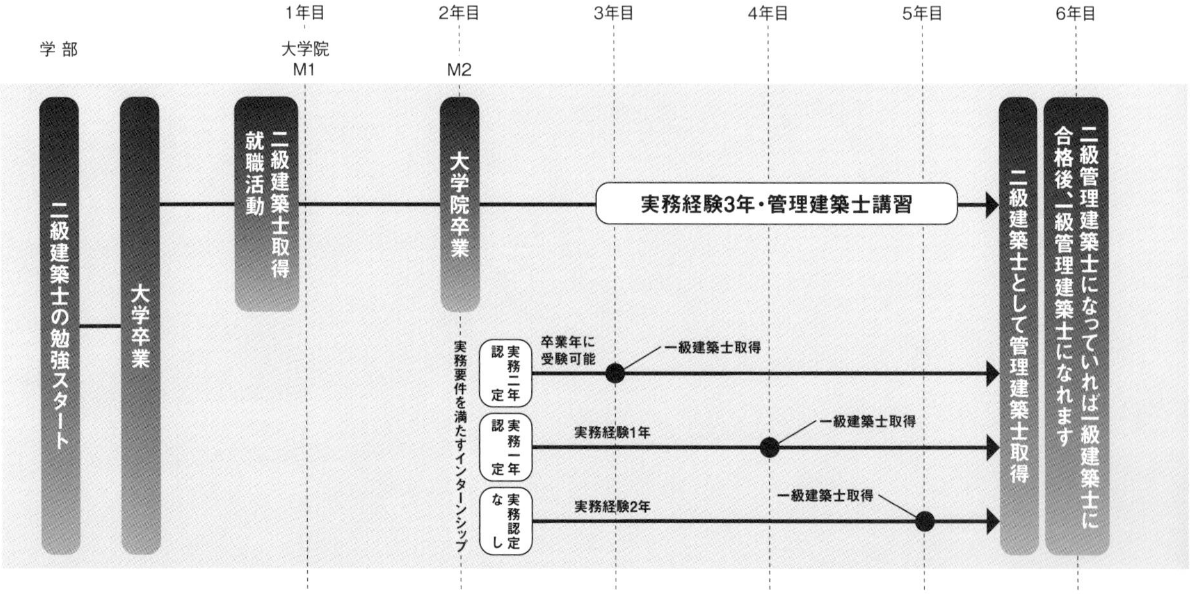

※学校･課程から申請のあった開講科目で、指定科目に該当することが認定されている科目については、試験実施機関である（公財）建築技術教育普及センターのホームページ（http://www.jaeic.or.jp/）に掲示されています。

早期資格取得で活躍の場が広がる！

建築士の早期取得で会社に貢献できる

会社の経営状況を審査する指標として「経営事項審査（以下、経審）」があります。経審は建設業者を点数で評価する制度です。公共工事への入札に参加する業者は必ず受けなければなりません。

経審には技術職員点数が評価される“技術力項目”があり、全体の約 25%のウェイトを占めています。一級建築士が５点、二級建築士が２点、無資格者は０点、10 年経験を積んだ無資格者が １ 点と評価されます。つまり、大学院在学中に二級建築士を取得すれば、入社後すぐに ２ 点の貢献（※）ができるため、就職活動も有利に進められます。新入社員であっても、無資格の先輩社員よりも高く評価されることでしょう。※雇用条件を満たすために６ヶ月以上の雇用実績が必要

1級資格者の技術力は、10年の実務経験よりはるかに高く評価されている

入社年次		1年目	2年目	3年目	4年目	5年目	6年目	7年目	8年目	9年目	10年目	11年目
大学院で２級建築士を取得した A さん	2級建築士取得	2点	2点	2点	1級建築士取得 5点	5点	5点	5点	5点	5点	5点	5点
入社してすぐ２級建築士に合格した B さん	無資格	0点	2級建築士取得 2点	2点	1級建築士取得 5点	5点	5点	5点	5点	5点	5点	5点
無資格の C 先輩	無資格	0点	0点	0点	0点	0点	0点	0点	0点	0点	0点	無資格 1点

建築のオールラウンドプレーヤーになろう

建築士試験では最新の技術や法改正が問われます。試験対策の学習をすることで、合否に関わらず、建築のオールラウンドプレーヤーとして働ける知識が身につきます。平成 27 年の一級建築士試験では、平成 26 年施行の「特定天井」に関する法改正から出題されました。二級建築士試験では、平成 25 年に改正された「耐震改修」の定義に関して出題されました。実務を意識した出題や社会情勢を反映した出題も見られます。そのため、試験対策をしっかりとすることで、会社で一番建築の最新知識や法改正に詳しい存在として重宝され、評価に繋がるのです。

建築士資格を取得することで、会社からの評価は大きく変わります。昇進や生涯賃金にも多大な影響を与え、無資格者との格差は開いていくばかりです。ぜひ、資格を早期取得して、実りある建築士ライフを送りましょう。

難化する二級建築士試験

平成16年度と29年度の合格者属性「受験資格別」の項目を比較すると、「学歴のみ」の合格者が20ポイント以上も増加しています。以前までなら直接一級を目指していた高学歴層が二級へと流入している状況がうかがえます。二級建築士は、一級に挑戦する前の基礎学習として人気が出てきているようです。その結果、二級建築士試験は難化傾向が見られます。資格スクールの利用も含め、合格のためには万全の準備で臨む必要があります。

【平成16年度】

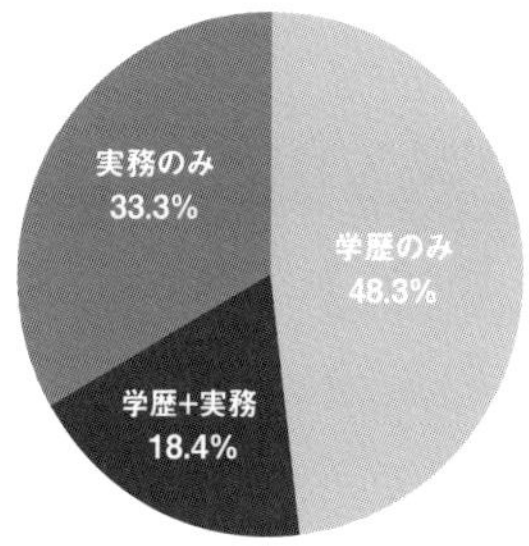
実務のみ
33.3%
学歴のみ
48.3%
学歴+実務
18.4%

【平成29年度】

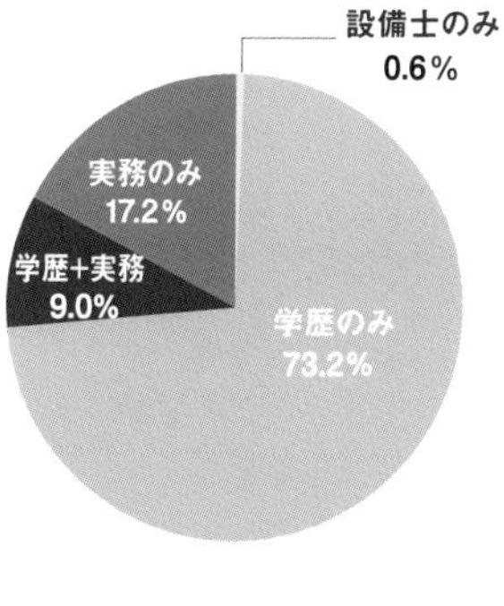
設備士のみ
0.6%
実務のみ
17.2%
学歴+実務
9.0%
学歴のみ
73.2%

■ 二級建築士試験の受験資格

建築士法第15条	建築に関する学歴等	建築実務の経験年数
第一号	大学（短期大学を含む）又は高等専門学校において、指定科目を修めて卒業した者	卒業後 0〜2年以上
第二号	高等学校又は中等教育学校において、指定科目を修めて卒業した者	卒業後 3〜4年以上
第三号	その他都道府県知事が特に認める者（注）（「知事が定める建築士法第15条第三号に該当する者の基準」に適合する者）	所定の年数以上
	建築設備士	0年
第四号	建築に関する学歴なし	7年以上

（注）「知事が定める建築士法第15条第三号に該当する者の基準」に基づき、あらかじめ学校・課程から申請のあった開講科目が指定科目に該当すると認められた学校以外の学校（外国の大学等）を卒業して、それを学歴とする場合には、建築士法において学歴と認められる学校の卒業者と同等以上であることを証するための書類が必要となります。提出されないときは、「受験資格なし」と判断される場合があります。詳細は試験実施機関である（公財）建築技術教育普及センターのＨＰ（http://www.jaeic.or.jp/）にてご確認ください。

■ 学校等別、必要な指定科目の単位数と建築実務の経験年数（平成21年度以降の入学者に適用）

学校等			指定科目の単位数	建築実務の経験年数
大学、短期大学、高等専門学校、職業能力開発総合大学校、職業能力開発大学校、職業能力開発短期大学校			40	卒業後0年
			30	卒業後1年以上
			20	卒業後2年以上
高等学校、中等教育学校			20	卒業後3年以上
			15	卒業後4年以上
専修学校	高等学校卒	修業２年以上	40	卒業後0年
			30	卒業後1年以上
			20	卒業後2年以上
		修業1年以上	20	卒業後3年以上
	中学校卒	修業2年以上	15	卒業後4年以上
		修業1年以上	10	卒業後5年以上
職業訓練校等	高等学校卒	修業3年以上	30	卒業後1年以上
		修業2年以上	20	卒業後2年以上
		修業1年以上	20	卒業後3年以上
	中学校卒	修業3年以上	20	卒業後3年以上
		修業2年以上	15	卒業後4年以上
		修業1年以上	10	卒業後5年以上

NAGOYA Archi Fes 2018
中部卒業設計展

2018年9月28日　初版発行

編　著　NAGOYA Archi Fes 2018 中部卒業設計展実行委員会
発行人　岸 隆司
発行元　株式会社 総合資格
〒163-0557　東京都新宿区西新宿1-26-2　新宿野村ビル22F
TEL 03-3340-6714(出版局)
株式会社 総合資格　http://www.sogoshikaku.co.jp/
総合資格学院　http://www.shikaku.co.jp/
出版サイト　http://www.shikaku-books.jp/

編　集　鬼頭英治(エディマート)
執　筆　NAGOYA Archi Fes 2018 中部卒業設計展実行委員会、花野静恵
アートディレクション　豊島万里奈(エディマート)
デザイン　豊島万里奈・村田唯菜(エディマート)、田中農(CoroGraphics)
撮　影　加納将人、古川寛二
編集協力　株式会社 総合資格 出版局(金城夏水)

印刷・製本　セザックス 株式会社

Printed in Japan
ISBN　978-4-86417-276-9